游走于
文明之间

CIVILIZATIONS

主编 曹莉 张煜

清华大学出版社
北京

版权所有，侵权必究。举报：010-62782989，beiqinquan@tup.tsinghua.edu.cn。

图书在版编目（CIP）数据

游走于文明之间 / 曹莉，张煜主编. —北京：清华大学出版社，2022.11
ISBN 978-7-302-60537-9

Ⅰ.①游… Ⅱ.①曹… ②张… Ⅲ.①书院—介绍—北京 Ⅳ.① G649.299.1

中国版本图书馆 CIP 数据核字（2022）第 068534 号

责任编辑：倪雅莉
封面设计：于　妙
责任校对：王凤芝
责任印制：丛怀宇

出版发行：清华大学出版社
　　　　　网　　址：http://www.tup.com.cn, http://www.wqbook.com
　　　　　地　　址：北京清华大学学研大厦 A 座　　　邮　　编：100084
　　　　　社 总 机：010-83470000　　　　　　　　　　邮　　购：010-62786544
　　　　　投稿与读者服务：010-62776969, c-service@tup.tsinghua.edu.cn
　　　　　质量反馈：010-62772015, zhiliang@tup.tsinghua.edu.cn
印 装 者：三河市东方印刷有限公司
经　　销：全国新华书店
开　　本：185mm×260mm　　　　印　张：16.5　　　　字　数：363 千字
版　　次：2022 年 12 月第 1 版　　　　　　　　　　 印　次：2022 年 12 月第 1 次印刷
定　　价：108.00 元

产品编号：091974-01

读万卷书，行万里路
（代序）

新雅书院正式成立于 2014 年 9 月 27 日。当初我给书院取名"新雅"时，对新雅的未来抱有无限的憧憬和希望，希望通过新雅的创新实验，为全校的本科生培养提供可供参考的范式和经验，并在时机成熟时，在清华建成一所世界一流的本科文理学院，由全体学生共同参与、共同受益。"新雅的目标既不是牛津剑桥，也不是哈佛耶鲁，而是清华'新雅'！"

"锐意其新，茹涵其雅；初成书院，风物秋华"，新雅 2016 级学生陈潇宁创作的《新雅序曲》，贴切地表达了书院成立的初衷和目标。新雅从成立之初起，就以"渊博雅正，器识为先，追求卓越，传承创新"为己任，以"更人文、更国际、更创新"为目标，致力于探索和实践以通识教育为基础，以通专融合、学科交叉、养成教育为特点的人才培养新模式。"新雅"，顾名思义，就是探寻和追求对中国乃至世界高等教育具有参考价值的新时代的"新博雅"。

无论是通识课程的定位和发展，还是课堂之外的各类实习实践，年轻的新雅书院始终坚持中西、古今、文理的交叉与会通，重视跨学科、跨文化和跨文明学习和实践能力的培养。精心设计文理交叉、中西融合的高质量通识课程设置，推进具有较高认知挑战度和文化植根性的教学过程，有组织、有计划、有目标地策划和安排海外游学和出行，有机有效地将"读书"与"行路"结合起来，培养全球化时代的家国情怀、国际视野、跨文化认知和工作能力，全面提升全体学生的理想抱负、人文心智、跨文明理解力、全球胜任力和社会责任感，是新雅书院探索人才培养新路径和新格局的根本出发点。

放眼向洋，无问西东。如果说古代丝绸之路是中西贸易的漫漫商道，那么对于游学海外的新雅学子来说，21 世纪的新丝绸之路则是横跨中外高等教育和中外文明的桥梁和纽带。从牛津到剑桥，从哈佛到麻省理工，从伦敦到米兰，从美国到德国，再到东南亚和北非，同学们在老师和辅导员的带领下，带着心灵之眼和跨文化之镜，不负韶华，踏歌而行，携手游走在不同文明、不同文化、不同区域之间，他们在特定时空里的所见所闻与课堂上的所学所论，遥相呼应，相激相荡；书中所写、心中所思照亮游学路上的每一次发现和惊喜，而路上所得、眼中所见则激活书中的每一篇文字与传说，各种新知识、新观察和新思考在此催生萌发，或许将有一天，昔日播撒的种子会如期绽放出鲜活绚丽的花朵：

"异国于我而言是一种交杂的存在，既有初见时的新奇，也有面对不同生活的恐慌……我相信，中国故事不会只有这一种讲法，或外交实践，或学者探讨，无数中国人都在自己的领域向世界表达着中国的故事"（王静姝）；"在去意大利之前，我只知道那里的建筑艺术多美好，然而在每天天不亮就和操着各种语言的商贩工人们一起挤上公交车的时候，我才更加明白，建筑只有和社会底层需求结合的时候才能发挥它最大的力量"（张园）；"伦敦慢悠悠的下午茶和鸽子总会提醒我，中国有比英国更悠久的历史和更大的经济潜力，也要有一天让自己的年轻人不必碌碌于生计，而可以悠闲自在地享受艺术与生活……海外经历在拓宽了我的视野，增进跨文化沟通能力的同时，也使我为中国现有的成就感到骄傲，激发了我建设祖国的热情"（彭中尧）；"有些东西从书上看到和从外国同学那里听到的感受是完全不同的，这让我感到更加真实，也更有冲击性"（冯伟嘉）；"牛津虽说课程较专，但其 tutorial system 对学生的批判性思维、创造性思维、自信表达等能力依旧会有足够的培养与历练，这些又何不是通识教育重点培养的目的呢？"（陶云松）；"只有真正置身于某种特定的文化并且切实地感受到那种'culture shock'之后，才能体会到这个世界的'多元性'和'可能性'何在"（潘烨靓）；"这次伦敦之旅始料未及地成为了我艺术启蒙中的重要一课，而整个的艺术启蒙绝对是新雅带给我最珍贵的收获之一"（郑智）；"在哈佛的学习时光可以用纯粹二字形容，每天在实验室和图书馆和常去的餐馆之间来来回回，令人真切地感受到一种单纯而美好的探索之感，其中的意义感和成就感是难以磨灭的。这段美好而充实的经历对于我将是一生的重要回忆"（肖子燕）；"西雅图人的眼光是长远的。创新并不意味着任何一个新想法都要受到支持，这个想法首先必须是有前景的，并且要从骨子里就与众不同。这座城市的本身便传达出了创新的精髓：用沉稳去找准时代的脉搏，再用一丝浪漫去跳出常规，发现新的天地"（吴钟灵）；"什么是全球胜任力呢？我个人以为，除了跳脱出猎奇心态和刻板印象、真正去理解和包容不同的文化、做一个与邻为善的全球公民这一基础以外，我们作为青年一代应该去思考影响整个人类社会而不仅仅是一国以内的重大问题，并最好能够为这些问题的解答贡献自己的智慧；这在当下这个强调科技进步的时代——科技是无国界的——无疑具有重大意义"（殷乐天）。

莫为浮云遮望眼，风物长宜放眼量。思想一旦被赋予翅膀，便可企及前所未有的高度和深度。同学们细心敏锐的观察和发自内心的感悟，是他们走出国门，叩问东西的第一步，虽然稚嫩，但却鲜活踏实，其高度和跨度预示着今后发展和飞跃的高度和跨度。无论是一所大学、一座城市，还是一个国家、一个地区，虽然只是同学们跨界旅行的一个个驿站，但对每位新雅人而言，新雅岁月的跨语际、跨文化和跨文明游走却是一段抹不去的共同体记忆。随着异国他乡的流光溢彩在机翼后方疾速远去，同学们对中国、对世界的认识和理解便进入新的航程。对每位同学而言，在将自己的所观、所感、所思诉诸笔端，并化为超越自我、砥砺前行的动力的那一刻，立足中国，放眼世界，书写大学，创造价值，由新而雅，由通而专，由新雅而远方的万里征程便再度鸣笛启航了。

借此机会，衷心感谢牛津大学新学院、圣彼得学院、贝利奥尔学院、莫顿学院、摄政学院、彭布罗克学院、三一学院、罗德奖学金基金会、伦敦政治经济学院（LSE）语言中心、

LSE100 教学团队、雅典大学校长办公室以及清华大学国际交流合作处、清华大学学生全球胜任力发展指导中心、清华大学共青团委、清华大学新雅书院 CDIE 教学团队等中外机构及其所有同道同行的大力支持和协助。

  本书封面由清华美院校友于妙设计，封面绘画《小城科莱沃》由清华美院教授、新雅书院首批通识课程"艺术的启示"任课教师李睦老师创作，在此一并致以衷心的感谢。

  谨以此序致敬我亲爱的妈妈高明女士，母亲对我工作的全力支持和悉心帮助将永记心间，天长地久。

曹 莉

2022 年 2 月于清华

目　录

牛津卷

卷首语 1

新雅人在牛津・沈莹莎 15
对牛津教育模式之分析及对中国博雅教育体系之构想・张劲波 18
积淀与分散・高靖涵 24
校有所短，院有所长・殷乐天 29
历史传统与自由风气・潘烨靓 45
空气里的通识灵魂・王舒艺 50
他山之石，可以攻玉——牛津大学访问考察报告・温晋 55
浅析牛津大学的人文精神及其对新雅书院的启示・田蕗 60
牛津大学博雅教育理念考察与探究・崔琢宜 67
传统与骄傲・张竞衔 74
九天与四百年・樊子懿 78
城市印象与共同体思考・兰弘博 86
中英之间——江流穿山过・朱翃豪 91
牛津的压力：成绩穿在长袍上・刘诗意 94
大学、文化、牛津——牛津访学随想・刘晨昕 97
用力去生活——牛津访学感想・万泽琛 103
求知与体验交织的生活・杨图南 106
两种英国史——试论脱欧公投中的代际差异・孔祥瑞 112
相知牛津・陶云松 116
再见牛津・王雷捷 121
牛津对于我的意义・陈宗昊 124

LSE 卷

卷首语 129

赴伦敦政治经济学院暑期学习感想收获・李广普 141
LSE 暑期课程回顾・胡卓炯 144
关于一次旅程・肖子燕 146

v

Report for Oversea Study in LSE Program · Deng Jiayi 148
一场未曾预期的艺术启蒙 · 郑智 152
悠远神思——LSE 与伦敦之行 · 付正 154
A Summary of LSE 100 Program · Chen Yiheng 157
LSE100 Summer Programme: The Course and Beyond · Lin Pengxiang 162
Insights in London · Wang Zihang 166
知行伦敦 · 张楚衣 169
教育的国际化与中国化 · 刘梦 173
行与思之间——伦敦政经学院访学报告 · 张晨慧 177
堂内外，处处都是实践 · 达韶华 181
一座美丽的城，一堂有趣的课 · 王天煜 185
一手新闻二手书：我的伦敦之行 · 谭亦琳 189
伦敦奏鸣曲 · 杨衍嘉 192
理性与生机——伦敦访学报告 · 刘宇薇 195

希腊、意大利及其他卷

卷首语 **199**

书中的黄金时代，现世的游行示威——希腊民主随感 · 雷邓渝瀚 207
知行希腊 · 王钰坤 213
意大利与希腊之行：恐惧、地方感与共同体 · 张园 216
过去与生存空间——意大利三城实践记录 · 李世豪 218
壁画的间隙与神圣的在场 · 胡嘉乐 221
艺术的处所——意大利行随笔 · 刘宇薇 224
透视城市意象及空间——以罗马、佛罗伦萨、米兰三城为例 · 郭一川 228
一段独属于美的时光 · 金泽宇 236
断裂：作为一种性格的现代——德国社会实践之思 · 王静姝 238
当 CDIEers 遇见德国——记 CDIE6 赴德国慕尼黑及斯图加特海外实践 241
巴基斯坦像是我的毕业典礼 · 彭中尧 245
我在波屯做暑研 · 于天宇 247
感受温哥华的景观气质 · 王心语 249
生生不息：印度文化之旅 · 杨茂艺 251
行在肯尼亚 · 陈格尔 254

牛津卷

卷首语

> May I say again how wonderful your students were, a tremendous credit to your institution, and a remarkable testimony to their professors.
>
> —Nicola Trott to Cao Li
>
> Balliol College, Oxford, 2 February, 2018

连续两个冬季,一群风华正茂的新雅大一新生,往来于牛津的新老学院之间,寻找和印证着自己对于大学、书院、人文、科学和艺术的感悟和思考,这无论是对于清华还是对于牛津,可能都是第一次。如果不是疫情,新雅大一学生的牛津之行,到 2022 年应该是第 4 次。

为延续和巩固新雅书院从 2016 年起由曹莉等老师联合开设的大一新生研讨课"大学之道"的学习成效,实地考察世界一流大学的办学传统和书院建制,培养新雅学生在国际环境中的观察力、领悟力和全球胜任潜质,新雅书院 2018 级、2019 级新生考察团分别于 2018 年初、2019 年初,在曹莉、李睦、顾学雍、高瑾、葛惟昆、张雷等来自人文、科学和艺术背景的老师和卢森、张元哲两位辅导员的带领下,对牛津大学进行了为期一周左右的学术访问。

牛津项目的设计别具匠心,师生们有备而去,如期而归。该项目以"大学与书院"为主题,以学术讲座、师生论坛、圆桌会议、参观交流等方式,从人文、社科、科学、工程、艺术、人类学与考古学等学科交叉入手,通过深入走进牛津大学多所学院的教室、实验室、图书馆、博物馆、餐厅、教堂、院长官邸和学生活动中心,让同学们体验、比较、论辩世界一流大学的发展理念和历程,深度领略和理解"高等教育何以为高"这一与自我成长密切相关的教育和学术命题。

中英双方对一流大学、一流书院的独特见解与共鸣,师生之间跨文化交流和跨学科对话,以及共同感知的牛津大学和牛津城在新与旧、传统与现代的交织中的坚守和变革,已成为历次新雅牛津访问团的集体记忆。同学们以各自的方式和语言记录了在牛津的所观所想,所言所行,并带着对世界一流大学、一流书院及其责任担当的新认识和新思考进入新的学习征程。正如潘宇昂同学所言,"牛津之行只是一个起点。对于大学的发展,对于守成和创新的矛盾的解决的思考,将一直继续下去。"

本卷除牛津寒假项目外,还收录了几位赴牛津大学交换一年的新雅英华学者的回忆文章,一如同学们所言:"牛津,我们还会再来!"

新雅师生在牛津（2018年）

New College 院长 Miles Young 带领师生参观新学院（2018 年）

在 New College 与牛津同学座谈，墙上贴有同学们赠送给新学院的版画习作（2018 年）

班长陈宗昊和同学们在 St. Peter 学院与福特教授探讨量子力学（2018 年）

在贝利奥尔学院学习研讨《驶向拜占庭》（2018 年）

李睦老师在牛津大学阿什莫林博物馆讲解文艺复兴时期的艺术（2018年）

师生与 New College 公共事务主管 Mark Curtis 等共进晚宴（2018年）

辅导员卢森（右一）和同学们一起参观阿什莫林博物馆（2018年）

带队老师从左至右依次为：高瑾、李睦、曹莉、顾学雍（2018年）

Pembroke 学院 Andy Orchard 教授演讲英国史诗《贝奥武夫》(2019 年)

带队老师张雷、葛惟昆与辅导员张元哲在 Pembroke 学院(2019 年)

《New College 牛津导师制》作者 David Palfreyman 作题为《高等教育何以为高》的演讲（2019 年）

New College 小礼堂准备上台发言的同学们（2019 年）

New College 演讲和论坛现场（2019 年）

杨衍嘉同学在新学院师生论坛上提问（2019 年）

向新学院赠送清华纪念品和张雷老师的绘画作品（2019年）

（从左至右依次为：曹莉、Mark Curtis、Miles Young、葛惟昆、张雷）

新学院晚宴（2019年）

Merton College 前院长 Jassica Rowson（右一）及其同事给同学们做学术报告（2019 年）

在 Merton College 共进午餐（2019 年）

新雅-罗德论坛（2019年）

新雅-罗德论坛上宋晨阳同学发言（2019年）

向罗德学院赠送清华纪念品（2019年）

罗德学院留影（2019年）

牛津大学——行进中的交谈（2019年）

新雅人在牛津

沈莹莎（经济与金融专业）

2018年1月23日至26日，新雅17级62名同学在曹莉等老师的带领下，在牛津大学进行了为期四天的考察调研。我们带着书院和老师们对本次出访的要求，带着对英国高等教育和牛津书院制的好奇，在牛津探访、体会、思考。

23日上午，New College参观之旅拉开了访学序幕。New College是牛津大学规模最大的学院之一，有七百多年的悠久历史。参观后，David Palfreyman教授向大家介绍了英国高等教育制度、牛津大学目前的学术建构和世界影响，并讲解了牛津大学久负盛名的tutorial教学制度。

我们了解到，牛津的大学理念较为专业化。对于人文社科类专业，牛津大学认为与其"假装教文科生没有方程的物理"，不如在该文科专业需要物理视角的时候，用博雅化的方式教授物理，旨在使学生对物理世界运作的可能性有所了解和信任，而不要求他们能精确演算。与此同时，这样高度专业化的教学安排，可以有效缩短学制；辅之以高中-本科、本科-硕士之间更连贯的衔接，使得本科三年制、硕士一年制成为可能。

其后，同学们分组进行小组讨论，发言中展现的辩证思考赢得了New College教授的肯定。午间，全体师生受到学院宴请。

23日下午，Miles Young教授带来了题为《数码与危险》的前沿讲座。数码时代、MOOC等新的教学方式与传统tutorial如何有机结合引发了同学们的思考。随后，我们分为六个小组，与New College政经哲、历史与心理、物理等专业的大二学生代表展开讨论，聚焦各专业从学习基础知识到引导研究主题的渐进过程，以及求知与求职的交织关系。与牛津优秀同学的交流再次巩固了我们对高等教育使命和目标的思考，即本科教育的尽头并非固化的职场，本科院校不应该是职业人才的培养基地，而需要更注重学生思考的能力，这种思考不仅是独立自发的，更是多元辩证的，从而使毕业生拥有高强度的思辨能力，有解决问题的胜任力。

当晚，新雅同学受邀在学院酒吧与牛津学生举杯共饮，在更轻松自由的环境中深入交流。我们漫谈评教、课时、考试制度，辩论亚洲和北美常见的"过程评价"的绩点构成和牛津"结果评价"的学年考试的不同，探讨学期课时的多少对学生综合能力的影响，碰撞最真实的大学校园体验。教学制度，学院生活，东方与西方，当下与前程在此交织，融于一盏清酒。

我们尤其聚焦讨论了过程性评价对本科生学习和研究状态的影响。过程性评价，即每门课程每个学期大小作业和考试成绩按一定的比例折合累加起来，最后给出一个较为全面反映学习过程的综合分数；而结果评价是指每学年末进行一次考试，授予学生学位，等第。我原本认为过程评价能够降低考试的偶然因素，引导学生各阶段的踏实学习和研究，也有助于针对性地匹配资源，优于单纯的结果评价；但也在与牛津同学的交流中逐渐发现，不记录阶段考试成绩和学期中大作业分数的评价方式给予学生更大的探索自由，也对学生脑海中综合学术框架的构建有着更高的要求。

因为当每次作业的分数都被悉数登记在册，以一个虽小但存在的比例计入总评，学生对待作业，尤其是设计类大作业的心态往往是谨小慎微，选择四平八稳、新意和风险较少但确保能换来中上成绩的主题；而当作业分数对总评不产生影响时，学生在日常选题中就有了极大的自由，有机会去探索他真正感兴趣的内容，或选择有一定挑战性、不一定能圆满完成的研究课题，一切创意与探索都可以不计后果。同时，一场最终的考试意味着考题会纵向包括三年学习的所有内容，横向融贯学科不同分支的概念和视角，需要答题者真正对这门专业形成综合而融贯的理解。这来自三年细水长流的积累，不是一朝一夕足以形成的。这就避免了半学期一次测试，学生在考前临时抱佛脚或死记硬背，也能取得不错成绩的情况。

24日，我们探访了St. Peter's College。物理系教授Christopher Foot给大家带来了别开生面的量子科技原理与应用介绍，两校师生对量子科学在计时、编程和密码学等方面的应用进行了讨论，展望量子纠缠的前沿应用。晚间，新雅全体师生受邀参加了New College的正式晚宴。同学们以新雅专属的丝巾或领带搭配正装，烛光摇曳，主宾畅谈。

25日，新雅师生去到了PPE学科策源地——Balliol College。参观学院后，Nicola Trot博士在高瑾老师的协助下，带领同学们学习并讨论了欧美诗歌的韵律声学，并共同探索了叶芝的诗歌《驶向拜占庭》中的哲学命题——鲑鱼从河流下游游回上游，完成繁衍使命走向生命终结，人的生命岂不也是溯游而还，其终点亦是起点？我们不禁思考与追问，尝试从生物学角度去理解鲑鱼的溯游，从历史哲学意义上去思考拜占庭的意涵。

26日，同学们按照出发前与牛津各学院JCR的联络，分头参观和考察组内联络的学院。我和部分同学去到Pembroke College，向该学院大一学生进一步了解文史类和理工类不同的tutorial运作：文史类的tutorial大多针对该周lecture给定相关topic，学生利用一周的时间搜集资料，选择自己最感兴趣的方面深度阅读，从特定角度诠释这个主题；理工科类tutorial由教授布置question sheet，与lecture可能完全不同步，往往要求学生自学，且没有配套的教材，学生需要在各类参考书或文献中做筛选。我意识到这里似乎正蕴含着两种不同的方法论：文史类基于统一的较为宏大的话题，同学们不断自主将话题变得狭窄而专业化，最终引向自己个性化的研究方向；理工类的学生以分立的十几个问题为开端接触一个新模块，最终获得该模块全面系统的洞察。

其他部分同学在Mathematics Institute聆听关于牛津书院制的讲座，并参观了玛格丽特女王学院；另有对Mansfield College的考察访问；其余同学参加了对牛津大学教育系统的讨论。晚间，我们在New College教堂中静心聆听晚祷，感受宗教环境与学术殿堂的并行共存。

访学之余，我们也在牛津城市大大小小的博物馆中留下了足迹。皮特河边的牛津自然历史博物馆、New College边的科学史博物馆和Bodleian图书馆、市中心的Ashmolean博物馆……

我们尝试以访学者的学术视角，汲取牛津小城的精粹。

几日间，中英的融汇交流，跨学科的思维碰撞，中英高等学府理念的沟通共鸣，体现着"更人文、更国际"的清华面貌，也体现着新雅同学自觉的思考意识和使命感。同时，中西方大学教育在导师制度、课程开设、院系融合、招生培养等方面的分殊，也在一定程度上为新雅教育的营建提供了欧美博雅教育的角度。围坐畅谈，是交流，也是研讨。记忆如大漠上的信客，传递灿烂的信笺。

新雅人在牛津，感受历史文化的洪流，领会书院教育的建构，畅想新雅营建的未来。彼时，牛津的灯影已在机翼后方远去，但新雅人的思辨仍是进行时。

对牛津教育模式之分析及对中国博雅教育体系之构想

张劲波（政治学、经济学与哲学专业）

牛津大学所推行的并非美国式的通识教育，即依照以芝加哥大学前校长哈钦斯的改革和1945年"哈佛红皮书"为代表的理念而构建的、以西方文明的古典著作与文化经典为教学内容、以全校共同开设的本科必修通识课程为基本实现形式的教育模式。相反，牛津大学所推行的是一种高度重视专业学习的教育模式——在这一教育模式之下，学生不必选择全校统一的必修课，而只需进行与本专业有关的学习即可。这就带来两对矛盾：其一是强调对社会公民、对"人"本身的培养的英国传统教育理念与牛津事实上推行的、专业教育占主导的教育模式之间的矛盾；其二是高强度的专业教育与形式上更为松散的学院制之间的矛盾。本文论述内容包括：牛津大学如何将专业教育与博雅理念相融合，如何在保持学院制主体地位的同时确保专业教育的世界领先水准，并在分析牛津大学本科教育的基础上，针对中国大学本科博雅教育的发展方向进行讨论。

一、通识教育、专业教育与博雅教育

牛津大学在本科阶段所推行的并非通识教育，而是一种专业导向性较强的教育模式。一个学生在对牛津大学的学院进行申请时，需要同时考虑好自己的专业意向；申请成功的本科学生在学习期间也不必选择本专业以外的课程，如文学专业的学生不必选择数理或工程类的课程，理工科专业的学生也不必修习文史哲等专业的课程。尽管部分专业在具体学习上有着特殊要求，但这些专业的学习要求并不与牛津专业教育的导向相悖。例如，哲学专业不提供单独的本科学士学位，而必须与社科、数理甚至工程专业组合，但一个希望学习哲学的学生在选定了"组合"专业之后，便无需学习其他专业；起源于牛津的交叉学科PPE（政治学、经济学与哲学）本身便包含着三个专业的学习，然而三种不同的课程，实际上是这"一个"交叉专业的要求。

作为当今世界通识教育的代表，美式的高等通识教育的传统实际上是来源于英国的。该传统以重视西方古典文化及经典文本的学习为首要特征。然而作为英国最为历史悠久的大学、英国高等教育的发端及其高等教育文化传统的奠基者，今天的牛津大学却并未推行所谓的通识教育模式——这与两国自十九世纪以来的社会历史发展状况的差异密不可分。

美国社会在十九世纪中叶以后面临着较为严重的精神危机。伴随着经济高速发展对传统观念的冲击，美国社会面临着道德沦丧、精神空虚等社会共同文化基础的缺失带来的问题。同时，经济发展也固化了社会分层，使得社会日益走向隔离与分裂；而社会共同文化基础的缺失更进一步削弱了社会凝聚力，从而导致国家决策与公共政策的制定愈发困难。在这样的背景之下，美国高等教育界进行了重建通识教育模式的改革，以期望通过建立与现代社会相匹配的通识教育体系，来培养能够从宏观上认识西方文明的发展进程、能承担起凝聚社会共识的责任的人才。而十九至二十世纪的英国并未经历与美国相类似的、由传统文化的断裂与社会共同文化基础的缺失所造成的精神危机——这也是牛津等高校未进行本科通识教育改革的社会原因。事实上，英国在中学阶段已开展了较为全面的通识教育。因而，若把基础教育与大学本科教育作为一个整体来看待，英国教育也并未跳过"通识"这一环节。

尽管牛津大学并未推行本科通识教育的模式，但我们却不能认为其推行的专业教育不是博雅教育。所谓博雅教育，其英文直译为"自由教育"。直接按照这一字面意思理解，可将其解释为"自由人的教育"。博雅教育并非以培养某一特定职业的从事者为目标，而是致力于对"人"本身的培养，即培养学生健全的人格，帮助学生构建其对于人生意义和世界状态的总体认知，以及让学生逐步获得以批判性的视角思考问题与看待世界的能力。而牛津大学的本科专业教育显然具备博雅教育的特征。这主要得益于两种配套的制度：学院制与导师制。

首先来看导师制。在牛津大学，每个本科生都有着自己的导师；每名导师大约需要指导两至三名本科生。对于一个牛津的本科生而言，其学习的主要依托是每周与导师的面对面交谈——交谈多以一对一形式展开，每周数次，内容为学生的专业学习。为了准备与导师的交谈，学生需要于事先完成相关内容的学习，并在自主思考中提出自己的观点；交谈时，学生需要有逻辑地表述自己的观点，批判性地吸收导师的观点，在对导师观点的思辨中修正自己的观点和完善自己的认知。这样，学生的批判性思维便逐渐形成并不断得到强化。同时，学生与导师的交流可以是不限于知识的；这种交谈可以发展为智慧的碰撞与灵魂的深层次交流，并参与到对于学生健全人格与健康三观的构建之中。

其次再分析学院制。学院制的推行使得牛津大学得以具备良好的博雅教育氛围。学院内师生共同生活，从而将学院营造成一个学习、生活共同体。这种共同体的建立，为师生之间与学生相互之间的深层次交流的开展提供了良好的氛围，并激发学生对自己的存在状态进行思考。一个学院内的学生所学习的专业是多样的，这种多样性有助于思想的活跃，可激发学生的创造力，让学生对于整个人类文明的知识体系拥有更为全面的认识，给学生以一种超脱专业限制的宏观视野。值得提出的是，学院内的公共交谊厅为这个共同体的交流提供了理想的环境。公共交谊厅的使用在书院的长期发展中不仅成为一种文化传统，也成为一套约定俗成的制度。

综上可知，牛津大学虽然推行着本科专业教育，但其教育模式仍是博雅教育——该教育模式根植于英国高等教育的文化传统，其教育精神与博雅理念内在一致。

二、专业教育与学院制

就如前文所述，牛津大学的本科教育是以专业教育为主导的，学校不开设强制性的公共通识课，学生也不必选修本专业以外的其他课程。但令人费解的是，在注重专业教育的同时，牛津大学却仍以更适合通识教育开展的学院制为主导，而非以更契合于专业教育的院系制为主导——事实上，院系制在牛津大学是作为对学院制的补充而存在的，院系依附于学院。这就产生了矛盾：理论上，以院系制为主导的大学，在教学资源的整合、专业资源的集中程度以及行政效率等方面具有更大的优势，因而更能提高专业教学的质量、推动专业研究的发展；然而事实却是，牛津并没有进行以院系制为主导的改革，而是在保留学院制主体地位的基础上保持着世界领先的地位。那么，牛津大学是如何实现学院制与高质量的本科专业教育的结合的呢？

首先来看学院与院系两套体系在牛津的关系。学院是一个有着较大独立性的单位，是牛津的师生在这所大学获得归属感及建立身份认同的基础。虽然不同学院对文、理、工等不同领域有所偏重，但每个学院都有着较为完整的学科体系和与之匹配的学科资源——包括不同治学领域的老师、涵盖不同学科的学术资料等。若以本科生为调查对象可以发现，其学习、生活，及其他社交活动皆是以其所在的学院为中心展开的：专业学习的主要形式是学院内与导师的面对面交流，食宿依托于学院的宿舍和食堂，社交活动则以学院的公共交谊室为重要依托。而院系的存在则依靠学院的资源共享——不同学院共享出某一相同专业的资源并集中起来，在学院之外成立一个独立的"学系"；几个专业联系较紧密的学系再共同联合成一个"学部"（相当于国内大学以专业划分的"学院"）。本科生根据自身需要，可在院系中选择相关的、以讲座授课形式开展的课程；理工科的学生可在此进行实验——对他们而言，院系是对学院学习的补充。甚至对老师而言，学院的"重要性"也是高于院系的——前者是其生活的地方、从事教师教育职责的地方，而后者是"工作"的地方。

从两套体系的运行模式中可以看出院系对学院的依附。事实上，独立学院的联合，是整个牛津大学在历史发展中形成的重要传统，也是牛津在当今能够作为一个整体而存在的重要基础。在牛津成立的早期，来自不同地域的学生按照地理位置分聚于不同的学院或学堂的文化已经存在[1]。十三世纪中叶起，一些捐助者开始在牛津成立独立学院，学院因此在牛津日益增多；同时，学生们也日益倾向于选择学院生活而逐渐放弃在修道会或学堂中的生活——这样，牛津的学院联邦制逐渐被确立起来[2]。而院系的建立则以牛津大学这一整体的成立为前提——至1802年起，牛津大学才开始为各学科分拆出荣誉学院[3]。因此，学院制不仅是院系制的基础，也是牛津大学的根基；倘若破坏学院制主体地位的传统，则整个牛津大学将面临分崩离析的危险——这就解释了：实现资源的重新分配、建立学科资源高度整合的以院系制为主导的模式的不可行性。

与此同时，学院制具有其自身的优势，这些优势既确保了本科专业教育的高质量，也维持着学院制的主体地位。与学院制相匹配的、使之在本科专业教育方面具备极高竞争力的关键，

1　Rashdall, H. *University of Europe in the Middle Ages*. Cambridge: Cambridge University Press, 2010, pp. 55–60.
2　Brooke, C. & Highfield, R. *Oxford and Cambridge*. Cambridge: Cambridge University Press, 1989, pp. 456–457.
3　Boase, C. W. *Oxford*. 2nd ed. England: Longmans, Green, and Co., 1887, pp. 208–209.

仍是牛津大学的导师制。学生与导师之间定期的面对面交流的开展，使得学生与老师之间建立起真正的双向交流，而不仅止于单向的传授知识与接受知识的关系，从而将专业教育的效率推到极高的水平上。在平时，学生们需要将大量的时间与精力投入到专业学习之中，以准备与导师的学术交流；面对面交流时，学生也不止在单纯地接纳知识，而是在对导师观点的批判性思考中构建着自己的认知体系，在观点的交锋与论辩中锻炼着将个人观点合乎逻辑地陈述出来的能力。这样，经过三年本科教育的学生，不仅掌握了专业知识，更在思维的批判性与创造性上具备着优势——后者恰好是国内自1952年院系调整后建立的、至今仍被普遍采用的、以院系制为主导的大学模式所难以提供的。

更进一步地，即使一所以院系制为主导的大学在充分发展后具备了采用导师制的条件，牛津式的学院制大学也仍然具有竞争力。其原因在于，学院中不同专业学生之间的共同生活，使得一个学生能够在来自不同领域的观点的交叉碰撞中，具备活跃的思维与开阔的眼界，进而转化为其在专业中的优势。同时，就如之前所提及的，学院所提供的博雅教育，使得他们作为一个"人"更加完整——一个学生只有先成为一个完整的"人"，才能看清自己的人生道路、知晓自己人生的意义所在，以及更为正确地处理自己与世界的关系，进而才能更好地成为某一特殊行业的从事者。

通过对牛津大学专业教育与学院制关系的分析可以发现：一方面，学院制是牛津大学在长期历史沿革中形成的重要制度，对于牛津大学这一整体的存在起着关键的维系作用，因而有着存在的必要性；另一方面，通过与之配套的导师制度以及学院提供的博雅教育氛围，牛津大学确保了本科专业教育的高水准。学院所造成的结果并非资源的分散，而是资源被切实分配至每个学生，牛津大学也因之实现了专业教育与学院制的融合。

三、中国本科教育博雅体系的构建

自1952年高校院系调整后，中国基本上建立起一套以职业教育为导向的、以满足大规模计划经济建设为目的的苏联式高等教育体系。然而，这套高等教育体系在改革开放后，愈发难以适应新形式下的政治、经济、社会状况，也难以承载起推动整个中华文明复兴的历史使命。为此，以建立通识教育体系为目标的改革日益得到重视，并开始投入实践。眼下，国内的通识教育改革多以美式通识教育为蓝本；而美式通识教育的文化根基是源于英国的。对牛津大学的教育模式进行分析，有助于我们把握通识教育的文化内涵与精神本质，从而为我国的高等教育改革提供借鉴。

从牛津的教育模式中我们可以看到，专业教育与通识教育，都有可能成为通向博雅教育的路径。通识教育的目的与实质并非"通识"本身，而是"博雅"；或者说，"博"本身不是目的，而是实现"雅"的途径。

眼下的中国需要博雅教育的开展，其理由如下：其一，在经历市场化改革之后，中国社会呈现出多元化的趋势。这样的社会呼唤着共同文化基础的建立，需要能够把握中华民族的心理结构与文化传统的、能够为凝聚社会共识做出贡献的社会精英。其二，推行博雅教育是实现中华文明复兴的要求。作为一个曾在十九世纪以来的近代世界长期处于半殖民地半封建社会状态的国家，中国曾遭受西方文明的冲击，中华文明也在这一过程中产生了一定程度的断裂。由于时代的限制与救亡图存的紧迫性，近代中国的一批先进知识分子将西方文明视为现代的、先进的，将中华文明视为落后的。即，将中西文明这两个具备空间关系的存在赋予了时间性，进而在进步史观的影响下分别赋予了其落后性与进步性。在摆脱了半殖民地命运后的、取得了较大发展成就的今天，中国需要一批人才来续接中华文明传统并促成其进一步发展。其三，在现有的政治、经济状况下，中国需要能宏观把握社会历史发展和文明演进趋势的人才。借助商品市场机制，中国取得了经济腾飞；但与此同时，资本的影响力日益增大、社会观念也日益复杂化。选择怎样的道路、如何构建起每个社会成员都能作为一个"人"而获得全面发展的社会，需要人们立足于社会与文明发展的趋势，对现存的制度及其他社会状况进行批判性的思考。

结合社会历史及文明发展状况，中国的博雅教育更不能以"通识"为目的，即盲目追求科目的全面与学科的交叉；应当以中西方文明经典为主要教学内容，让学生把握中西文明的最核心内容及其发展脉络，并在这一过程中帮助学生培养批判性思维能力、树立文化自觉。概括来说，是由"博"入"雅"。

从牛津大学的教育模式中还可以发现，专业教育对本科教育而言也是极为重要的，并且能够实现与博雅教育的结合。中国的专业教育体系是较为完善且具有独特优势的。因此，中国本科教育的改革，一方面应当充分利用专业教育的基础、保持专业教育的优势；另一方面，应当促成专业教育与本科通识教育的有机结合，并在此基础上构建起符合中国社会历史发展状况、顺应中华文明演进态势的博雅教育体系。

对于这个中国高等教育博雅体系的构建，本文就三个方面提出构想。

其一是把握好院系制与学院制的关系。就如前文所分析的，学院能够提供良好的博雅教育氛围。然而以牛津为代表的英美高校，其学院制的主体地位是在长期的历史沿革中形成的；相反，中国没有这种学院传统，而是通过1952年高校院系调整，建立起一个由一批以院系制为主导的高校所组成的高等教育体系。如果大规模地打破院系制而照搬牛津式的、以学院制为主体的大学，则不仅难以取得牛津的成就，还会失去我国原有的专业教育的优势。可行的方法是，在一所以院系制为主导的大学中集中资源，成立独立的、推行更大比重通识教育的、以博雅教育为落脚点的文理学院。

其二是把握好通识与专业的关系。对于文理学院而言，其通识教育的比重——包括课程量与学习时间等——应当高于其他以专业划分的院系；对一般院系而言，在进行专业教育的同时，应当要求学生选修统一的、以中西文化经典为内容的通识课程。值得提出的是，虽然学院与院系接受通识教育的比重不同，但通识与专业的结合应当切实贯穿于整个大学的本科教育中，并且以"博雅"为目的。

其三是导师制的构想。本条内容是对第一条的补充，但因其较为重要而单独提出——该制度的重要性在牛津大学的导师制对其博雅教育体系所起到的关键作用中得以体现。考虑到中国教育资源人均相对不足的现状，以及学院与院系教育模式的差异，导师制的推行也就在院系与学院中各有差异。对院系而言，由于学生已在课堂学习中受到集中、高强度的专业训练，因而导师的职责应当更倾向于助力学生健全人格的培养、帮助学生认识自我和思考自己的人生道路；对于学院而言，在满足以上要求的基础之上，导师的安排还应尽可能地结合学生的专业意向，从而使师生之间能在开展牛津式的谈话时进行专业交流。

总之，在效仿西方进行本科教育改革时，应当结合中国的社会历史发展状况与文明演进态势，建立起符合中国国情的、通识教育与专业教育相结合的博雅教育体系。

积淀与分散

高靖涵（政治学、经济学与哲学专业）

一、调研中存在的和需要注意的问题

经过了为时一周的牛津之行，让笔者对牛津高等教育何以为"高"有了初步的认识，这与在书院的组织和老师的指引下笔者和小组同学紧密而又高效的调研是分不开的。但在总结之前，我们首先要明确：我们调研的方法、形式、内容是什么？我们的调研是否能反映牛津的真实情况？如果不能，那又有着怎样的差距，如何减小这样的差距呢？

我们的调研内容主要采取了讲座、交流、研讨和参观的形式，但本质上没有把握一所大学的根本所在，即教与学。讲座可以视为课堂的模拟，但由于时长和深度的限制，我们只能从中试图了解牛津大学教授的教学方法和课堂氛围。交流与研讨主要是和学生进行的，需要避免闲聊和泛泛而谈，选取关键性的问题在短时间内获得高质量的信息。而且，不得不承认，我们与牛津大学的学生在某些问题的上认知也有着一定的差异，如"学习辛苦""考核严格"等。因而对这些问题的主观理解不能完全反映真实情况，我们在交流和研讨中需要重视客观性和准确性。参观主要是一个"想象的过程"，参观的意义一方面在于感受这种几百年积淀下来的历史与文化气息，另一方面在于想象自己如果身处这样的环境会有怎样的收获，又会与学习成长的过程怎样结合起来？带着这样的问题去看才能避免走马观花。

总的来说，我们的本次调研是以一个观者的角度从侧面窥探牛津的影子，但这并不意味着我们无法在短时间内对牛津的教育现状有着一个准确且全面的认识，这需要我们结合自身在清华一个学期的学习经历，和通过"大学之道"课程获得的对通识教育和人文教育最基本的理解与认识，才能由影子尽最大可能还原其本质。

二、积淀与分散：个人对牛津大学教育的理解

谈及牛津的教育，就绕不开学院制和导师制两大特色，我们本次的牛津之行的相关调研也主要围绕这两大主题。笔者将从这两者切入，试图总结牛津大学"分散"与"积淀"的教育特色，并浅议对牛津大学通识教育的理解。

1. 学院制

在学院（college）和专业院系（department）的关系上，牛津和清华以及绝大部分大学有着很大的不同。学院和院系在清华是平行存在的，在牛津是并行存在的，两套系统并存，学生在学院中住宿生活，在院系中接受专业教育。但是，学院和院系并非将学生的学术和生活截然分开各占一半。这需要在学院制的基础上结合导师制，以牛津特色来综合分析。

根据我们和牛津学生的交流，本科生所选择的导师大多属于其所在的学院，很多学生在选

择学院前也会考虑该学院内有无自己心仪的导师。此外，学生在入学前选择学院时需要根据所选院系来决定，如我们第一天所参观的新学院，由于其没有地理学方面的导师，因而也不接收想要选择地理专业的学生。

由此，笔者不禁发问，这样的制度"固化"了学生的专业，仿佛有些与倡导人文教育、自由学风的牛津大学有些格格不入。但新学院的教授给出了理由，原因是英国在中学阶段就已经完成了通识教育，学生在大学录取之前就已明确自己未来的专业方向。而且《牛津导师制》（*The Oxford Tutorial*）的作者大卫·帕尔费曼教授在第一天的讲座中也提到牛津乃至英国的大学是淡化"本科专业"这个概念的，如索尼公司的 CEO 在牛津大学本科期间修读的就是历史专业，新学院的院长杨名皓教授也是历史系毕业，并在毕业后进入了奥美广告公司工作。

我们与牛津学生对这一问题进行了深度交流。他们提到牛津的学生在大二大三期间选择实习时并不受专业的限制，可以选择任何实习项目，因而在选择专业时一定程度上减少了就业方面的考虑。应当注意，我国的情况有所不同，但英国能做到不限专业选择实习应该也是基于其中学阶段成功的通识教育和对大学阶段能力培养的信任。此外，通过与新学院历史专业的同学交流，笔者所在的小组一致认为牛津学生对于所选专业十分肯定和认同，这与牛津几乎所有专业实力都较为雄厚也有着一定的关系。

2. 导师制

提起"导师"一词，清华学生可能首先会联想的画面是与在学术方面有突出成就的"大教授"同坐在办公室里，但不聊学术，只谈人生与理想，从而获取在人生道路上继续前行的动力与方向。如刚建立的开放交流制度，教师利用闲暇时间与学生交流，也并无与学术相关的硬性要求。但牛津的导师制更为具体与实际一些，最直观的体现就是学生需要每周进行 1~2 个小时的"导师课程"。课程内容其实在清华也可以找到相似点，理工科的导师课程类似于清华的习题课，每次课前布置习题，导师负责答疑和补充课外内容；人文社科的类似于清华的讨论课，导师主要针对学生提交的论文进行点评，并与学生就课程有关的议题进行讨论。

两者综合来看，牛津的导师课程实在是难得的精品，在各个维度都远超于相似的其他课程。在清华，习题课与讨论课主要由助教负责，而牛津导师课程直接由任课教师或课程领域相关的教师负责。在上课人数上，牛津导师课程是由一名老师对一到两名学生，而清华的习题课和讨论课尽管已将班级分为几个小组，但依然人数很多且相对来讲课时较短。由笔者本学期所选修的新雅人文通识课的讨论课的情况来看，笔者认为，新雅通识课的讨论课可以对作业进行有效的点评和反馈，但在课程相关内容的延展讨论上可以进一步加强，在课时上也可以再加大。

3. "分散的牛津"

如果用一个词概括牛津的学院制度，笔者认为应该是"分散"。笔者所在的小组共参观走访了五个学院，不同学院之间在制度上大同小异，几乎没有差别，仅在历史与氛围灯方面有一些微小的差距。因而学院制其实相当于将牛津大学分割成了三十多个并无本质差别的小团体，这无形之中对于教学的方方面面起到了分散的作用。

首先一个教学组织最重要的两个元素就是教师和学生。牛津在录取学生时要经历两个过程，即专业院系和学院的分别录取。一名学生在进入牛津后，对外界来说最为重要的身份就是他所属的学院，同时也是由于牛津镇与牛津大学几乎融为一体，镇内的学生都是牛津大学的。

这其实弱化了专业院系的凝聚力。笔者所在小组第一天与新学院历史专业的学生交流时，该生说他所在的学院只有五名历史专业的学生，所以在与本专业同学交流时，其实更愿意找本学院同专业的同学。因而，有学院和专业的双重限制，其实学生的"人脉圈"大大缩小了。但在清华学院和院系平行存在的状态下则不同，在新雅，大一时所有同学并未选择专业，因而新雅就是学生仅有的"学术团体"。在选择专业后，新雅就会拥有两个"人脉圈"，加在一起总的人脉是扩大了而非减小了。

教师的"分散"相对来说就要轻一些，同学生一样，教师在院系和学院也分别各有一个身份。学院会为教师留一间办公室，教师在学院担任导师，单独指导几名学生，参与学院的晚宴。尽管由于学术研究的需要也必须要在院系投入大量的精力，但他们在学院所需要承担的责任也是义不容辞的。由此，同专业的教师也被分散开来。

设备的分散更为直观，在参观中我们发现除去学校总的图书馆外，每个学院都有自己的图书馆和自习室，分散了学校的学术资源，且学生多半选择去学院自习更是减少了学院间交流的可能性。学校也有一些统一的活动场所，如牛津大学体育活动中心，学生也会以学院为单位组成代表队参与校级赛事，院系在这一层面上并无意义。这样的"分散管理"，目前并不能很好地适用于中国的高等教育。由于人数和培养需要，我国高等教育从管理层面上讲，更为重视"整合"和"统一"。我们应该注意到，即使在清华大学这所以理工科见长的传统大学中倡导人文通识的新雅书院，在管理方面依然受全校"集体主义"等风气的影响，与牛津的学院有着很大的不同。

此外，我们也不能理所应当地认为之所以牛津能够承担这样的"分散"，是因为其"人少地多"、资源丰富。尽管每一个学院的建筑都十分宏伟，设施也较为先进，但并非所有学生都能够享用这样的资源，如新学院的本科生只有前两年可以住在学院里，之后要自己出去租房。通过与在牛津读博的清华学姐交流我们得知，由于大部分硕士博士并不怎么参与学院活动，所选导师也有可能来自其他学院，因而对很多研究生来讲，学院制度形同虚设。因而，学院制度对学生的覆盖面有多大，影响有多深刻，也许需要广泛的调研和亲身的体验才能得出结论，笔者尚未有明确的答案。

4. "积淀的牛津"

应该看到，牛津"分散的"学院制与其近一千年的历史积淀是分不开的，根据我们在新学院的晚宴上与牛津学生的交流，牛津大学初期并不是以大学为单位建立的，而是一些学院由不同的领导人分别建立并"各自为政"，在后来才统一合并为牛津大学。

在本学期学习"大学之道"课程的过程中，笔者阅读了一些书籍后发现，历史性在我国高等教育中的体现主要是"自我改革"和"借鉴他人"，而且发出的主体多半是政府与学生。这自然与我国的近代历史有关，的确很少有牛津这样以学校自身为主体承载历史的变迁，且相关制度建立以后很少进行大幅度的修改，几乎都能保持稳定。这背后体现的建立教育制度所需要的谨慎仍值得今天的我们学习与钦佩。

但这一点并非有弊无利。在与牛津学生交流的过程中笔者发现，他们对于学校的教学制度处于完全被动接收的状态，很少甚至并没有主动参与到反馈和改革中来。谈及教育，牛津学生的感受主要是针对专业学习和导师课程，而非有关通识教育的重要性和教育本质。相比之下，他们似乎已提前进入到了深层次的专业教育。当然，这也可能是限于交流的时长和深度，但还是能看出牛津学生与重视通识教育和教育改革，并且带着问题意识去接受教育的新雅学生有很大的不同。

在清华，学校成立了本科生课程咨询改革委员会，成员由学生组成，在经过调查和研究后可直接向学校提出改革建议。在新雅，师生反馈机制更是变得简单且易施行，对培养方案、课程设置等问题都可以通过直接向老师反映得到有效的解决。而我们暂未从牛津学生和老师那里了解到他们也有相关可以对现行教育进行反馈和修正的机制。

笔者上网查阅资料时发现，2016 年毕业于清华经管学院的罗德学者的黄钦在《牛津大学政治系课程解读：当代分析政治哲学》一文中提到"在查阅了近十年牛津政治系分析政治哲学课程的大纲和阅读材料后，我发现讨论主题和主要阅读材料的变化并不大，其中六个主题基本是固定出现在近十年的课程大纲中的，这些主题大多都出现在牛津学者们所著的几本重要的政治哲学介绍性读物中。由此可以看到，牛津的政治哲学教学比较注重传统，但也直观地呈现以牛津为代表的英美政治哲学的传统研究刻意保持与历史情境和现实政治的距离"。从黄钦的话中我们可以得知，尽管是博士生的课程，且是牛津最为人所称道的人文方面，依然存在着因循守旧的问题。当然，若从另一侧面分析，我们也可以得出牛津重视传统的结论。

诚然，这一定程度上是源于相比之下我们的"教学"尚不成熟，但我们必须要承认尽管牛津以其悠久的历史与深厚的传统为傲，但在活力和可塑性等方面，清华同样有值得他们借鉴和学习的地方。

三、牛津与通识教育

作为新雅的学生，来到一所大学考察，最为关注的理应是该校的通识教育情况。但令人奇怪的是，我们本次调研似乎没有与通识教育直接相关的行程和计划。其实不然，经过深度感受牛津的氛围与文化笔者发现，通识教育已经融入牛津的深层次，成为其立足的根本。

首先从学院制的角度上讲，将学生不按专业划分，而是打乱组成多元化的学术团体，本身就是一种为通识教育提供便捷条件的制度。这不仅能够淡化专业，强调厚基础、广涉猎的 T 字形发展，更能促进跨学科交流与合作。其次，导师制的建立更是一次由上而下的通识教育改革，众所周知，大学的教授多数在其所在专业的特定领域进行研究并有所成就，让他们回归到本科教学，且针对专业知识的基础内容进行小班式的习题课、讨论课教学，有利于学生夯实学科基础，更好地理解其专业最本质最精华的那部分内容。而且不得不承认，这两者都和新雅的精髓（住宿制书院、高质量的文理通识课程）不谋而合。

一周的牛津之行是短暂的，但在通识教育中不断探索与成长的路却是永无止境的。我们带着问题去并带着更多的问题回来，希望能在未来用自己的行动赋予它们答案。

校有所短，院有所长

殷乐天（经济与金融专业）

牛津大学是一所怎样的大学呢？毋庸置疑的是，虽然同样被冠以了"大学"的名号，但它的气质和构成无论如何都是与清华大学截然不同的。这样的不同体现在从小而大的各种感知的层面，也与英国、与牛津的生活氛围和制度架构有着密不可分的联系。而对于这种异同的把握，对于我们审视当下中国的本科教育和大学环境，乃至审视整个社会的制度文明体例，未尝不具备积极的借鉴意义。

一、对于教育模式的考察

一般来说，考察一种教育模式，有从大到小的若干层次。

1. 第一个层次：教学思想和培养目标

（1）理念从何而来？

最为宏观也最为抽象的，则是其背后蕴藏的、一以贯之并且居于指导地位的教学思想和培养目标，实际上对于学校与社会、学校与社区、学校与家庭、学习与人生等等复杂关系的探讨无不可以归纳到这层理念层次上来。这种隐形的理念自然不是"无中生有"的，我个人认为它受到三种因素的共同影响和塑造。

在这若干种因素中，最直接也最贴近现实的是，作为学校构成主体的学生和教师基于个体的价值观念对于学校、对于教育事业的设想必然会深刻地影响到学校整体所呈现的面貌和秉持的态度。相对务虚的一个因素是，学校本身的历史传统和置于国家机器中占据的社会地位在一定程度上决定了学校所必须承担的现实使命、所必须培养的人才类型，也由此决定了将被这所学校奉为圭臬的教育理念、方法和内容。而置于当今世界格局的语境中，如果一所学校与超过所在国家本身的、更广阔的世界保持着密切而持久的联系，这种联系无疑会促成办学理念的演进。

（2）理念和气质

这三种因素对于一所学校理念的塑造是非常明显的，分别以三所学校为例逐一分析。对于第一点，复旦人"自由而无用"的气质决定了复旦将成为一所综合、博雅、自由的大学，而不可能成为一所只看重理工和经管的、职业导向的、思想贫瘠的大学。

清华大学"人文日新"的口号和创办综合性大学的目标顺应了第二点中的两种潮流：国家对于清华北大两所顶级高校的大力支持，使得清华大学有义务也有能力建设高水平的人文社科专业；同时现在的清华看重对于 1952 年前清华的继承（虽然历史上只继承了校名，而没有继承被调整去北大的院系），复办理科、文科、社科体现了清华精神的延续。实际上，无论是"又红又专",还是重视体育,这些都是学校历史传统时至今日依然在发挥作用的体现。

至于第三点,根据访学期间讲座的介绍,牛津大学的数学、物理和生命科学部在许多重大国际研究项目中扮演领导角色[1],社科学部的研究者则着手解决许多当今世界面临的挑战[2]。可以想见,正是因为牛津与世界接轨,它的教育、它的研究所关注的,才不仅仅局限于英国或是欧洲,而更兼具一份放眼世界的开阔眼界。如果仅仅用一句"英国在地域上是个小国,依赖国际贸易起家,因此相比地大人多的中国必须更关注国际动向"进行穿凿附会的解释,显然并不妥当。不过,如果稍加考察牛津大学本科阶段的开课就不难发现,其人文学科专业设置明显倒向西方,对于譬如中国或是印度等文明未曾加以同等的重视。也就是说,国际化的生源、师资和教育理念并没有改变牛津作为一所英国或者说欧美大学传承西方文明成就、守卫西方社会架构的底色。这对于中国大学构建通识教育体系究竟应该如何权衡世界性和民族性,或者说如何权衡中国文明和以西方文明为代表的非中国文明在教育体系中的地位,提供了一个既有的案例作为参照。

2. 第二个层次:课程体系

(1)课程体系的统一性问题

格局稍小的一个层次,在内容上呈现为一位学生作为个体所必须修习的课程体系或是一位教师作为引导者所承担的任教情况,在形式上表现为学生为了达到最终的毕业目标、教师为了实现最佳的教学效果所必须采纳的教学架构。

我们都承认在这种中等层次上,课程体系和教育安排是为贯彻居于核心地位的教育理念和培养目标所服务的。因此,这种教与学的体系必然由一个统一而非拼凑的、连贯而非断档的架构进行支撑才能紧紧围绕在这个理念的周围。显然,清华大学的培养方案非常好地贯彻了这种"统一""连贯"的要求,一般的学生花费四学年修习完一整套经过精心设计的课程组合、获得150~170不等的学分才能毕业,其中自主选择的余地不大——专业课方面只有占比不大的"限选课"有自由选择余地。由此可以推断每位学生经历的训练差异不大。同时,第二学位的学习需专门申请,且课程被极大压缩至45学分左右,略多于第一学位的1/4。但在牛津,不仅第二、第三学位与第一学位之间的隔阂并不分明、地位也更加接近,学生的专业课设置也极具灵活度,其核心在于选择教师而非选择课程。这很大程度上是因为每位教师只胜任教授特定的几门课程,因此难以实现对所有同专业学生完全相同的标准化训练。

一个显而易见的问题是,在牛津"一个萝卜一个坑"模式下,如果一位教师因为身体或是其他某种原因难以承担教学工作,那么极可能导致若干学生在近几个学期内少了一门应上的课。在我与牛津学生的接触中了解到,这种情况的确存在,这个漏洞的存在是否意味着牛津的课程安排恰恰有悖于这种"统一""连贯"的要求,显得过于散漫而缺乏体系呢?我个人以为,这种形式上的松散并不意味着教育质量得不到保障。实际上在清华校内,就我了解而言,交叉

---

1 原文是"Plays a leading role in many major international research projects."。
2 原文是"Its researchers tackle many of the challenges facing the world today."。

信息院的培养方案就存在着"轮转的老师能开什么课就上什么课"的部分。无论是交叉信息院还是牛津大学，生源的质量和学生们求知的渴望已经为教育质量提供了基本的"兜底"；加之有课程讲座以外的各种学习形式进行补充，课程设置上可能存在的不足也能得到弥补。

但将讨论的语境推而广之，那么探讨课程体系的灵活度必然得回归到理念的层次——课程体系所服务的目标究竟更看重通用能力的培养和价值观念的完善，还是塑造未来专业化的学术新苗？如果是后者，那么本科阶段应该打好学科的共通宽口径基础[1]，还是应当像对待研究生一般，鼓励学生自主挑选感兴趣的具体方向进行探索[2]？就我的体会而言，牛津大学所试图构建的课程体系非常强调"可转接能力"（transferable skills）的培养，从这种意义上而言，具体的课程无关紧要，核心只在于通过课程的学习和训练达到塑造能力的作用，这自然就与相对自由的课程设置相匹配。我个人以为，与牛津不同，清华所正在建设的研究型大学在政策导向上更青睐培养学术人才，加之以希望达成的宽口径的本科教育，为了确保培养质量，就有必要采纳相对统一的专业课体系。

（2）通识教育、专业教育和职业教育

稍加联想，牛津"重视能力培养而非学习知识本身"的观点与美国大学通识教育的观点非常相似：重要的不是"什么都学"，而是"什么能力都强"，因此不必什么具体学科都学，人文、社科和自然科学这三方面的思维都能够得到训练即可。由此出发，不同大学设计出了不同的课程模块，学生需在每个大模块内修够一定数量课程。不过在国内，由于已经有复杂的院系架构而课程的开设依赖具体的院系，通识教育试点初期的课程体系往往基于这种既有的行政划分呈现出课程数量庞杂、训练要求紊乱的特点。笔者以为，新雅书院内部就存在这种问题。虽说学习手册上对于各门课程隶属的具体学科有所区分，但并不要求各大类学科各修足一定课程，在学生完全自主选课的前提下可能难以完全实现对于不同思维方式的训练。如果我对于"既有院系决定课程体系"的关系没有理解错误，那么这或许体现着某种更深刻的内涵，这方面的讨论会在 3.1 中展开。

很有意思的是，牛津大学本身奉行的是专业教育而非通识教育，但这并不妨碍牛津大学位列世界一流大学之列，这给我们以怎样的思考呢？很浅显的一个原因在于预科之前的中学教育并未进行明显分科，并且十分强调读写和思辨，已经有了通识的底子；中国高考改革中取消文理科的分野实际也有这样的意味。更进一步地，如果我们承认通识教育的意义在于通过不同课程为学生们打开通往全新世界的大门、揭示无数令人振奋的可能，从而让他们真切地体会到不同思维方式的内涵，并进一步培养他们对不同领域人类知识和文明成就的敬重之情，激起他们对于探索的渴望，最终成长为一个完整的人，那么居于核心地位的自然是能力培养和价值塑

---

[1] 笔者以为这意味着专业课程设置上的选修成分不能太大，或者说专业课构成相对固定。否则存在很多方向的知识不必掌握的现象，知识体系遭到过多阉割（至少在国内的语境中）与"宽口径"相悖。

[2] 为了达成这种可能性，课程体系必须相应做出调整，也就是需要加大专业限选课所占据的比例，并且可以进一步按照不同具体方向划分出不同限选课组。

造。而在一个激变的时代里，知识体系迅速的更新换代意味着主动的思考和讨论相比于被动地接受和灌输更有意义。而无论是导师制度还是泡吧传统，抑或是公共活动空间中的亲密共处，人际间的沟通和交流、思维的碰撞和火花已然融入牛津的日常，以至于课程体系本身是否是通识的，实际已不重要。而这种主动交流和互动的机会，无疑是在国内相对缺乏的，这或许也是有必要推广通识的本科教育模式创造类似思想历练机会的一个原因。

同样很有意思的是，虽然是完全的专业教育，但牛津并非"职业教育"。换句话说，牛津的教育虽然着眼于特定学科之上，但不是就业导向的[1]，甚至于可以说是很"脱离社会"的。实际上，我接触到的多数学生对于自己未来从事什么工作都毫无概念、尚处迷惘，不少人也坦言自己很可能未来为了提升求职竞争力（而非出于学术兴趣）攻读硕士学位[2]，这些与国内不少大学生的心态非常相近。同时，我从学生们处获悉大多数毕业生日后从事的工作领域与就读的专业无关[3]。"学非所用""用非所学"的表象究竟意味着是全方位的通才教育使得学生胜任诸多岗位，还是学校教育与社会存在脱节？这值得我们思索。但无论是哪种情形，功利地来看，这对于企业来说都并不是笔划算的买卖，因为企业将不得不承担起对招聘的毕业生进行职业培训的义务——全方位的能力积累可以加快学习和适应职场领域内专业知识和技能的过程，但不意味着这个过程不存在——徒增运营成本。校企衔接究竟如何实现引人思考。

正如我们反对过度职业导向的专业教育，因为它使人境界低下、目光狭隘，我们也应当警惕一种媚俗的倾向：唯有学的东西与日后职业毫无关系、唯有学校成为"不食人间烟火"的场所才是真正高贵的、博雅的、值得提倡的，因为这种态度过分关注于浅层的表象，片面地将求学与求职置于对立面上，与通识教育的真谛相去亦远。如何在通识、专业和职业作为顶点的三角形里找到那唯一的质心，恐怕无论如何都是极为关键的。

3. 第三个层次：具体的课程与制度

最微观的层次则涉及具体某一门课程的设置或是某一项制度的安排，这是将理念想法与实践相融合的一个层面。由于其切实的可见性和亲近感，这往往而同时构成了关于教育制度的讨论在数量上最多、但常常深度也最浅的一个层次。

（1）小班教学和讨论

牛津当然也有听课人数多达三位数的大课讲座，但真正令人感到惊艳的除了一对一或是一

---

[1] 这点可能是存在认知偏差的。除了接触到的学生毕竟不多以外，学习就业导向相对较强的专业（例如工程和生物）的学生在牛津占比并不大，与清华这样以工科作为家底的大学直接进行比较可能不合适。

[2] 即"do a master's degree"。"do"在牛津学生口中是个万金油的动词，上课、考试、就读专业都可以用"do"表达，"I do biology."即"我学习生物专业"。但对于获得学用"do"这个中立却缺乏情感色彩的动词总给我以一种难以描述的不适感，仿佛学位是流水生产出来的而且学生也并不对之抱有特殊情感。不过这某种层面上倒也贴合并不那么单纯的读研初衷。

[3] 牛津学生举的例子有学习古代历史的学生从事咨询行业以及学习PPE的学生从事金融。实际上这种专业与职业不对口的现象在国内同样普遍存在。虽然国内的教育往往被认为是职业导向的，但即便是理工科学应当也有不少转行从事金融、计算机或生物医药。

对二的导师制，还有许多课程的小班化程度[1]。在新学院与我们小组交流的女生就提到过自己的一门语言课程只有 4 人参加，师生间的互动该有多么频繁可想而知。

小班教学的意义无需多言，但在国内，这似乎从未在高等教育中占据一席之地，原因是多方面的，最根本的就是不断增长的学生数量和尚存短缺的师资力量之间的矛盾。此外，还有相对隐性的因素。譬如说，清华校内的教学楼大多不会特意考虑建设小型教室[2]，40 人、70 人、120 人，乃至 300 人的"常规"教室才是扩充空间资源的首选途径；而以图书馆研读间为首的讨论空间大多在功能上侧重学生内部的小组讨论，应用于小班授课或是师生交流的场景则显得别扭；此外，清华的教师办公室的普遍氛围也不适合小班教学的开展[3]。但牛津导师制度下的师生交流，往往就是在教授的办公室里进行的。教师办公和大班授课之间分明的界限使得客观上不存在可供小班教学良好开展的环境。环境因素是一个非常重要的渗透性因素，第二部分将讨论一些牛津校园以外的生活环境因素。

与小班教学有着千丝万缕联系的，就是师生间的或是学生内部的学术讨论，其意义毋庸多言。就我的观察而言，导师制和 JCR 分别是两种讨论得以实现的重要场合，并且作为基本的学习制度保障了学术讨论的频度和质量，这点在清华目前还是未能实现的——一方面是客观上学生课程繁多、时间安排困难，并且校内没有类似的强制性制度；另一方面则是学习方式倾向于埋首书堆单打独斗[4]，主观上缺乏主动寻找老师和同学进行学业方面交流讨论的动力。总的来说，清华学生的课程设置相比于牛津，大课和讲座偏多，小课和讨论偏少；被动的接受偏多，主动的表达偏少。这就牵涉到学习上输入和输出的关系。

（2）输入与输出

清华学生课程上的"输入"无疑是很多的，正常学分数 26 学分意味着一星期 25 学时、18.75 小时的讲座[5]，而一位牛津物理学本科生一星期只有 11 小时讲座，不到清华的六成，再考虑到牛津一年只有 24 周上课，清华却有 32 周，清华无疑领先很多。但这个简单的计算和比较存在三个明显的问题：一是"输入"的方式不仅仅包括听大课讲座这一种形式，牛津人文社科学生一星期 8~10 本推荐书籍（当然，只是其中某些相关的重要章节而非全书）的阅读量是清华学生，即便是相应的文科专业学生，难以企及的；二是数量的领先不意味着质量的领先，而清华校内又客观存在着不少"水课"；三是牛津学生不必学习文化素质课和外语课，因此上述比较的可靠性存疑。对于"输入"可以考虑的改进方向不难看出对应上述三个方面：采用更灵活的授课形式、强化经典作品和书籍的阅读、以及提升课程质量。

---

[1] 在行文中我假定小班教学应定义为课堂上可以有效开展由教授亲自带领、全员参与的高质量讨论。

[2] 第六教学楼地下桌椅可活动的讨论教室不失为一种尝试，但每间的大小与 40 人教室一样则恐怕欠妥。当然，不建设小型教室很可能就是上述这种矛盾的"果"，那么就得另说了。

[3] 清华老师硬件上与牛津教授享受的待遇相去不会太远，但毕竟办公室整体的氛围不同。当然，部分老师确实只能蜗居在小小的格子间里与其他许多老师在同一大房间内办公——与朝九晚五的白领无异。

[4] 考虑到自己入学清华仅有一个学期，感性的体验不一定可靠，因此不知确否。这种风格的不同除了学生的个性差异外，或许与在牛津，学院制度下学习和生活被捆绑在一起，课下学习总能见到同学院同学有关。

[5] 推导的前提：26 学分包含 1 学分体育，并且不包含实验课等上课形式特殊的课程。

"输出"这方面，牛津所做的无疑远远领先于清华。一方面，导师制的存在和泡吧传统使得与教授、与同学的口头交流在牛津学生的学习生活中占据重要地位。而清华校内流行的约香锅、约自习显然难以达到这种交流的强度，非强制的开放交流时间制度也难以在短期内达到与导师制相近的效果。另一方面，导师制的存在倒逼着学生进行主动的思考和写作，这对于人文学生——尤是每星期都必须为与导师交流而完成一篇论文（Essay）写作的高强度训练显然是清华学生难以想象的。而即便是理工科学生，与导师交流的任务虽是完成题目，但是与老师面对面交流、共同商议解题策略和相应知识要点的机会依然宝贵，实际也在潜移默化中训练着冷静的思维方式、理清着解题的逻辑链条，这自然是平时随手写写作业、应付应付批改作业的助教难以达到的训练效果。

我们必须承认，清华学生多、教师少的格局依然并将长期存在，这决定了教师们不可能有足够的时间和精力支撑起类似的并能长期实际运作的导师制体系，"输出"在数量上暂时难以迅速向牛津看齐。这同时也决定了清华学生无论是"输入"还是"输出"，都将缺乏外界因素的倒逼，很大程度上只能诉诸于自身的上进心和求知欲。不过这并不意味着教师一侧没有可以做到的事情，既然数量上只能妥协，那么质量上可否做些文章？譬如，人文社科的课程，老师能否对每位学生的作业给予一则短评指出可供改进的方向或是提出自己对这份作业的见解？理工科的课程，对于难题和重点可否加以思路的讲解，而不仅仅抄一遍解答过程供自行消化？这些在既有格局内做出的细微改变，无疑将可以使已有的"输出"变得更有质量。

（3）学院制度

除了导师制度，牛津另外别具特色的就是学院制度。作为一级行政架构，各个学院不可避免地成为行政体系的一部分。这方面的讨论将在下面展开，在这里还是探讨学院制度在非行政层面上给予我们的启发意义。

实际上，牛津的各个学院承担着非常多的工作，包括但不限于本科生招生、提供食宿和课余活动以及安排导师，是学习和生活的统一体。显然，新雅书院作为住宿制书院的定位，目前是一种介于国内大学普遍学习与生活分离的状态（不妨称为状态1）和牛津学院制度（状态2）之间的中间态（状态1.5）。不过我们很难脱离整体的模式结构单独讨论这三种状态孰优孰劣或是应该如何改进，因此对任何一方简单地指手画脚并无裨益。譬如，状态1相比于状态2有个好处在于在课下学习地点的选择上有很大自主性，但若试图在牛津实现之，除非彻底颠覆学院制度，否则只得折腾一番，毕竟选择校外的咖啡馆或博德利图书馆自习各有不便之处。

我个人以为，学院制度在非行政意义上的核心倒并非学习与生活一体化的架构，而是这种架构带来的师生间和学生内部的紧密联系，而这种联系的紧密程度唯有通过师生生活场所在空间上的集中方能实现。换句话说，牛津的各个学院极大地压缩了一位学生与老师和其他同学见面花费的成本。而在清华，上课需要骑行超过1公里到达六教；希望见到数学老师则更得骑将近2公里到达静斋或是理科楼，这种隐性的成本和进进出出各种楼宇门禁带来的物理隔阂感潜移默化中阻碍着师生关系走得更近。虽然正如上段所论述的，我们不能期待完全照搬学院制度，但在拉近师生间、学生个体间距离上并非不能做些文章。状态1.5相比于状态1，新雅大楼内部设施的相对齐全，想必已经为这种改变提供了物质上的可能；如果向状态2看齐，那么着力点应当在打造师生学习生活共同体上来，只是在压缩两个群体间的物理距离已经不可行的现实中，如何找到一种有效的替代策略，值得深思。而实现紧密联系的另一种策略则是在学业导师以外专门另设生活导师，其与国内辅导员的部分职能重合，故不再赘述。

（4）基于对语言课程的一些观察

关于牛津各专业的具体课程，我在访学期间获得了些具体认识的是语言课程，恰好清华也有中文系和外文系，因此可以进行一定的讨论。

牛津的语言专业课程主要分为两大块——基本语言技能的学习与训练（例如语法、口语和写作）以及文艺作品的阅读和赏析，这与清华大学设置的课程类型非常相似[1]。在大的基调上有所不同的，我个人感觉最主要在于语言学的定位问题。在牛津，语言学与哲学类似，虽然不单独开设[2]，但却属于独立的学科；而在清华，现代语言学各子领域内容以不同形式融入了汉语言文学和英语专业各自的培养方案，汉语言文学专业还涉及音韵学、汉字学和训诂学等传统小学内容[3]，但语言学不单独作为一个学科或专业存在。据我所知，也有欧美大学将语言学作为单独的专业招收本科生，与牛津和清华均有所不同[4]。

讨论语言学这门学科应该以哪种形式在本科教育阶段存在，其意义并不大，不过牛津对待哲学和语言学这两门学科的态度确实非常耐人寻味。除了传统上与学科性质相关的科目进行捆绑外（哲学和神学 Philosophy and Theology、现代语言和语言学 Modern Languages and Linguistics 是两个典型），还有一些颇有意思的搭配，可以粗分两大类。一大类是跨界混搭的组合，例如计、数、理与哲学（Computer Science and Philosophy、Mathematics and Philosophy、Physics and Philosophy）——这常被戏称为学习理科绝望到怀疑人生，但事实上哲学与理科有着逻辑上的共通性，都在探寻着世界的本源。另一大类在务虚性上稍逊，但有着明显交叉学科的色彩，例如被新雅书院抱以特殊感情的 PPE，又如心理学、哲学与语言学（Psychology, Philosophy and Linguistics），不难推断后者这个组合与认知科学密切相关。

---

1 这牵涉到另一个理念相关的问题，不过由于和正文讨论的内容关系不大，故列于脚注中。外文系只关注外国文化、外国文学，是否在定位上过分偏"文"、先天存在缺陷？当然，我们不能否认入职后再接受相关领域内职业训练的可能，但就事实而言，科技著作的翻译这类很大程度上只能依赖相关领域学者自己转译，很少有外文系出身的译者。这固然有存在知识门槛的关系，不过这个格局总显得有些微妙。
2 根据牛津大学课程网站介绍，哲学相关专业包括 Philosophy and Modern Languages、Philosophy, Politics and Economics (PPE)、Philosophy and Theology、Computer Science and Philosophy、Mathematics and Philosophy、Physics and Philosophy 和 Psychology, Philosophy and Linguistics；语言学相关专业包括 Modern Languages and Linguistics 和 Psychology, Philosophy and Linguistics。哲学和语言学均不单设专业。
3 根据2016年清华大学的本科培养方案，中文系方面，语言学理论、音韵学、汉字学为专业核心课程，训诂学、语料库语言学、古文字解读为专业选修课程；外文系方面，语音学导论、音系学导论、构词学导论、语言与认知、英语词汇学、语义学导论、句法学导论、应用语言学导论、社会语言学导论、计算语言学导论、心理语言学导论等课程为英语专业限选课。
4 根据剑桥大学网站介绍，哈佛大学本科生即可主修语言学。

这种审视学科间关系的视角无疑颇有借鉴意义。一方面，以清华为首的不少以工科起家的国内大学存在专业划分过细且院系间壁垒较高的现象。我们可以推测这种格局无疑给各个专业"自我中心主义"地发展提供了环境，在传统院系划分下跨专业的交叉学科由于位于各个已有专业的边缘地带，很可能不会受到其中任何一方的重视，有时颇依赖行政上专门增设直接相关的研究所进行推进。如果能够通过招生[1]或专业设置倒逼行政体制的改革和学科间关系的调整，或许可以从某种程度上促成交叉学科研究的深入。另一方面，或许不应当以就读的专业取人而人为割裂学科性质截然不同的学科之间的联系。完好保留下来诸如外文系女生参与计算机科研、物理系男生钻研音韵学这样的机会未尝不是一件幸事，而这种种可能性对我们深化对于不同学科的本质和相互关联，未尝没有积极意义。

4. 与正文无关的一点杂谈

有小部分内容与整体行文思路无关，姑且放在这里一并叙述。在贝利奥尔学院享用自费午餐的那天，由于有学院负责人在场，我便咨询了一个问题：在餐厅负责倒饭和回收餐盘的年轻男女，究竟是不是做着兼职工作挣取工资的牛津学生？[2] 负责人对我问这个问题有些不解，澄清说他们是专门花钱全职聘请的人士，并非牛津学生，不过还是感叹道他们的确非常年轻。

这令人产生很多联想：这些年轻人做着体力活，与此同时另一些人就读于世界顶尖大学享受着自己提供的服务，那么他们对于这种同龄人间迥异的生活处境会是什么想法？牛津学生对他们又持什么看法？学院负责人对这个现状已经习以为常，但依然对他们"非常年轻"有所感慨，那么怎样采取什么措施才能避免这些年轻人的青春被浪费在倒饭这样的体力活上？根本地，面对不同人之间体质、智力、情商等等方面客观存在的差异——例如精英阶层和平民百姓的分立——我们究竟应该秉持着怎样的态度审视这个社会和其中的成员？在极度理性但冷漠的"物尽其用"与极端感性但荒谬的"平均主义"这两个极端之间，平衡着实难以达到。

对于负责人的解释，另一个方面的疑惑则是，为什么牛津大学不开放这样的兼职岗位呢？背后会否存在一些我设想不到的原因？细细想来，有一种可能性非常令人后怕——校方不考虑设立这种兼职岗位的原因会否在于牛津学生都隶属于精英阶层，做这种体力劳动的兼职"有失体面"，只能另外聘请"低端人口"从事这种工作？这样的后怕虽说完全是主观臆断，但却非常现实。摄政公园学院的女生曾提到牛津99%的学生是白人。这个数字大抵有夸大的成分，不过应该不至于毫无现实依据。再考虑到牛津的学费并不便宜，可以想见牛津是一所白人化、精英化的大学[3]。联想到国内，对于清华、北大这类立足于中国大陆的学校，面对日益精英化的生源构成，又应当如何保证不同学生群体接受优质高等教育的权利呢？对于大学招生中程序正

---

1 清华本科招生的大类招生政策应该有这种考虑，不过更多是相近学科的交叉。不过考虑到前面提到的问题，本科究竟是宽口径培养还是允许学生选择非常细化的研究方向？前者是清华宣传口径所提倡的，但学习交叉学科很多时候是后者的逻辑，即选定某学科的一个交叉学科的方向钻研。这会否是逻辑上的不自洽？
2 问这个问题的初衷是因为在清华（以及我曾经的初中和高中），食堂里负责倒饭的都是大叔大妈，因此在牛津居然是年轻人负责这种工作令我感到诧异，自然而然联想到会否是学生做着兼职。
3 牛津大学本科的国际化率大致有两成，可以想见国际化并未能给增添学生群体的多样性带来很大帮助。

义和结果正义的权衡，正是"大学之道"这门课程的一个核心议题，并且目前来看并无完美的答案。

二、校园以外

当我们承认学术研究不能沦为在象牙塔里"遗世而独立"地做文章时，我们实际默认了大学与其外的社会乃至整个宏大的时代构成了双向互动的关系。可以说，脱离大学所处的特定社会环境和时代背景，孤立地考察某所大学校园内部存在的教育制度，是沦于片面且流于肤浅的。由于我本人能力有限，难以评析历史进程与高等教育之间的联系，因此主要考虑了牛津各个学院校园外的社会环境，究竟对于我们思考高等教育有着怎样的启发意义。

1. 在牛津

牛津各个学院里大多都有自己的图书馆，博德利图书馆更是藏有在英国出版的各种书籍，这已经非常震撼。不过在牛津的日常生活里，似乎还有其他场所值得引起我们的注意。

（1）酒吧

譬如数量众多的酒吧。这既是结识朋友、畅谈近况的社交场合，也是辩驳政见、讨论球赛和进行"圣地巡礼"[1]的场所。对于类似牛津这样的小镇，泡吧是近乎唯一的夜生活方式，还吸引了不少老年居民。这种吸引力自然也对牛津学生生效——譬如我曾在半夜11：00看到有三五学生醉醺醺地结伴进入圣约翰学院，想必是泡完酒吧后返回学院休息。

酒在中国人普遍的观念里是一个非常矛盾的事物。固然"古来圣贤皆寂寞，唯有饮者留其名"，饮酒是一个与陶渊明、与李白等相联系的浪漫意象。即便在世俗意义上而言，和好友共饮啤酒、观看球赛，对于新生代的青年来说也是非常青春而富有活力的消遣方式，但酗酒败家和借饮酒避现实一直为主流的道德取向所不耻。基于中国人普遍的价值观审视，泡吧文化的存在事实上是对于一位英国学生自制力和上进心的极大考验，其背后作为支撑的除了相对更开放的道德观念，想必还有一套自由主义的逻辑。通俗地说，一位青年的生活方式不应被他人——包括教师、家长和周围人——过多干涉。我从伦敦返回牛津的火车上有近十位青年从雷丁（Reading）上车到牛津下车，他们喧哗吵闹、互相推搡、频爆粗口，一看便知是酒精的作用，但周围乘客最多叹叹气、眯上眼，但无人上前劝阻，或许也为这个论点提供了某种论据支撑。

如果说，各个学院为牛津学生提供了学习和日常起居全方位的导航，那么酒吧的存在就是为范围更广、束缚更少、效果更好的社交与消遣提供了可靠的平台，正所谓"劳逸结合"，与学院生活构成了良好的互补关系。

（2）书店

我在牛津逛了布莱克威尔（Blackwell）和水石（Waterstones）两家书店，它们的店面均在宽街（Broad St.）上，相距只有约200米。作为颇具规模的连锁书店，它们提供的服务必然不

---

[1] "圣地巡礼"在此引申为粉丝追寻诸如《指环王》作者托尔金这样的名人在牛津生活的足迹和待过的场所。

会有各色小书店那样具有特色，但却依然使我有宾至如归的体验。

这首先是由于整体的层次和境界。毕竟是开在牛津这样一座大学城里的书店，阅读和学习的氛围他处总还是难以比拟。一进门就能有所感受——比之于不少书店通常摆放在进门处畅销的地摊文学、养生读物或是时政书籍[1]，两家书店一进门最显眼的柜台摆放的都是正在进行促销的小说和散文集，境界的高下立见。二则在于书店内部开设有咖啡馆，可以说阅读书本和享用咖啡的距离从未如此之近[2]。三则是书店所营造的知识共同体的氛围。我曾在布莱克威尔地下室寻找语言学书籍[3]，徘徊的样子吸引了一位职员的注意，他获悉用意后告诉我相关书籍在1楼[4]，但还是颇热心地带我到一旁语言哲学所在的区域；而咨询1楼职员后她不仅带我走到书柜，还非常真诚地和我道歉说最近语言学书籍摆放的书柜发生了变动，给读者添了麻烦。谈吐之间，仿佛我已是一位轻车熟路的老顾客，这在当时令我颇为不好意思。

不难设想，这里的店员在单纯的热情迎客背后，更有一种将顾客视为自己真挚同伴的感情——大家都是阅读的爱好者、知识的探求者，来书店里逛逛实际是与众多知己和同好的一次美妙邂逅。这种知识共同体的塑造和归属感的获得，无疑令人振奋。牛津的学生生活在这样的一座城镇之中自然会受到潜移默化的影响，那他们对于学术、对于知识会持有一种怎样的态度呢？这引人遐想。

（3）博物馆

校外的文教资源除了书店，还有博物馆。坦率地说我从未想过一所大学居然可以下辖多达四所博物馆[5]，涵盖人类学、生物学、艺术、考古和科学史等诸多领域，展品之全、之多令人为之震撼。

博物馆就其发展而言存在着功能和服务向社会中下层扩散的过程，与社会阶层的划分和现代科学体系的建立有着密切联系。不过时至今日已被认为是为全社会提供公共文化服务的重要场所，其设立意义人尽皆知，不必赘述。譬如清华大学艺术博物馆"不仅将对清华大学综合性大学的学科建设发挥积极作用，更将提高学校人才培养的质量，提升清华大学的办学品味"[6]；而阿什莫林博物馆（Ashmolean Museum）的宗旨是呈现超越于文明差异和时代隔阂的人类知识体系和文化成就[7]，从不同的视角阐释了各自博物馆提供所能起到的功能。

作为公共文化服务的提供者，一所博物馆如果希望不分阶层、种族、地域和性别为全体公民服务，那么必须达到一个基本的要求，即低门槛——通达性上的、参观费用上的和布展方式上的。具体来说，为了便于人们出行，博物馆应当坐落于较好的地段、享有便捷的交通服务；

---

1 在英国我所经过的各家书店，时政方面的典型书籍是与特朗普相关的 *Fire and Fury*。
2 咖啡和阅读的结合是不少咖啡馆已经在做的事，不过毕竟在书店里咖啡馆更能保证内容的高质量。
3 地下主要出售教材，寻找语言学相关的入门级别书籍自然应该首先考虑这一区域。
4 First Floor，即中国的二楼。为与中国的一楼区分，故采用阿拉的数学表示楼层。
5 仅考虑名字中带"Museum"字眼的场馆，Bate Collection of Musical Instruments 这类不计入计算。
6 林露 . 2015. 冯远出任清华大学艺术博物馆首任馆长 . 人民网，4月10日 . 来自人民网 .
7 From Ashmolean Museum's website: "Though the collection has evolved considerably, the founding principle remains: that knowledge of humanity across cultures and across times is important to society."

为了使相对贫困的人也能享受优质的博物资源，较低的门票费用或是免门票政策值得被纳入考虑；为了不设置过高的知识门槛，便于不同知识水平的参观者一同欣赏，博物馆的布展和解说必须在一个完整框架中包含极大的灵活性以良好满足不同层次观众的参观需求。

牛津大学下辖的博物馆可以给我们提供这方面的借鉴。它们分布于牛津的各处，但交通都非常便利；它们都采取零门票费用 + 自愿捐款的方式，理论上不花一分钱就能逛遍所有展品；图片和实物占比较多的设置，使得相对生涩和抽象的概念更加直观和形象。令我尤有感触的是自然历史博物馆进门处黑熊和棕熊的标本，在多数展物禁止触摸已然是一种共识的今天，"Please touch"的提示无疑给人一种分外的亲切感，着实吸引了不少当地的孩童。当然，低门槛的背后潜藏着隐忧——譬如不收取门票费用无疑使得财政压力大大上升，纽约大都会博物馆就已决定放弃自愿付费的政策[1]。除了争取赞助和补贴，提升纪念品的销售额似乎是唯一出路。而为了照顾大众的水平，介绍和解说不得不牺牲少数专业爱好者的需求，使得探求某一领域的精深知识难以在博物馆中、在与实物近距离的互动中实现，这也颇为可惜。

博物馆和高等教育自然是相互促进的关系。一方面，高等教育的发展将为文博事业提供数量充足且质量可靠的研究和管理人员，结合以历史、考古、地质、生命科学等相关领域的发展，无疑将助力博物馆办馆水平的提升；另一方面，高质量且易接近的博物馆，与音乐厅、美术馆和图书馆等一样，都为高等教育在校园外的开展提供了巨大的资源宝库，与校园内的学习相辅相成、不可割裂。牛津大学在这方面，无疑是值得学习的典范；清华的艺术博物馆，也是国内进行类似探索的领跑者。不过有些顾虑还有待进一步考察——仅凭一所大学的财力和相关学科的人才储备，如何才能支撑得起一家博物馆的资金运作、文物保护和科普讲解而不至于陷入"烧钱"或"吃补贴"的境地？在国内封闭式的校园中，博物馆已经天然地与校园外人士拉开了距离，面向全社会的公共文化服务功能又应如何实现？如何改进观念和行政体系才能使得博物馆与大学之间物理距离的压缩真正达到 $1+1>2$？但无论如何，在高等教育体系中建立教学与科研之外的资源宝库并将之融入社会服务，这应当是人们可以达成的共识。

2. 交通和城市

由于社会环境是一个庞杂的综合体，因此看似与学术研究、与大学教育毫无相干的生活领域，在某些情况下也能够为我们反思高等教育提供可行的切入点。对于英国与中国之间存在什么不同这个宏大的议题，不同人眼中自然有不同的关注点和侧重点。我本人对于城乡规划，特别是交通运输规划这方面有一定兴趣，因此选择将交通与城市列为调查报告的一节进行阐述，并希望能从中提炼和总结出一些可供思索的要点[2]。

（1）交通

众所周知的是，英国是一个汽车出行占据主导地位的国度。由此引申出来一个显然的结论：英国的交通系统对于不使用机动车出行的人来说，相比中国大陆境内的情状不那么友好。

---

1 新华社. 2018. 纽约大都会博物馆放弃自愿付费参观政策，部分观众必须买票. 澎湃新闻，1 月 6 日. 来自澎湃新闻网站.
2 对于这部分的总结，一些将直接在本节行文中进行阐释，另一些将在第三部分有所体现。

这个推断不是没有道理的。在牛津，对于人行道的评价只能说见仁见智——石子路别有韵味、颇具历史，但对拖着旅行箱的游客则是噩梦。由于收入水平的差异，公交的价格不便直接比较，但牛津的公交班次少、间隔长倒是事实。摩拜和 ofo 进军英国市场倒是在国内就有所耳闻，但自行车道非常狭窄且路面远比北京更加坑坑洼洼[1]，骑行体验很是一般。有趣的是，行人过街必须主动揿下信号灯下的按钮等待红绿转换；而路上骑车者大多正经地戴着头盔，实在是西方社会所提倡"绿色出行"的模范装束。细细想来，这些似乎时刻提醒着人们不要忘记机动车出行才是这里的主流——因此才要行人而非车主多揿次按钮，才要专门提倡人们骑车出行。

真正体现出明显不同的，我想还是轨道交通和铁路系统。与国内相比，两套系统都不用安检，取而代之的则是一则车内的广播，大意是乘客如果觉得情况可疑可联系工作人员或给某特定号码发短信报警。作为对照，需要安检的上海地铁，其车内广播或是说禁止在车厢内饮食，或是说车内禁止乞讨、卖艺、兜售和散发小广告，并告诫乘客不要将个人信息透露给陌生人。

对于伦敦地铁，同去的同学有两点观察——一是车站装饰与艺术紧密结合，值得借鉴；二是没有安装屏蔽门，体现出运营公司对乘客的信任。我个人对这两点倒并不支持。艺术方面，国内并非没有优秀实例[2]。而伦敦地铁马赛克的拼贴画，一定比国内地铁精心设计的站名大字壁画更有价值？同样是国际化大都市，东京"轨交"车站的简约风何尝不是别具特色？屏蔽门隔绝站台和隧道的空气流通，带来节能效果，怎么就不考虑呢？[3] 我个人以为真正有借鉴意义的有三点：一是市中心区域高密度的站点覆盖；二是不同线路的共线和贯通运营；三是与铁路系统良好的衔接。不过这些并非完全符合中国实际。高密度的站点意味着大量拆迁；共线运营需要统一的信号控制系统、高水平的调度、乘客的配合和良好的线网规划[4]；与铁路衔接过好容易造成客流积压[5]。

对于铁路系统，核心的话题就是通勤铁路[6]。伦敦都市圈的构建很大程度上依托的就是以伦

---

1 与脚注 5 类似，将牛津这座小镇（当然，是中国人视角下的；不然牛津仅看六位数的人口就已是一座中小城市）与中国的首都兼门户进行比较，可比性方面尚存疑虑。

2 就我熟悉的上海地铁举例而言，13 号线南京西路、淮海中路和新天地三站的装饰就融入了三个具有特殊意义的地名各自的内涵和意蕴。

3 实际上伦敦地铁在考虑加装屏蔽门。贝克鲁线、中央线、皮卡迪利线等伦敦地铁线路都有计划加装屏蔽门。同行同学的理解有些"精神英国人"的意味。

4 共线运营需要乘客留心后续列车的方向是否与自己吻合；共线运营意味着在共线区间班次间隔不变的情况下，去往分线区段的班次会大幅减少，不适用于某个分线区间客流较大的情形，因此需事先规划和预估。对于国内已有案例的评价不展开讨论。

5 压缩地铁与铁路的换乘距离（实际换乘所需的距离，而不是直线距离）意味着压缩火车站内可供购票和候车的空间，这在通勤铁路不指定班次、随到随走的伦敦比较可行，但在火车站客流量巨大并且乘客习惯提前很多时间就到车站候车以免误趟的国内，容易造成客流积压，存在安全隐患。

6 由于中英在行政区划划分迥异、对"城市"的地域范围界定不同，在文中我尽可能回避"市域铁路""城际铁路"的称法。例如斯劳（Slough）虽不隶属于大伦敦（Greater London），但与威斯敏斯特（Westminster）直线距离仅约 32 公里，位于广义的伦敦都市圈内。这个距离小于北京市中心与昌平的直线距离。

敦为中心的放射状通勤铁路作为大尺度地域上人员流动的动脉，这点与国内大城市主城区与郊区县或卫星城之间的出行较为依赖速度偏慢的站站停地铁不同[1]。

（2）城市

由于国情的客观差异，研究如何在中国实现铁路的通勤化的意义不大[2]——实际上也正是因为国情和既有制度的不同，我们在考察英国的同时不应忘记，任何一项富有创造性的制度如果不加以调整和修改使之适应中国的实际需要和现实处境，单纯进行引进将注定是僵化而不协调的，无论是此行重点的高等教育，还是交通系统，抑或是其他领域，应当均是如此。不过我们还是可以考察一下便捷的铁路交通对于牛津大学来说意味着什么。

一个简单的事实是，牛津与伦敦市中心的直线距离并不近，和上海与苏州间的距离相当[3]，乘坐铁路最快需1小时，时间相比于上海至苏州的高铁翻了个倍。但这并不是事情的全部——牛津城市规模不大，加之伦敦市内发达且与铁路衔接良好的地铁网络，点到点的总时间可以控制在2小时左右，比起上海到苏州有着显著的时间优势[4]。

这种时间优势意味着什么呢？答案不言而喻。便捷的交通意味着牛津的学生们可以在空闲时，例如周末和假期，非常方便地来回伦敦，与其中丰富的资源相接触——包括但不限于金融城里可能潜藏着的各种宝贵的实习机会，英国国家美术馆里莫奈、高更、梵高和伦布朗的绘画原作，英国国家剧院里优质的演出，大英博物馆和英国自然历史博物馆里丰富的展览和藏品以及泰晤士河南岸流浪歌手的动情表演。

为了获得地皮扩建校园，国内各所大学都努力将校区外迁；但是过分外迁的校区又无形中断绝了大学与所在城市、与所在城市的丰富资源之间的密切联系，这不仅构成了在未来吸引人才的一个减分项，也对于基本的教学和科研提出了挑战。互联网不可能完全克服由地理隔阂带来的不便，那么断绝与社会的联系、失去外界可以提供的社会资源、丧失与外在社会联系的灵活渠道，"潜心读书"真的是当下做学问的最好方式吗？

牛津当然是幸运的，既已经发展成了历史上一座繁荣的城镇，又与伦敦这个世界城市联系便捷，有着相对多样化的生活方式。而对于中国各地正不断从城市核心外迁的大学或是本就坐落在荒僻之地的院校，以及更多真正关注高等教育理念的学校，则不妨以此为契机思索一番，究竟大学与属地、大学与城市发展之间双向互动的关系应当被塑造成什么模样呢？

---

1 放射状的线网意味着伦敦是绝对的核心。伦敦多是尽头式车站，不同火车站对应不同线路，跨线车较少，因此跨线路换乘往往需要搭乘伦敦市内公交进行转场，与北京非常类似。采用铁路通勤，运量的上限将不及一般的轨道交通，或许也是人口众多的国内大城市倾向于采用轨交式的原因之一。

2 这个话题不是本文关注的重点，此处不展开阐释。

3 直线距离分别是84千米左右和87千米左右。

4 可以假设一个从上海出发前往苏州的案例。虽然沪苏间高铁班次很多，也能实现随到随走，但很可能1小时用在上海市内交通上赶去火车站、半小时用在排队购票和安检，2小时才头才刚刚在苏州站下车，还没赶到苏州市内的最终目的地，高铁节省的时间被前后衔接的时间占了回去。

三、大与小、上与下

1. 自下而上与自上而下

而从现实情况上升一个层面考察中国与英国、清华与牛津的差异，我个人以为可以从上与下的关系入手分析并由此探讨我个人对于两套制度差异性的一些理解。

探讨大学的行政制度很容易令人联想到各自所在国家的政治制度。而探讨一个国家的行政制度，"中央集权，地方分权"是一个无法回避的核心议题。事实上，中国的行政制度自从秦帝国以来的演变，其宏观趋势便是中央集权的不断强化——与皇权的不断强化相得益彰。从州郡县三级初期总揽地方军政的州牧（刺史）到唐朝只负责监察工作的各道采访使，再到宋朝漕司、宪司、仓司、帅司互相牵制的路制和明朝承宣布政使司、提刑按察使司和都指挥使司的三司分立，地方的职权被不断拆散和细化。与此同时，官、职、差遣相分离使得地方官员的任命被牢牢掌握在中央政府手中，而军队轮戍和文官统军的实行使得地方拥兵自重、叫板中央的可能被彻底消灭。而英国事实上是以四个"国家"为主要部分构成的联合王国；经过历史上的一系列波折，威尔士、苏格兰和北爱尔兰均已经拥有地方议会和自治政府，在二级行政区这一层面上，地方分权态势非常明显。

在行政制度上，牛津大学所采用的架构重点在于自下而上地由各个学院或是部门组成了牛津大学这个整体，大学整体和各个学院或部门在两个不同层级各自行使自己的职能，一个重要特点是各个学院财政独立并自我管理，与大学整体之间形成了所谓"书院联邦制"[1]。这一特点有一个生动的例证支撑：我所在组参观的摄政公园学院是由伦敦搬迁至牛津的，并且最终成为牛津大学的一部分[2]。牛津大学接纳摄政公园学院，恰似美国在西拓过程中不断吸纳新的州加入联邦。牛津大学行政制度与英国政治制度的相似性还体现在其他地方，譬如牛津大学内部管理体制中，Congregation 被比作是议会[3]。的确，一个被极大简化的模型是 Congregation[4] 任免校务理事会（Council）的人事；校务理事会负责制定学业政策、决定大学的战略发展方向并管理行政、财政和资产[5]，但受 Congregation 的约束，与英国议会和内阁之间的关系有一定相似性。

而中央集权的思路则影响到了清华大学作为一所大学的行政架构。事实上，清华从建校开始的重大变革始终贯彻着自上而下的方向主线。某种程度上来说，清华大学由学校整体掌握一切职能，同时为行政管理和教学科研的便利细分了学院、研究所和书院等部门作为二级架构，并下放一部分职能交由二级机构负责。此外，与牛津校园行政和英国议会的相似性相照应地，清华大学由党委领导是党领导一切工作的格局在大学校园里的具体表现。事实上，之前提到的

---

1 From the website of the University of Oxford: "…which are financially independent and self-governing, but relate to the central University in a kind of federal system."
2 完整的校史介绍参见 Regent's Park College 的官网。
3 From the website of the University of Oxford: "Congregation is the sovereign body of the University and acts as its 'parliament'."
4 在资料查阅时看到了"大学议会"的译法，但直接将喻体作为译名恐怕不妥，故我在文中只摘抄原词。
5 From the website of the University of Oxford.

由各个院系作为开课单位开设课程的问题正是适应了这套行政体制。正是因为教师在这种二级单位的划分模式下只有唯一身份归属（属于某个专业院系）且由于院系内部不同教师之间的协调是好做的，因此以院系作为开课单位本质上与以教师作为开课基本单位是一致的。因此设计课程体系时，为方便起见必然将以既有的院系划分作为参照——当然，方便不意味着最优。而在牛津，教师既在学院、也在各个学术部门拥有身份归属，复杂的身份隶属无疑加大双向选择的难度，这便决定了学生选课的标准只能基于具体的教师及其胜任的课程，看似更大的自由度背后折射出这套学院与学术部门并立的体制中两者互相制衡而拉低效率的一面。讽刺的是，由于学院和导师的意见有着重要影响，牛津学生的选课自由实际不大；反倒是清华大学由于存在牛津所没有的外语和文素文核等任选课程，安排课表反而更具操作空间。

实际上，正是由于行政体系的本质区别，清华的学院虽然与牛津的学院均被称为"学院"，但其性质、职责、权限和呈现的面貌都存在本质区别，而这也构成了我们探讨各自学校高等教育制度、探讨学院制度的基本前提。不难看出，这种区别与新雅书院和中国古代书院之间的关系非常类似——除了名字相同、都承担教育功能外，共同点极少。试图以牛津的学院制度解释清华的学院是种怎样的存在或是反之，抑或是将新雅书院毫无条件地与中国古代的书院进行对照比较，实则都是基于名称的穿凿附会，有名而无实。试想，如果"新雅书院"一开始被校方定名为"贻琦学院"，那么种种与古代书院的比对就无疑非常荒诞了。

而对于这两种不同的制度进行评价，实际上就是在评价"'中央'集权，'地方'分权"两个分句各自意味着什么。'中央'集权最突出的好处是提升办事效率，并能够整合已有资源——财政、土地和人才储备等众多方面——集中力量办大事。且不说别的，清华大学的田径场地和各类体育场馆由学校整体牵头兴建、全校共享，成就了"五道口体校"的名号。但企图在牛津每个学院有限的空间里都配备一套标准跑道实属痴人做梦，我在参访的几所学院里的确从未见过专门的运动场馆。"地方"分权的优势则体现在具体问题、具体分析的有效和灵活。或者说是因为所处环境更贴近现实而对实际问题有更准确的认识。譬如我们假定新雅书院的师生对于书院的办学理念相比校方有更透彻的了解，那么在牛津的制度框架下，由于享有自治权且财政独立，因此可以从外部拉赞助维系运营，还可以自己联系合适的老师开设通识课程（当然，这两点都需要师生具备极好的人脉和游说能力）。但在清华的框架下，则得争取从学校预算中"抢到"更多拨款或是其他资源——这往往意味着挤占了其他院系的蛋糕；而自身独特的教育理念能否实现，在行政主导的体系中往往取决于上位者的眼光、判断和决策。如果上位者碰巧并不重视新雅或对新雅存在认知偏差，那么日子可能会过得比较困顿。这方面最典型的案例自然是世纪初年大学合并浪潮中被并入综合性大学的各所医科大学。一些医科大学合并后被当作一个普通的二级学院处理，无法争取到足够经费自然实力相对衰弱，如上医和湘雅；而一些能够保持相对独立地位的医科大学往往有较好的表现，如北医和上二医。

这种集权与分权的矛盾，某种程度上也是规模与特色的矛盾——下属学院实力较弱、规模较小时，采用学校集权、统一管理的方式当然有助于最快实现实力的提升；但已具备一定实力后，如果学校无法完全照顾到不同学院个性化的需求和发展目标，集权就不得不让位于分权；而当分权展露出架空作为整体的学校的格局时，走向集权又不可避免，可谓是一种无限循环。如何实现学校整体与二级单位之间权责分配的平衡来实现长足的发展和进步，无疑考验着学校和院系管理层的政治智慧。

2. 新雅书院与清华大学

这种对于行政架构的讨论落实到新雅书院的语境中，我们可以说灵活处理作为二级学院的新雅书院与作为学校整体的清华大学之间的关系，对于新雅书院来说是尤为关键的。考虑到新雅书院在清华大学内是一个极为特殊的存在，同时还承担着探索更大规模通识教育的重要使命，如何处理这种关系便显得更为重要。

必须承认的是，新雅书院有着很强的特殊性——单独的新雅大楼、专业分流的方式、"特供"的通识课程、双重的院系认同等一切都与更广大的清华本科生群体存在显著不同。这层特殊性是无法磨灭、也不必刻意掩藏的，故而如何把握这种特殊性就是涉及新雅书院和其他平级院系关系的重要抓手。一个简单的事实是，过于特立独行、与其他院系隔绝开来自己玩是不合适的，这至少有三方面的原因。一是将清华这所巨型大学变成不同学院的简单加和，无疑是新雅书院和"大学之道"课程所不乐见，更何况多数新雅学生最终是要融入其他院系的。二是自己玩的后果有前车之鉴。三是作为通识教育试验田的新雅书院，其最终必然需要总结提炼出可复制、可推广的教育经验普及向校内其他院系，这一定位决定了完全脱离清华实际"闭门造车"不可能是新雅书院应做的选择。

新雅书院无疑非常依赖清华大学这所学校。一方面，新雅书院被决定设立和被赋予的使命本就来自清华领导层的长远谋划；另一方面，新雅书院只承担本科教学且未产生第一批毕业生，在校园外的社会影响力不大[1]意味着依赖学校的资源开展教学、组织活动；此外，新雅书院虽然已经实体化，但是承担人文社科通识课程教学的教师大多仍然行政隶属于人文、社科和马克思主义学院，各种操作和调配有时依赖于校方的协调和照顾。

正是由于这样的定位和属性，新雅书院作为二级学院所应当奉为行动指南的，核心当然是在保持与清华大学整体、与清华下属的各个学院和研究所的良好互动关系的情形下，适当维系、引导和发扬自身的特点和理念，并通过具有清华特色和新雅风范的通识教育实践为清华大学更好实现通专融合的本科教育培养提供可行的参照和范例。第一部分中已经有了对于塑造师生共同体的一些讨论。但无论如何，具体实现这种"和而不同"的路径，还有待全体新雅师生进一步探索。

---

[1] 除了报考清华大学填报志愿时——当然这方面的"影响力"大改变不了严重依赖学校资源的事实。

历史传统与自由风气

潘烨靓（经济与金融专业）

詹姆斯·乔伊斯曾经在1922年出版的《尤利西斯》一书中这样写过："天啊，那帮该死的英国人。腰缠万贯，牛气冲天，就因为是牛津出身呗！"牛津大学，作为全英国、全欧洲，乃至全世界范围内历史最为悠久，成就最为巨大，声名最为显赫的大学之一，具有其与众不同的办学特点和教育方式，支撑其在漫长的历史长河中始终如一地为英国和全世界输送各种人才。在为期一周的短期考察中，笔者并不能窥得其全貌，但其历史传统和自由风气并重的校园氛围和教育理念，为笔者留下了深刻的印象。

牛津大学源于中世纪的宗教世界，彼时学校使用拉丁语授课，主要教授希腊哲学和基督教义；宗教改革之后，修道院被取缔，牛津大学的各个学院以私人创办的名义幸存，王室的法令和议会的法案确保了其自主权，在那之后，牛津（也包括剑桥）就享有精神共和国和统治集团保护区的特权，逐渐演变成对英国影响最大的私人机构，为教会和国家输送官员、牧师和教师，传播英国主流文化。因此，有着接近千年历史的牛津大学不可不谓是一个历史传统丰富的大学。

行走在牛津大学的各个学院里，我们很难不注意到这种"历史传统"对牛津现代教学所产生的影响：所有同学须穿学院特制的袍子（gown）去参加正式晚宴，至于每个人袍子的形制区别，则是由考试成绩所决定，分为"first class degree""upper second""lower second"和"third"，考试的时候大家都需要穿上自己的袍子以示庄重。在餐厅里面吃饭的时候，学院的老师们会坐在正前方的稍高一点的桌子后，教授们入席和退席时位于下方的学生都必须起身站立等待老师走完，才可以坐下继续吃饭。在各个学院的墙上，都可以见到的"河流首领"的标识，事实上也来源于牛津大学光辉悠久的体育传统：撞船和划船比赛。发生在牛津大学和剑桥大学之间的划船比赛是使人津津乐道的国家级的体育赛事。每一年，身着深蓝色和浅蓝色队服的两校划船队都会带来一场事关学校尊严的比赛。（牛津大学和剑桥大学的争端恩怨不得不说也是学校源远流长的历史传统之一了。）

这些传统，在历史背景不再的现代社会中究竟还有几分实质性作用，依旧是个未知数，然而大多数的所谓"传统和习俗"，其真正的价值并不在于传统和习俗的具体内容，而是"传统"本身：其将一群本身毫无关系的人紧密地联系在一起，成为一个想象中的共同体，并共同享有大学一代代沿袭下来的历史和荣光；即便短暂的大学生活结束，只靠这样的历史和传统，牛津人便继续保持着这个团体的团结一致。"历史传统"对于塑造"想象中的共同体"的意义和价值是巨大的，对于维系众多学院和整个大学的稳定关系而言价值也是巨大的，从这一点出发，便不难理解为何牛津人对于自己的母校大多会带有如此充沛而饱满的感情了。

在众多"历史传统"中,最饱受争议的,同时也是对现代牛津大学教学影响最大的就是导师制。在这种制度中,学生刚入学时会在自己的学院中随机得到对应专业的导师,其对学生进行每周为时两小时的一对二辅导。在每次辅导之前,导师会根据自己的教学进度和教学目标发一张能力导向的"tutor sheet"(即一张写满思考题的纸),在每周的导师课期间对上面所列的问题进行深入讨论和交流。这也意味着,在下一次的导师课来到之前,学生必须要对上面所涉及的问题,有着较为全面且透彻的了解——即便很多内容实质上并不属于这门课的范畴(例如一些基础的数学和物理知识),学生也要保证在一周内能够通过自学掌握。随着学生年级的增长和研究方向的明确与所在研究领域的深入,他们也可以选择其他学院与自己的方向更为相关的教授作为自己的导师。对于学生自己选的课,固然也会有负责讲解具体知识的大课讲座,但是据大多数交流同学的反馈,讲座的作用在整个学期内几乎可以忽略不计(大多数同学甚至会选择翘掉,这情形可能更像是清华大学的微积分和线性代数课程),学习知识最为主要的来源是以导师课带动的自学。

反对这套体制的主要原因在于导师制成果难以得到显现且成本巨大:许多为本科生所进行一对二辅导的导师都是在领域内赫赫有名的专家,时间对他们来说异常宝贵,花在数量众多、前途未卜的学生是否值得是一个问题;若仅仅是传授知识,那大可不必兴师动众,肯定有比导师制更为性价比高的做法。

然而赞同这套体制的人,包括笔者在内,则认为唯有与导师进行的深入交流与自主解决问题的这一过程,才真正有可能培养出所谓的"批判思维"(critical thinking)和"可转换技能"(transferable skills)。众所周知,大学期间最重要的部分应该是能力端的培养,是引导同学们独立自主去解决问题,从中收获经验、反思、自信以及随之而来的能力,这个过程是极具个性化的,每一个个体都不可能与其他人相同。从这点上讲,高等教育本就应该有"私人订制"的倾向。清华大学近些年所鼓励的"ITsinghua,自定义"以及各种鼓励同学们自由DIY的社会实践活动本质上也正是向这种倾向看齐。对于牛津大学来说,他们有足够的传统和资源支持学校在"教学"和"研究"两个领域并驾齐驱,那么这样的生态平衡则不需要在眼下主动打破。

在与牛津同学关于导师制的对话中,被提及最多的,也是他们最为看重的便莫过于批判思维和可转换技能。若你问他们这两个概念深层次的含义,他们也很难在三言两语之内说清楚,但是他们却都可以笃定且从容地告诉你在与导师的对话之中,他们的"批判性思维"毫无疑问是得到提高的。他们"会对外界的或者书里的事情有更多自己的看法,而不是盲目地听信他人"。这种对于独立思考、追求自由的向往,可以说是牛津大学另外一个显著的传统,也是"牛津精神"最为深刻和富有活力的部分之一。

牛津大学,与剑桥大学相对,校风一直是"极具怀疑主义"的(牛津和剑桥的定位大概会与北大与清华的人设颇为相似);在牛津,人们感受到的是英国天主教的巴洛克遗风,一种较为轻浮懒散的生活方式,但在剑桥更多的则是清教徒式和纯粹艺术家的严厉。这样比较,当然不是单纯为了说明两个大学之间的不同,而是说即便同属于英国这个国家范围内顶尖的大学,牛津的自由风气和浪漫主义也总是其不容忽视的一个方面。

最为显而易见的是，即便是在牛津大学校内的不同学院，历史和风气都不尽相同。在新学院和贝利奥尔学院，古老的餐厅和教堂使人一眼看上去就知晓年代久远，室内摆设的都是庄重的宗教主题饰品，或者历任校长正襟危坐的画像。但在彭布罗克学院的餐厅中，墙后画的是知名校友的漫画。在圣彼得学院和圣安学院这种较为年轻的学院中，建筑风格年轻而现代，学院中的学生在晚宴中也并不需要穿袍子入场。牛津作为一个占地面积极小，很大程度上依附于大学而存在的城市，却拥有为数可观的博物馆和图书馆资源，为整个城市创造了一种渴望知识、渴望思想的自由氛围，朱利安·格林更是在《我的城市》中写到过："我爱牛津，因为我爱读书，而牛津就是一本书。你从一条街走到另一条街，就像翻开新的一页。"牛津的自由，弥漫在整个城市里。

牛津大学的"大学生俱乐部"一向是牛津大学最为重要的社交场合之一。它的形式颇有些像今天中国大学中的社团，但是却全然不是如此。"大学生俱乐部"最为突出的特点是其极度自由，与国内的大学社团相比，它的独立性很强，因此便少了官方意识形态的干预，是将牛津大学的思想自由体现得最为淋漓尽致的区域之一。牛津大学俱乐部培养学生个人能力和独立思考的品质的特点是有目共睹的，其中最令人难忘的可能便是撒切尔夫人曾经负责过的牛津大学辩论会，那便是她政治生活的最初排练舞台。值得一提的是，这些俱乐部在夜晚举办的聚会作为社交场合极大地促进了英国政治的透明度。

牛津的历史传统和自由风气能够在几百年间得到保持，不得不说也是因为身处英国整体较为宽松的社会土壤之中。英国学生的整体人生方向可以说是早在 16 岁，即高中阶段便已经基本确定，在那之后，他们便需要在三十余门的 A-level 课程中选择自己最擅长、与自己今后人生方向最相关的三门课程进行学习，凭借这三门课的成绩以及在相关领域内的实践活动和专业表现进行大学申请（根据笔者对牛津同学的采访，在不同的学院中面试的时候，面试官大多会直接询问学生关于日后想要学习专业的非常细节性的问题，也就是说，大多数学生实际上在入学之前便已经对所选择的专业进行了较为深入的了解，这一点在我们与清华大学交换项目学姐的对话中也得到了印证），到了大学则更是直接进入自己的专业学习，不会再进行国内大学（其实是模仿美国大学）第一年的基础课程的学习。高中时期便已经进行的相对细致的专业划分以及日后一对二的绝对"私人定制"辅导为自由的专业教育提供了相对优渥的条件，也为英国学生提供了大学伊始便能在专业领域内自由探索的便利。

自然，世界上并没有绝对的自由，这个道理放在这里同样适用。过早决定的专业方向自然也会带来一些隐患，例如，在其他进行人生选择的关口发现自己实则并不真正适合或者喜爱自己所从事的专业，那么进行转专业的操作是非常困难的。"假如你不是对自己选择的专业真正喜爱的话，我想你在这里是很难毕业的。但或许你能暂时退学，然后重新申请牛津大学的其他专业。"一名牛津大学的同学这样说道。笔者的友人高中毕业于伦敦的威斯敏斯特中学，在牛津学习 PPE。据她所说，她认识的绝大多数学习 PPE 的人并非是对这个专业有着多么深入的了解甚至喜爱，只不过是因为并不知道自己真正想要学习的是什么，因此选择一个相对较为宽泛的专业。类似的情形，在中国的大学中也是同样存在着的。我们会羡慕英国同学的 liberal，即完全通过自己的喜好和能力进行专业选择（理论上说，对于他们来说，可以在高中开始终身不必学习数学），他们也会羡慕我们的 general 所带来的更多的选择的机会。自然，这是一件仁者见仁智者见智的事情，但是英国教育体制的完善和连贯，为他们缩短学制提供了可能性——因为目标方向异常明确，所以提高了在专业领域内学习的效率。

但我们同样不得不承认的一点是，在考察期间我们所体会到的牛津大学的"学风自由"，是有"幸存者偏差"的因素在里面的。"我们是牛津大学的学生，因此找到一份满意的工作并非难事。我的意思是，外面的人会很愿意认识你，和你一起吃饭，为你提供机会，只因为你是牛津大学的学生。"我的一位牛津大学的朋友如是说。笔者同样有朋友就读于英国的其他高等院校，例如伦敦大学、曼彻斯特大学等。出身于这些学校的同学，即便是专门学习经济管理专业，想要在摩根斯坦利这样的公司进行实习和工作都是一件再困难不过、可望而不可即的事情，然而对于牛津的同学来说，这样的机会稀松平常，笔者的同学即将去摩根斯坦利进行为期一个月实习，若实习表现较好则会得到公司的长期关注和毕业后的提前录用。"这只是一个机会而已，我虽然并不想为投行工作，但是这不失为一条可以走的路。"同学这样说。因此，在牛津大学念书，不管专业是什么，日后都可以得到很好的发展，即便想要进入很高水准的投行、咨询公司也绝非难事，哪怕本科阶段的学位是历史学或某种语言。牛津的工会主席曾经这样说过："人人都认为我们很棒，这不必求证于事实，人们只要这么相信就行了。"这大抵就是某种对于"精英阶层的迷信"。因此对于牛津大学的学生来说，对于日后的职业发展似乎没有太大的压力和负担，大家面对自己未来的态度都相当开放，现在最想做的事情无非就是学好自己课内的知识，并且进行尽可能多的社交。我们当然会羡慕这样的一种状态，并且认为"这才是高等教育应当呈现的样子"，但是应当看到，世界上只有一个牛津大学，金字塔的顶端注定只有少数人，专注于学术的程度以及态度几乎还是由经济基础所决定的：每一个人在追求一种更高层次的生活的同时，都得为自己的衣食温饱找好后路。对于国内高校的大多数学生是如此，对于牛津的学生亦然。我们应当客观看待这种差距，而非过多的从制度性的角度去抨击它。

综上所述，在笔者的眼中，"历史传统和自由风气"构成了牛津大学最为重要的，最为独立于其他高等院校的特征，也是其在新时期内依旧能蓬勃发展的主要内生动力。然而若是只有内在精神性的内容，是不足以支撑世界上最顶尖大学的正常运转的。在精神指导下的高效率的管理制度和管理手段，是学校维持老派尊严的保障。牛津大学整体上很惊艳我的一点就是教学系统和行政系统精密的区分。还记得我们在圣彼得学院的展览馆时，有一个专门负责展品维护的老师，他的大学专业就是行政管理。在彭布罗克学院，我们了解到学校的大多数行政人员（包括管理、财会等）都是专业出身的人在做，而不是教学端的人分理行政任务。"这里的物业和管理做得非常到位，学生的问题通常都能得到非常及时的解决，而不会有丝毫的拖延，这是刚来牛津的时候令我非常惊讶的一点。"一个在牛津交换一年的学姐这样告诉我们。可以看到，在今天，牛津大学也没有沉浸在老式的历史传统和荣光中从而降低自己前行的速度，而是以一种更加从容的姿态，用着科学的管理手段大步前进。

"我完全明白，牛津大学的头衔远远高于大西洋两岸任何一所大学所能赋予的头衔，无论是在国内还是国外。"我想在今天，马克·吐温的话假如依旧适用的话，一定是因为牛津这无与伦比的历史传统与自由风气了。

空气里的通识灵魂

王舒艺（政治学、经济学与哲学专业）

1月23日至1月27日，我随"大学之道考察团"赴英国牛津大学进行学术访问，聆听专题讲座、进行实地调研、与牛津师生交流，为期五天的牛津之行让我所见、所闻、所感甚多。

一、导师制："存在"即驱动

就学校制度而言，牛津大学与国内大学相比，最大的两点不同可能是学院制与导师制，而这两者本身也息息相关。

尽管当下对于导师制存在许多争议，耗时、耗力、高投入低产出，但牛津大学新学院院长仍然认为，高等教育真正的高明之处，很大程度上取决于导师制。在回答同学提问的过程中，他更进一步阐释：因为没有人是足够好的，每个人都可以更好。而导师制成为学生成长过程中的有效助力，一位既是良师亦为益友的存在，在是引导又更像是陪伴的师生交往中，自然地帮助学生逐渐获得新的认知，取得进步。

在之后的小组讨论中，我与本小组成员曾反复探讨，思索导师制的本质、真正价值以及其在中国践行的可能性。

在我看来，导师制实质上是为学生提供了一种更好的发展机会，使得学生可以用一种较为轻松的姿态（相较于传统的师生相处模式）与一位同领域更高水平的师长交谈，从而获得他的建议、指导。在这个过程中，学生得到了更好的锻炼，他需要不断询问、思考、质疑、自我修正，然后超越自身。而导师只是作为一个倾听者，他的存在就意味着某种无形的推动力（一种良性的强制力），鼓励学生去做一些他原本愿意去做、有能力去做、却因自身惰性等原因而可能不会付诸行动的研究，这种无形的推动力与导师的指导、点拨相比，同等重要。

在与牛津大学同学的交谈中，我们发现，这种发展机会不仅仅存在于他们与 tutor 的交流中，还存在于高质量的同学间的交流中。在餐桌、宿舍、甚至是路边，学院中不同专业的同学相互探讨，互相学习，对同一问题提出不同的看法，各自提出可行的建议，这对学生的发展同样重要。就这一点而言，中国大学也正尝试将不同专业、不同思想的同学聚集在一起，就过去一学期我在新雅书院就读的体验而言，这让我与同学在相互交流中学会打破对特定问题的刻板认识，而习惯于一种全新的视角，确实受益良多。

对于中国的大学、即使是清华大学这样的至高学府，tutorial 依旧是遥不可及的梦想，就当下有限的教育资源而言，为每一位同学配备一位 tutor（牛津大学交叉专业如 PPE 的同学甚至有三位 tutor）并不可能，而一位教师如果同时负担数十位同学的成长重任还要兼顾他本人高压力的研究任务,则更加不具有可行性。在与小组同学的探讨中,也有同学提出了这样的观点:tutorial 并非必要,举例而言,清华大学的 open office hour 制度就已经足够,关键在于提供一个师生交流的机会,因为真正优秀的学生,往往会抓紧一切机会与老师交流,而这样一批学生其实才是顶尖大学真正想要的精英学生。

但这无论如何都是残酷的,顶尖大学聚集着不同个性的优秀学生,一部分开朗外向、善于把握机遇,而另一部分则相对内敛、怯于开口,他们需要一个窗口,去表达他们独特的想法。而仅仅认为足够优秀的学生会被"对知识的渴望"驱动而尝试去表达自己的想法固然有一定合理性,但这一过程中长时间的内心挣扎可能使他们错失成长的良机,而这并不是内向的过错。而导师制恰恰为学生学会表达提供了更好的锻炼机会,所以,这也是导师制的又一个优势。

另外从形式上对比,tutorial 和传统的师生关系相比,更像是一种知己关系,更加轻松自在,正如同在新学院时与学习 PPE 的牛津学长交流时我们了解到的:他们也可以给学校里任何的教授发邮件甚至产生更多的联系,但是显然和自己的 tutor 一块自在地坐在沙发上,听取一个了解自己的师长、朋友对自己的批评与建议要更加有趣也令人期待,并且也省去了发邮件时需要推敲措辞的麻烦(讨论组的同学们对于过去向学校老师发邮件询问这一过程之烦琐都深有体会)。与此同时,相较于 open office hour 等制度而言,导师制提供的是一种更加长期、稳定的"师友"联系,导师更加清楚学生的想法、状况,相比一般意义上的答疑解惑,能为学生提供更符合学生本人实际的发展建议。

那么,在中国大学是否在以一种间接的形式实现导师制?譬如聚集不同专业学生的书院制度,定期的沙龙与茶话会,与全校老师取得接触机会的 open office hour,等等。如何达成 tutorial 所带来的那种并不使人反感的良性强制力以及唯有更高层次师长才有能力提出的切合学生实际的发展建议,仍然是我困惑而反复思索的部分。但就眼下而言,在新雅书院的宿舍楼里添上一张餐桌,或许是增加这种无形驱动力的一条良策。

二、通识课程:不存在与无处不在

本着调研牛津大学通识教育的初衷,我惊讶地发现,牛津大学事实上并不存在所谓的通识课程,甚至他们较国内大学而言更讲究专业课程的学习,本专业同学跨选其他专业课程的少之又少也并不被鼓励,转专业现象也一样是存在但事实并不足以称之为"现象"。进一步探索后我发现,这与英国教育模式相关。在中国学生接受高中教育的同阶段,英国学生进入当地 college(区别于牛津大学内部 college),在其中接受 A-level 的教育,从那时开始,他们就开始思考并决定自己未来的专业方向,之后接受对应考试进入对应专业。在 college 中,他们也完成了一部分我们留待大学完成的通识性质的教育,比如工科学生在 A-level 时期学习微积分与线性代数等等,对自身专业有了一定的接触与认识。与他们不同的是,大部分中国学生选择专业往往是在高考出分后根据自己分数多少和凭着对专业一知半解的印象进行盲选。

当被问及牛津大学为什么没有通识课程时,新学院院长则答,是因为"不需要",从幼儿园开始，通识教育事实上被贯穿在英国教育始终，所以就课程而言，他们只需要为学生提供更加专业的培养即可。但牛津大学的通识教育事实上又是无处不在的，既是学院、大学又是学生本身多年来的积淀，使这个学校避不开"通识"二字。而如果需要尝试总结牛津大学为学生的通识教育做出了什么努力，我认为，是提供了机会与氛围。

就机会而言，牛津拥有数量众多的图书馆、博物馆以及学术讲座、沙龙，鼓励所有同学参与，只要想做，即有可能。而相较于大多数中国学生疲于应付专业课程与考试压力的现状而言，牛津大学的学生对此表现出了令人惊讶的主动与热衷。在与牛津大学同学数次接触中，我发现，他们普遍热情、善于表达，并且乐于且把握一切机会与外界（比如来自中国的我们）接触交流。而学生间的差别似乎成为中英两国践行通识教育时需要着重关注的一个角度，让学生敢于自信地表达自身观点，又能谦逊包容倾听他者观点，并且不为固有观念束缚，这样的开放思维在国内即使是顶尖大学依旧缺少的。尽管新雅书院学生或可以称为清华大学最擅长表达与接收的一群人之一，但相较于牛津大学依旧有所欠缺。

而清华与牛津大学相比最值得关注的区别，或许并不是导师制，而是学生间存在的差异。一个学生敢于摆脱常识和固有观念去拥抱这个世界，敢于表达自我并接受差异，而且对于知识本身怀有热情与积极性是接触真理的第一步。

为什么导师制适应牛津大学的学生？尽管前文提到导师制或许可以帮助内向型学生表达自己，但另一方面，更多的牛津学生确实是善于表达、主动积极的那一部分学生，他们确实有能力抓住一切机会，确实善于提出自己的观点，而导师制促进了他们这一点，使得他们在这一过程中，愉快而受益良多。他们身上普遍存在的这种特质值得我们关注，而探究这一特质的形成，则与这些学生大学之前的通识教育必然存在关系。

通识教育何以重要？经牛津之旅以及半年的通识课程后，我有了全新的认识：何以中国大学需要通识课程而牛津不需要？这事实上是因为国情不同，中国大学需要通识课程，是因为中国学生需要这样的一段学习经历去寻找自己的专业方向。刚刚走出应试教育之门，对自己的人生还未有清晰的规划，对相关的专业课程更是缺乏了解，这时候，正需要用通识课程引领其抬头望世界，不仅是学习新的知识，更是反思与自省，不断地重新咀嚼内心已有的认知，打破偏见，不停地换一个角度理解既存事实，从觉得"它应该是这样"到质疑"它为什么是这样"、思索"它还可以是这样"、改变"它不能是这样"，同时接受力与理解力大大提高，世界不再止步于手中的书本，它将有无限可能。而正是因为了解到世界之大，才对知识产生真正的渴望，并保持好奇与谦卑。

另外一方面，在这样的认知过程中，因为有着对于自我需要以及自身使命的再三推敲，使得学生更加了解知识对自己的意义，并对知识产生强烈的渴望，产生了学习的主动性，这一种良性驱动比考试等强制手段往往会更加有效。

所以说，在模仿 tutorial 之前，如何提升学生的自觉意识、自省意识以及包容心，是所有大学应当首先关注的问题。值得一提的是，牛津大学不乏接受相对中式教育成长的中国留学生("相对"中式的原因:他们大多出自国际学校,接受的教育较传统高中教育更加通识一些),但这样一批学生,最终也很快融入牛津无处不在的通识氛围中,譬如在贝利奥尔学院遇到的中国学生就提到,他很乐于在专业课程之后多花上四十分钟时间去听他感兴趣的艺术讲座。而改变他的又是什么?氛围?

在一个多数人热衷于艺术与美且处处皆美的环境里,依旧冥顽不灵的大概是最固执愚钝的灵魂。

三、过去、现在和未来

牛津大学是一个十分注重传统且本身就意味着传统的古老学校。在参观每一个学院的最初,我们了解到的总是这个学院的历史,即使是与新学院比较显得相对年轻的圣彼得学院。与牛津大学这一氛围对应的是,有相当多的学生学习历史;而在大多数中国学生看来,历史这一专业都是极其需要勇气或者迫不得已才做出的一个选择。

本次牛津之旅我的最大收获,是对于PPE专业的全新认识,牛津的教授认为这个专业的有趣之处在于,哲学(Philosophy)、政治(Politics)、经济(Economics)事实上就是当代历史,更确切地说,是当代历史绕不开的三个母命题。而由此反观牛津人对于历史与哲学的注重,可以发现并非全无道理。

在与牛津大学学生的交流中,我们惊奇地发现,他们几乎从不担心自己的未来,甚至也没有眼下清华学生常有的一些烦恼,比如GPA等,他们对于自己将要做什么似乎毫无头绪,却对自己此刻在做什么乐在其中。选择历史、文学这样在国人眼中没有前景的专业,承受着学业的压力却更多地享受着这个过程,当被问及大学生活的心得时,所有人都异口同声——"enjoy your university"。

是什么让牛津的学生能够如此纯粹地享受学习本身,而不用花太多的力气为未来忧愁、谋划?在与历史专业学生的交流中,我们惊异地发现,尽管他们并不曾明确规划未来,却往往对于未来自信而笃定。历史专业的学生告诉我们,他们未来也许会在伦敦寻找金融相关的工作,并且一定可以找到这样的工作。

这样的结果看似难以理解,却也可以尝试去解读。一方面,这要归功于牛津大学出色的职业咨询中心,所有对未来感到困惑的学生都能通过这个机构得到启发与答案;另外一方面,历史与金融的共同之处是思维,而教育真正了不起的地方,是给予学生思考与学习的能力而非知识本身。此外,总结接触到的几位牛津学生的共同之处:他们的假期往往是在实习中度过,知识并不曾离开实践。

我依旧困惑,大量学习历史的学生最后选择金融的职业,与中国最优秀的学生选择经管专业,是否依旧是殊途同归?但至少可以确信的是,更多真正喜爱这一学科的学生在这一过程中沉淀下来,而整个学校对于传统的注重也使这个学校有了自信与扎实的根基,置身于古色古香的图书馆,在书本的围绕中学习与思索,对于知识的渴求变得前所未有的真实。对于未来不困感的原因事实是因为根本上的清醒，他们从不曾放弃去思考从何而来、将向何去、以及此刻置身在何处，在这一过程中，职业是浅薄的，他们固然为了未来而学习，但他们绝不只是为了未来的职业而学习。

另外值得探讨的是牛津同学对于考试与成绩的态度。有趣的是，在牛津，最重大的考试因为传统而拥有独特的仪式感——着长袍、别康乃馨。对仪式的坚持感中，既有牛津人对现实不妥协的精神，也有对考生友善的提醒：何为考试真正的意义？在这样一个看似滑稽的举动中，考试本身也不再显得那样让人忧惧。

牛津的评分制度也值得探讨。在牛津，人们热衷于写论文表达自己的观点，而就论文以及考试评分标准而言，通过一门课程需要付出极大的努力，但最后大家得到的分数往往都在七十左右，并不会有特别大的分差。这看似随便，但对于文科课程评分的实践却有一定意义。就文科课程而言，出于其主观性，为了获得高分往往会带来专注课业之外的恶性竞争，而高门槛的合格线、合格之后较小的分差以及真正重要的对于课业的及时反馈，似乎是达到使学生既不懈怠学习又不过分在意分数的一个合理的方式。

"未来不迎，当时不杂"，对过去始终留存一丝眷恋，在我看来，这大概才是真正的牛津。

他山之石，可以攻玉
——牛津大学访问考察报告

温晋（政治学、经济学与哲学专业）

在"大学之道"的课堂上，我们阅读了哈佛学院前院长哈瑞·刘易斯撰写的《失去灵魂的卓越》一书。在本书的读书报告里，我写道："一种具备灵魂的教育体系，应当是将学生培养成如前苏联教育家苏霍姆林斯基所言的具备毕生自我教育能力的人。"作为一所教育与研究并重的牛津大学，在时间的检验下屹立于世界一流大学之列而不倒，其教育理念与传统的先进性和韧性必然有与时代相吻合或者高于时代的地方。

在各种书籍和报告材料里对牛津有了初步的认识，但直到我走进牛津大学古朴中焕放生气的学院，接触了学问渊博却平易近人的老教授和一些思维活跃且乐于表达的同龄人，参与了这里的课堂和课外生活（正式晚餐、酒吧文化与教堂听祷等），才得以一窥这里的教育体系的全貌，也或多或少地认识到今天看来略显保守的牛津为什么没有走向衰败，而是更加彰显可持续的特质的原因。

一、学术导师制：拾起在学习过程中遗漏的素质

牛津的教育模式主要由讲座（lecture）与导师课（tutorial）构成。而在与牛津同学的交流过程中，我们得知，相比于在国内大小课讲授为主的教育模式，在牛津，导师教学是最为重要的——讲座可以有所选择地参与，但与导师见面的时间成为每个星期学习生活中最为固定、同时也是最为重要的环节。

没能亲身参与到牛津的导师课是这次牛津之行不小的遗憾，但在文学课上，我们得以观看导师课的短篇，其中学生与学生、学生与老师或交谈或辩论、或循循善诱或针锋相对的画面让人印象深刻。对于文科的学习，学生在每次导师课之前需要完成一定量的阅读与写作，并提前将学习研究后完成的论文上交给教授，在导师教学的课上老师对学生的论文给予指导、指明方向。课堂教学实践偏少的牛津教育体系里，学生获取知识最主要的途径主要在于自主思考与研究，而这种思考得以升华达到更高水准与层次的关键在于高质量的导师制。

牛津大学圣约翰学院高级教师摩尔曾认为导师制成功原因在于三个方面：关注学术的个体，依赖师生双方的合作和对待知识的独特态度[1]。导师制的精华在于思想的距离感的消除以及流动性的建立。在这一过程中，知识不是本位，真正的本位在于学生对于知识的理解的深度，将学生的见地的特殊性纳入教学核心的导师制让教学更有针对性和人文性。在课堂上，学生对

---

1 Moore, W. G. *The Tutorial System and its Future*. Oxford & New York: Programan Press, 1968, 18, 31-32.

自我见地的表达成为强制的环节，这不仅锻炼学生的表达能力，更需要学生高度集中、思维运转，需要强大的逻辑、深入的思考和批判性支撑起整堂课的进行。而教师适时的点拨与启发，丰富了学生思考的角度，提升了知识的附加值，从某种意义上，学生的自主思考和老师的指引赋予了旧知全新的生命。

在新雅一学期课程的过程中不难发现，尽管通识课上老师都安排了讨论与发言的环节，但或许是碍于师生身份与数量或是课堂氛围，敢于在讲授中发出自己的声音、与老师展开观点交流的时候总是少数；持续性、高强度的知识输出与输入、囫囵吞枣地记下老师讲授的内容成为清华的大学课堂里司空见惯的镜头。相比之下，对于我们而言，知识的思考、咀嚼、理解、内化的环节被大大省略了，学习知识仿佛不加甄别地服用一个又一个食品罐头。而在导师制系统下，思考取代了记笔记成为学习的中心，而只有充分透彻有见地的思想领悟才能匹配一节高质量的导师课，而借助导师制，学生更好地将所学内容吸收升华，而教师也可以在更充分的交流中实现所谓教学相长[1]（如图1）。苏格拉底认为教育不是灌输，而是点燃火焰——孕育思想的火焰永远要通过反复的思考和主动的理解，而成熟的导师制不仅助燃火焰，更呵护着思想的火苗的微茫和可贵。

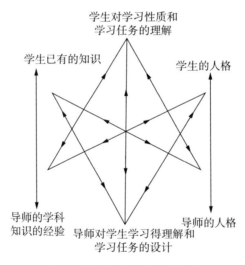

图 1　导师制下师生的互动关系

反思、表达、吸收、批判，这些中国学生往往忽略的素质，早在 15 世纪就被牛津人拾起。

二、三年磨一剑：基于效率的反思

通过交流和调研我们得知，在牛津大学，本科学制通常为三年，硕士学制通常为一年，在国内读完本科的相同时间成本可以在牛津大学取得硕士学位。而在牛津大学学生的课程表

---

[1] From the website of the University of Oxford.

上,仅有少数的核心课程和部分选修课程。以 PPE 专业为例,本科三年往往只需要修 8 门课程左右即可取得学位[1]。而对比清华大学多数的专业,在四年制或五年制的前提下多数要求修满 150-170 学分,即使只算专业课,以清华大学土木工程专业培养方案为例,需要 69 学分的专业相关学分,其中 58 学分为必修,包括 24 门专业课。

少得多的课程体量下,锻造牛津大学辉煌教育成果的因素必然离不开是课程的充实程度,这种充实是以高强度的导师制学习为背书的。而相对精炼的课程量使学生所参与的课堂均为专业课,以培养学生综合素质为主要目的的通识教育部分更多在高中阶段进行,因而教授博雅学科的老师可以投入更多时间在本专业的教学上。但在国内,大学需要且不得不为学生的基础教育对学生全面综合的素养培育的缺失补交学费,事实上加重了国内本科生的课业负担,也加剧了大学师生资源比的冲突。尽管作为先行者的清华不断加大本科教学改革的力度,意在减少一些教学效率不高的课程,但对于普遍性的本科教育而言,改革仍然有很长的路要走。

除了制度上的优势之外,高效的很大一部分原因来自于学生的自我教育能力,而这种教育能力又以学生对学习的自我驱动(Self Motivation)为旨归。在和牛津的同龄人的交流过程中,不管是热门于天下的经济与金融、PPE,还是在国内仍属于小众的历史学、小语种,他们对自己学习的专业都难掩兴奋和骄傲;这样一种对于专业的热爱以及对学习本身上心上意的归属感足够让听者一同热血沸腾。学习本身是由兴趣驱动的,能在一个享有充足且优渥的教育资源的地方做自己想做的事情,出色的成果是水到渠成。而在牛津,很难听到学生抱怨自己处在一个不感兴趣的地方,学生有充分的自由、也有高度的自觉寻得自己所爱,并为之不懈奋斗。透过几天的观察,笔者坚信,那些在导师制的严格要求下可以每周和老师相谈甚欢的人,在牛津大学内严酷的竞争机制里不被淘汰甚至出类拔萃的人,一定不是附和的强者,上行下效、唯命是从的伪精英,而必然是善于思考,坚信学习是自己的事的人。以课堂教学为主的大学里,老师向学生传授知识的过程往往因各种缘由造成知识获取的损耗,而在牛津,主动学习的驱动力和导师制培养的自主学习能力却可以转化为巨大的效益,帮学生少走了许多弯路,此消彼长造成了效率的差异。

三、大学与城市:象牙塔外,彩练当空

在牛津的街头,从来不会感受到大学与城市的脱节。一个曾经笼罩中世纪黑暗充满各种混乱的小城镇,在牛津大学建立的百余年里也逐渐经历着脱胎换骨的焕然一新。很难说是牛津这个小城镇孕育了牛津大学这样的文化庄园和瑰玉,还是牛津大学成就了今天的牛津的城市基因。牛津大学不是在地图上画地为牢形成的,它没有围墙,没有固定的场所和地点,而是用一所又一所带有不同蕴意和起因的学院嵌进城市的骨骼;牛津大学也不是一天建成的,一所又一所学院的拔地而起跨越几百年历史的风霜,它的历史也成为牛津这个地方的发迹史。

---

1 刘宝存. 牛津大学办学理念探析. 比较教育研究,2004,25(2):16-22.

而走出牛津的一个又一个学院，仍然会感受到牛津大学对这个城市甚至这个世界的影响。在牛津大学的框架里，出版社、图书馆、博物馆这些对公众开放的场所与学院同级，成为牛津大学向外延伸不可或缺的一部分。在自然历史博物馆里，我看到一个个稚气未脱的孩子对恐龙的骨骼睁大好奇的双眼；在阿诗莫莲博物馆里，我看到李睦老师执着地寻找让自己"丧心病狂"的东西；在皮特河博物馆里，也能看到上了年纪的人端详着一个又一个经历历史风霜的展品。这些在大学的依托下对外开放的博物馆、图书馆，最终辐射了各年龄层的人，也把他们传承文化的态度带到世界各地。

从弗莱克斯纳到克尔再到刘易斯，这些对大学理念有着充分研究的学者都认为大学是不应该成为象牙塔的。而关于今天牛津大学的职能，则可以回顾大学前副校长莫里斯·博拉的话："当代牛津的基本任务有四：培养领袖人才，科学研究，培养新型的学者和科学家，通过学院传递文明文化。"[1] 刘宝存先生认为，博拉这里所说的任务，实际上就是指牛津大学在当代社会发展中的职能，而其中很重要的一项就是提供更多和更加多样化的终身学习机会。[2] 对于牛津城镇中的人和社会，牛津大学仍然不遗余力地发挥着其传播文化的功能，用不菲的投入和大力度的关怀为这座城池注入永不枯萎的文化因素。

值得一提的是，作为牛津大学的诸多博物馆中最具代表性的一座，阿诗莫莲博物馆复原了从远古到今天各大文明的发展脉络。除了教育和研究，我想更多反映的是一所大学对文明、对历史的敬畏，这也是今天通识教育持之以恒地寻找和呵护的精神与气质。宏观地看整个城市，不管是教堂里纪念墙上肃穆的一个又一个战争中殉难者的名字，或是书店里陈列着的溢满墨香的牛津通识系列与文化经典书籍，还是对公众开放的博物馆里的琳琅满目与众声喧哗，都宛如我们从圣彼得学院出来后见到的"彩彻区明"的场景，无不彰显着这所大学与城市、与人民和百姓的和谐与包容。作为清华人，在置身五道口嘈杂的人流中难以呼吸时，在看着科技园和中关村街头行色匆匆的路人的空洞的眼神的时候，更应当思考能为这个2 000万人的折叠着的城市和文化做哪些正面的促进。

四、牛津与新雅：他山之石，可否攻玉

在思考中英教育的时候，一种普遍的看法是中国学生大多具有扎实的基础教育功底，但应试教育的机制难以掩盖人文素质的短板，学生进入大学便如同放虎归山，渐渐变得颓废和功利；而牛津大学之所以淬炼得出真正耐得住时间检验的学问，在于坚持可持续的教育模式和对学生自我教育能力的培育，尽管国情、校情不同，但在教育的理念和方式上仍然有可以学习的地方。

在清华的本科教学改革下，学生获得了很多与导师和前辈交流的机会，主要途径为课程附属的讨论课和主动预约教师的开放交流时间，这些机会给师生思想交流碰撞提供了可能性，然

1　Soares, J. A. *The Decline of the Previlige: The Modernization of Oxford University*. Stanford: Stanford University Press, 1999. pp. 111-112.
2　刘宝存. 牛津大学办学理念探析. 比较教育研究，2004，25(2)：16-22.

而也存在各自的问题。以我参与的"中国现代文学经典"的讨论课为例，讨论课的主讲老师是助教，尽管助教会将老师的评语简明扼要地传达给我们，但很多的交流讨论比较浮泛、难以深入，更多的讨论由于没有相对权威的意见介入而最终不了了之，这本身造成的便是宝贵的观点被白白浪费，论文和作业缺乏完整充分的反馈。而开放交流时间则需要学生主动申请，对于更习惯于听从意见而非主动交流的同学这样的制度因非常态化而往往不被重视，主动预约的人数和频率在笔者的亲身经历看来也并不乐观。在普遍以资源和成本为借口否定本科生导师制在清华进行推广的可能性成为主流意见的前提下，笔者注意到，本科生导师制在中国也并非没有先例，浙江大学的竺可桢和费巩便曾在浙江大学推行过导师制，并取得一定的成果。对于目前规模仍然具体而微的新雅书院而言，利用聘任的教师资源以合适的频率（例如一个月一次）与学生围绕通识课所学内容进行小组式的座谈（比如四至五人）具备试点的可能性，而住宿制为可能的导师制试点提供了交谈的空间。

在牛津，我们同样赞叹的是在学院制的制度框架下书院学习共同体的建立。对于一个独立的学院，除了有独立的教室和宿舍区，更有独立的餐厅、活动室、教堂和酒吧，这不仅仅是对学生社交生活空间的建立和丰富，更是对学生二次教育空间的塑造。笔者心目中理想的书院，并不应当是一个"兵不识将，将不知兵"的一个师生之间零互动的教育园地，也不是学生之间"民至老死不相往来"的原子化的一盘散沙，而应该是在互动中交谈和深化情谊，在交谈中互相吸收和进步的集体。笔者认为，清华即将落成的十号楼北楼不应当只是宿舍的转移，成为新雅学生的集散地，而应当为更广泛更充分的师生之间的学习交流创造条件。在英国这样重个人主义的社会中牛津大学仍然可以反其道而行之营造集体的凝聚力和归属感，对于今天的新雅，同样应在个人主义和集体主义中找到一个平衡点，在学生的课内学习和课外修养之间架起一道无形的贯通的桥梁。

诚然如一些声音所言，牛津大学并非所有做法都跟得上今天的时代，并非所有课程都那么精彩绝伦，也并非一条高端的生产线上就不会出现次品废品，牛津的学生并非就不会出现迷茫、困惑和颓废；同样也可以看到，在坚持传统时受限于高昂的成本、紧缺的资源和师生匹配的难度，牛津的导师制也有往小组式教学的方向发展。但作为一个初生的学院，在斟酌自身的特殊性时，放低姿态和钻牛角尖式的无妄的质疑，用谦卑的姿态去学习这样一种教育模式内在的人文关怀，笔者也相信，他山之石，可以攻玉。

浅析牛津大学的人文精神及其对新雅书院的启示

田蕗（政治学、经济学与哲学专业）

尼克拉斯·沃尔特写道："人文精神在个体和群体的层面都强调人类的价值和主观能动性，倾向于使用批判思维和证据意识来认识既有观点。"[1] 在 2017 年 1 月书院前往牛津大学的访学之旅中，笔者深刻认识到牛津大学、乃至这座城市的血脉中熏陶渐染的人文精神，并为之启迪与感动。本文将从大学制度建构、经济运行模式、学生自主教育、社会学校交汇四方面分析牛津大学人文精神昌盛的原因，并结合新雅书院的实际情况提出自己的构想与愿景。

一、大学制度建构

1. 学院制

（1）垂直方向上的活水之源：联邦制管理——高度重视学院自主权的权力置配

大卫·帕尔弗曼于 2019 年 1 月 23 日在新学院的讲座中形容道，牛津大学与各学院的关系类似于足球联赛。这是一个精妙的表述。牛津大学拥有制定规章制度、明确行为风纪、组织考核评测的权利，作为实权单位而存在，正如总领比赛开展的足球协会；而学院则为学生提供学习生活的空间、配备导师及分发奖学金等，是与学生日常生活关系密切的实体单位。各学院之间维持适当距离，以此确保开展各项工作的独立性，他们平行竞争又不乏合作，且都垂直服从于牛津大学这一中央机构的管理，正如足球联赛的参赛队伍。

更具体地说，牛津大学的运行体制犹如美国的联邦制。大学权力充分下放到各个学院，中央大学与学院的关系宽中有严、松而不弛，两者间的张力足以凝聚共识和培养认同感，同时也留存了足够的空间供学院自由发展。这样的制度使各学院在团结在牛津大学麾下的同时，能够量体裁衣、因地制宜，防止出现罔顾差异的"一刀切"。得益于此，牛津的学院呈现出异彩纷呈、千院千面的多样性和差异性。短短几天，笔者浅尝了新学院的古老与新潮、贝利奥尔学院的人文情怀、圣彼得学院的济世之志，以及玛格丽特学院的宁静淡泊。从建筑风格、校园环境，到历史传说、徽标文化，这些学校在诸多方面都大相径庭，为学子乐道，观者欣悦。

牛津大学的学术水平被公认为世界顶尖，它绝非是一个囿于固化形象，以寥寥数语即可简单概括的大学；而它的深刻性、复杂性便来自于这一个个富有人文精神的实体单元。各学院教育理念相异却能并行不悖，立于一校之内却可和而不同。正如人具有个体差异性，内外条件的差异导致个体发展方向的区别，牛津大学面对各个学院的不同并未采取整肃打压的态度，而是在适当范围内任其自由选择倾向，从而不只在单方面，而且在多领域的探索都成绩斐然，使牛

---

[1] 尼克拉斯·沃尔特. 人文精神——这个词包含着什么. 理性主义者出版协会，1997.

津大学建设成一所名副其实的综合性大学。

与此同时，其他某些大学出现以指令性计划包办一切的情况，更有甚者"拍脑袋"决策，以学校管理者的意志取代直接利益相关方的磋商讨论，不仅让决策的科学性饱受质疑，更无益于调动师生积极性和建设热情，这样的越俎代庖让大学的主导权偏离了应有轨道和方向；而学校管理层的主观倾向也容易片面引导学校发展走向"偏科"，使强弱学科之间的沟壑悬殊，不利于大学的长远综合发展。牛津大学联邦制的管理模式对此有深远的借鉴意义。

（2）水平方向上的双线编制：学院主体地位——学院和专业的辩证关系

牛津学生对学院的认同感和归属感远大于其对专业的认同感和归属感。正如上文所说，麻雀虽小，五脏俱全，学院是学生们学习生活的共同体，提供包括餐饮住宿、运动休闲、导师辅导甚至宗教礼拜的场所，囊括了学生学习生活的各个方面。

追溯历史，对牛津大学而言，学院先于专业而存在。随着学院的发展，学生人数的增加，同一学院研读相同领域的学生共享教师；集聚效应进一步凸显，出现同学科教师执教不同学院的情况，专业产生；而近代学科联系和交叉进一步扩大，相关学科又连结构成学部。这一层面的发展不囿于某一学院，而是贯通于整个大学，由此可见，专业横跨于学院之上，由大学层面运营，关于知识传授和学术教育。

根据在最后一场讲座上王世东教授所说，对牛津学生来说，对学院的认同感和归属感远大于其对专业的认同感和归属感。我认为原因有三。

首先，本科生入学时的面试并非由学校组织，而是由学院独立承办。每个学生根据喜好选择自己心仪的学院，学院再依据各自的标准和偏好考核录取达标学生。双向选择保证了双方的匹配度和契合度，在很大程度上巩固了学院和学生的信任关系。

其次，牛津强调对专业知识的钻研，但根据课程设置，专业开设的讲座大多不是必须参加的，许多学习任务在由学院开设的导师辅导的过程中完成。作为牛津育人环节的核心，导师制的地位不容小觑，从官方的制度设计上来看，这样的安排也进一步拉近了学生与学院的距离。

最后，牛津同样重视综合能力的培养，而举办各项活动的载体是所在学院。大卫·帕尔弗曼教授说，如果在牛津只做学术，那么在牛津学习就是一种浪费。在校方到院方的一致鼓励下，牛津充满了活跃的氛围，大多数学生对文体活动、社会事务等充满兴趣，故而学生与学院的组织建构接触频繁，关系密切。

如果说专业的设置与四海之内诸多大学无异，那么学院与专业相辅相成的双线设置无疑是牛津的一大亮点。同一学院内集聚不同专业不同背景的学生，让足不出户便会通文理、纵谈中西成为可能，而跨文化跨学科的知识交叉所碰撞出的灵感火花又往往能催生专业领域的开拓和创新。专业知识的夯实巩固又能为跨专业的交流增添动力，以实现更全面更有效的信息交换。

总而言之，学院生活是牛津学生大学生活的有机组成部分，学院在专业之外为学生开拓了认知自我和探索世界的新视角，为学术发展提供新思路，也积极引领学生探索学术之外的意义。让学生不仅能勤勉治学、习而有得，更能触类旁通、修身养性；不仅能在专业知识上日有所进，更能在学院生活中找到归属感，从智育、体育、德育、美育各方面都成为更健全更完整更自由的"人"。

2. 导师制

如果说学院的自主自由的理念隐性地渗透在学生的日常生活中，那么导师制就是其显性表达。前者表现了群体层面上的人文精神，后者则以个体的视角呈现。

导师制与普通大学中教授与学生的关系的最大不同在于平等性。导师制充分尊重导师和学生双方的意见和权利。这一组关系并非是传统意义上的师生，也没有绝对意义上的权威。平等交流的色彩也随着近现代社会的不断推演而越发浓重（学生不再必须穿黑袍上课，日常的便装即被认为是合适的）。小组讨论中，牛津大学的学长分享道："导师制就是带着批判思维来教学。"师生交流过程中没有居高临下不可违背的意见和建议，有的只是在学术自由的空气下进行的讨论与争辩。老师可以根据教学情况调整教学进度和时间安排，学生也能根据自己的判断选择是否听取建议、是否做笔记、是否对某一课外问题展开讨论等。

根据《牛津大学的导师制》，导师制另一个通常的特点是非正式性。导师制的有效运转是以师生关系为基础的。与现代大学与教授会面时惯有的正式性不同，牛津大学延续了古老的传统：导师辅导常在导师的住所进行，学生以大声朗读自己的每周论文开始这场辅导，而辅导结束的时间也具有不确定性，辅导可以被合理地打断或者终止。在这样的轻松自在的氛围下，导师与学生的界限所产生的严肃和拘束往往能被模糊，学生畅所欲言，导师旁征博引，弹性的时间规划也能使交流的宽度和广度随着交流的效果变化，达到效益的最优化。

导师制的根本在于启发了学生的自主性。学生在与导师的谈话中并非是扮演一个被动接受的角色，而是以一个提问者、分析者和结论者的身份主动地获取知识。根据大卫·帕尔弗雷曼所说：导师制的本质是提高信息筛选的效率。导师会为学生列出书单，找出纰漏，提出意见，却绝不会也不能代替学生思考。在这一组交流中，学生才是探索发现和反思总结的主体，所有思想的闪光点都应该在导师的引导下，由学生产生。一对一对话的形式最大程度上保证了学生与导师的充分交流，避免了现代大班课堂上学生埋头做笔记却忽略真正的思考的窘境，鼓励学生提出自己的观点并为之辩护，以此锻炼学生的证据意识和批判思维。

牛津大学传递的不仅是人文知识，更是人文精神。随着现代科技的发展，慕课等在线课堂层出不穷。它们带来了获取知识的方便性，在让碎片化学习、远程学习成为可能的同时也带来了一些隐忧：快餐式学习使学习的深度饱受质疑，老师和学生的隔离使教与学出现割裂，知识的传递容易出现偏差却难以纠正。导师制用一对一讨论这种看似陈旧的方式在最大程度上避免了以上的问题，是效率时代的一股逆流，但是根据牛津大学居高不下的全球排名和令人惊叹的学术成果，这样的决定无疑是值得肯定和学习的。

身为一所源远流长的古老大学，牛津大学坚守着人文主义的精神和风度：师生平等，友好磋商，不强迫不威压，给予双方同为"人"、同为"学者"的尊重；交流放松自由，礼貌不拘于俗，将学生从条条框框的束缚中解放出来；放手让学生选择自己的领域和课题，提出自己的见解和困惑，追求自己的志趣和爱好，真正了解自己、发展自己，而不是片面复制导师的意见和思考。只有通过这样的训练，学生才更有可能成长为一个会发现、能思考、善总结、常反思的真正的"人"。

二、经济运行模式

1. 财权自主促进学术自由

牛津大学的资金来源呈现出多样和均衡的特点。占最大比重（40%）的资金来源是校外研究基金，来自研究理事会、信托公司以及相关企业等，政府拨款大致占20%，除此之外还有投资回报和学校盈利等支撑运转。即使某一环出现周转不畅，也可以通过其他的资金链条维持体量。这样的特点使牛津大学能风险均摊，不对某一支资本来源产生过强的依赖性，从而获得运营的独立性和主动权。因为经济上的结构优势，牛津大学的研究与教学并不会被某个主观的社会力量驱动，能够保持对自身发展方向的决定权，学术自由使牛津大学成为锐意求新的沃土。

2. 教师编入学院推进教学质量全监管

对大多数教师来说，他们的薪资由都由学院支出，在正式进入学院编内之前往往会进行关于福利（月薪、住宿、午餐等）的协商谈判——待遇是具有灵活性和可协调性的，一切都要放在仿佛市场交易的环境下，由买卖双方的进退敲定。值得注意的是，包括作为导师的薪资也是由学院一手开出的。由此可知，大多数教师的一切教学收入都来自于其归属的学院，教师对学院负责。作为其经济来源的学院也因而具有了监督检验教学质量的权力。学院的高层管理人员会在每学期末时与每个学生一对一约谈，以此了解教学和生活中存在的问题，便于对照整改。相比由大学层面的"专业"开出工资，学院更能密切地关注每个学生的具体化、个性化学习情况，在同一体系下协调教师和学生的关系，也能更好地把关教学过程，优化教学结果。

3. 与文化产业合作，创造双赢局面

雄厚的经济基础是更好地进行学术研究的基石，牛津大学在"开源"的角度做出了有益的尝试。具有全球票房号召力的哈利·波特系列电影将美丽的牛津大学作为取景地，在给牛津大学支付巨额费用之外，也将牛津大学的某些地点塑造成为新的热门景点，丰富了牛津大学的人文内涵，让牛津不仅以一个古老学校的面貌展现在世人面前，更添加了与时俱进的新新气象。同时其带来可持续的观光增收不可小觑。

总而言之，牛津大学别具一格的经济运行模式让多渠道的资金来源成为学术自由的基础，跟随学术研究发展的自然规律，以自身意志为依据决定研究的内容和方式，保障了学术自觉自信的方向感，不被社会力量片面驱使；教师与学院间建立的包括资金在内的复杂纽带，成为密切师生关系、把控教学质量的重要保证，让教师更好地指导学生；与文化产业的积极合作，充盈了牛津大学的财政系统，也展现出其不停滞、不落后、不僵化、紧跟时代步伐的崭新面貌，

进一步立体和丰满了牛津大学在世界舞台上的形象，展现出一个有温度、可触及、亲民而富有人情味的牛津大学。这些捍卫学术独立，用心培育学生，拥抱时代特色的举措深刻地揭示了牛津大学的人文精神。

三、学生自主教育

在牛津大学，学生真正承担起了主人翁的角色，文艺、体育、娱乐、社团互动等层出不穷、欣欣向荣。但是相较国内各大学，差别甚殊的是自发组建的福利组织。

考察本小组所负责的圣玛格丽特学院，我发现该学院有相当出色的福利系统，从官方到学生，从过去到现在，圣玛格丽特学院都很好地体现出了对相对弱势群体的关怀。而本文希望探讨的，是以圣玛格丽特学院为代表，剖析牛津学生充满人文精神的自主教育。

在圣玛格丽特学院，学生自主编写的介绍学院的小册子里，有一个叫作"福利"的板块。其中条分理顺地列出了学生自愿提供的福利和帮助。比如：选举产生的女性和男性的福利代表每周都会在公共活动室里举行福利茶会，倾听学生遇到的困难并给出建议，同时他们提供治愈宿醉的早午餐甚至验孕棒来帮助学生更好地生活。学生们联系医师、护士和心理医生来定期提供帮助。高低年级结对帮扶项目也十分盛行，对于同性恋的平权运动都给予大力的支持。

这些行动的决定和实施都来自于学生自己的意愿，不同于现代大学生专注自己的心理习惯，他们更能开阔心胸、换位思考，走出狭隘的小我境界，切身地体会他人的不易并伸出援手。

这样的精神离不开院方的支持鼓励和以身作则。在 2016 年，圣玛格丽特学院开创性地举办了第一届基础年，将来自社会弱势群体、同时拥有较好学术能力的学生选拔进入牛津大学，和其他人一起同等接受为期一年的高质量教育。这样的做法提升了弱势群体的知识文化水平，希望以星星之火发育为燎原之势，带动弱势群体发展壮大，维护自身合理权利。这一举措引发了社会的广泛关注，也再度证明了圣玛格丽特学院，乃至牛津大学，对弱势群体的关怀和爱护。

牛津大学从上到下层层传递出人文关怀的温度，营造出全校热衷奉献、乐于帮助的氛围，尤其是成功培养学生自主承担社会责任，不仅仅着眼于自己，更立足全局，帮扶弱小，体现出人文精神无私、温暖、关怀的内核。

四、社会学校交汇

学校是社会的子系统，尤其对于没有独立校区、错落分布在小镇各处的牛津大学来说更是如此。社会与学校人情文气一以贯之。既有庞朴所言"文化即人化"，要研究牛津大学的人文精神，就不得不去留意牛津的生活风貌。

我注意到，在牛津零星分布着数量众多的博物馆，内容覆盖科技、生物、历史和艺术等诸多方面，分门别类馆藏丰富，大小均有体量不一，但是无论何种类型何种位置，流连者都纷纭众多。无论是戴着小黄帽的幼儿园小朋友还是满头白发精神矍铄的拄拐杖老奶奶，或呼朋引伴或独自前来，或拍照或笔录，无一不在丛丛簇簇的文物标本间细细观察、默默沉思。这些博物馆往往不收取门票费，大部分展区向所有人免费开放，只是常在入又处放置一个玻璃箱，其上注明建议捐款数额，仅凭目测，收入甚为可观，足见市民对文化生活的热情和慷慨。

公交车司机常与乘客攀谈寒暄，仿佛多年挚交，上下往来人群纷纷向司机致意，感谢驾驶并互祝愉快。餐厅服务员工作富含热情，详细解释菜肴，尽力满足客人需求。即使在路又与人无意间四目相对，对方也会自然地报以微笑，不因为素昧平生而冷眼相待。

穿梭于或古朴或精美的建筑之间，苔藓上仿佛爬满了百年的历史。街边古树枝横云梦叶拍苍天，历经风霜依然屹立。在这里生活，很难不沾染上一点苍然古意，与几百公里外的伦敦相比，这里的时间仿佛也悄悄凝固，一切都在微妙的迟滞中缓缓而行。我和一位散步的老人交谈时，他说："牛津的居民觉得古老的就是最好的，我们对那些迅疾而剧烈的变化不感兴趣。"

无论是对知识的热爱和尊重，还是人际关系的温暖交织，抑或是风雨中对传统的坚守，都能在牛津大学的治学风气中找到相应的投射。牛津大学在这个追求效率、不甘落后的时代中描画着自己的初心，呈现出专注学术的古老大学应有的风貌，不被金钱的洪流所迷惑，不为舆论的风向而易辙，社会与学校气度的高度统一让双方糅合得更为流畅，辅承更为圆满。

五、结合新雅书院实际情况提出构想和愿景

1. 学生选拔准入制度有待优化

正如牛津大学的准入机制，我认为学生和学院之间应是双向选择的关系。一方面学生应该充分认识并理解学院的教学内容和培养方向，当确认学院的教学理念与自己的意愿高度契合后再敲定意向；学院也应该对学生个人进行合理有效的考评，以确认该生拥有适应学院学习和生活的必备素质。只有当双方的需求对接，才能在最大程度上保证学生各得其所，学院荟萃英才。

中国当下主要的考核方式是高考；除了个别试点地区之外，大部分区域的高考都是分为文理科考核的。通过高考的一系列连贯程序，可以分别得到一省之内文理两科的排名。这样的方式确实能在一定程度上选出对于文科或理科中某一科知识掌握程度好的学生，但也有其自身的缺陷性。

首先，在当下会考普遍不受重视的情况下，分文理的考核方式并不能证明该生在文理两科的知识水平。高中三年埋头苦学，学生对自己往往知之甚少，对于今后的专业方向、职业规划都处于迷茫，此时填报专业常常唯分数论。新雅书院作为热门选择自然备受青睐，由此，一群并不理解新雅书院教学理念和培养方向，也并未经过严肃和成熟思考的学生就产生了对新雅书院的向往。不禁让人忧虑：在获取足够关于新雅的信息之前就贸然作出决定是否有些草率？没有经过新雅书院的考核，这些学生又是否能适应文理通识的教育模式？

2. 新雅书院凝聚力有待提升

对牛津大学的学生而言，对于学院的身份认同是校园生活不可抹去的色彩，学院里随处可见的徽标、旗帜都体现出他们出众的凝聚力。而相比而言，新雅书院的凝聚力还有很大的进步空间。凝聚力的缺失映射出归属感的不足，硬件软件的滞后性都对此负有一定责任。

从硬件方面来说，同学院的聚集不够紧密。在人数较少的情况下，学生的分散加大了联系的难度。因十号楼北楼至今尚未投入使用，此前新雅学生混住于综合宿舍之中，周围多为其他专业的同学，与新雅同学的交流不甚紧密。加上少有强行要求选择的必修课，除了同寝室的室友，同学之间接触较少，自然难以形成凝聚力。

从软件方面来说，不完善的文体活动难以将新雅同学联系在一起。新雅的文化、体育、社团建设等，与其他专业相比都相形见绌。这其中的人数差异当然不能忽略，但同时新雅学生更倾向于加入校级社团而不愿建设新雅社团的情况也反映出当下活动建设的困境。

对此我有以下建议。

第一，大力建设独属新雅书院的文化体系。值得注意的是，这一体系的创建应该集全体师生之力而非少数代表之意，结果应被大多数的新雅成员所认同。正如牛津各学院有自己引以为傲的徽标纹章装饰物一样，新雅也应该量身定制被众多学生认可和欢迎的文化象征。第二，积极开展丰富多彩的文体活动，避免出现虎头蛇尾或雷声大雨点小的情况，不做表面功夫、面子工程等，切实让新雅成员投身其中。新雅的行政部门或许可以给予帮助并进行监督。第三，教授、辅导员定期安排座谈，或者建设专属新雅的开放日。尽管较小的师生比让建立以周为单位的一对一的导师制非常困难，但是在饭点或者假期，老师抽出半个到一个小时的时间与学生进行交流应该会是一件切实可行并且行之有效的事情。师生关系的密切对于紧密学生和学院的联系的作用是不可小觑的。第四，扩大开设高质量的、独属新雅的必修课。

3. 开课门类或可增加

相比北京大学的元培学院，新雅书院的课程选择显得有些受限。既然大学是鼓励学生自由学习自己所热爱之处，那么它所给予的选项就应尽可能地丰富和广博。为此，新雅书院，乃至清华大学，在课程种类上应下更多功夫。

牛津大学博雅教育理念考察与探究

崔琢宜（智能工程与创意设计方向）

  牛津大学的导师制一向被誉为"牛津皇冠上最耀眼的宝石"，这个教育制度被奉行了数百年，并一直为牛津的师生引以为豪。这种制度自创立以来就十分强调教职人员对学生人格与心智成长的重要责任；演化发展至今，导师制依然在以强力的督促、监管和指导确保所有学生独立思考、批判和表达的能力都能够得到训练和提升。牛津大学围绕导师制及与其密切相关的学院制度孕育出一种全然不同于职业培训的"专业"的学术环境，这种专业针对性的教学课程虽看似不同于博雅教育中追求的思考批判的"广泛性"，但却从未偏离其教育核心。本文通过本次访学活动的所见所闻，从牛津大学的导师制度出发，更深入探究其与博雅教育之间的密切关联，并进一步展开分析牛津大学在专业教育的传统和主要导向下，对博雅教育理念的践行和呈现。

一、个体：从导师制到博雅教育

  本学期对高等教育的理论性研究过程中，读过的诸如《大学的理论》《哈佛通识教育红皮书》《优秀的绵羊》等论著和书籍都曾强调"博雅教育"或"自由教育"（liberal education）最终极的目标是培养"完整"的人格和心智——让学生拥有诸如自由、公平、冷静、温和、智慧[1]等特质。这些特质在高等教育中的地位和价值越来越受到广泛重视，"博雅教育"也已经成为教育界的一种模范或理想，为众多国内外大学追求。然而，在将上述人格优点和能力视为培养目标时，需要注意的是，博雅教育概念中的"自由"该如何理解、这种"自由"又是相对什么东西的禁锢而言的？

  "自由教育"在被提出时，"自由"的概念指向是古希腊的自由人。自由教育则意指这些有闲阶层所需要发展的理性、对真理的探求精神、是非真假的独立判断等，与生计和职业需求相对立。从历史普适性的角度总结，这种教育强调的是一种与职业领域无关的、广泛的思考、辨别价值、交流与辩论的能力。所以最直接的总论，是这些能力共同呈现出摆脱生计或功利的专业趋向束缚的自由。

  我们在本次牛津大学的访学与实践考察过程中，与当地学生交流时，发现他们对"博雅教育"这个概念是非常陌生的。然而，除了新学院的大卫·帕尔费曼教授在演讲中多次提到该校奉行的博雅教育理念，牛津大学的学生和校园在短短四天里展现给我们的许多性格习惯都与博雅教育密不可分。

---

[1] 约翰·亨利·纽曼.大学的理念.高师宁等译.贵阳：贵州教育出版社，2003: 106.

笔者认为，这个与中国和美国都截然不同的教育体系中培养出的学子所表现出来的最显著的特征是学术自信。无论是关于校园生活、教学体系还是学术知识，我们与牛津学生的交流经常是以这样的方式进行的：我们中的一员抛出一个问题，牛津学生立刻兴奋而积极地大谈特谈起来，五分钟或更久之后，他们才终于停顿片刻让我们有机会提出下一个问题。或许是为了缓解我们语言不熟悉而难以讲出很多内容的尴尬，也可能是源于一种十分自然的表达自我的自信，他们会主动讲述一些例子或相关内容来填补讨论中所有集体沉默的空白。比如新雅书院的一位同学向新学院的学生们提出一个问题后，这一组同学中扮演话题领导者（group leader）的同学会十分自然地将其抽象概括为一个论题，邀请不同专业的同学们进行讨论。再比如圣彼得学院的物理专业学生，在小组讨论中面对一个"量子计算机在哪些领域优势更明显"的简单问题，深入浅出地讲述了各种例子与相关的背景知识，其传达见解时表达出的热情与自信令笔者印象尤其深刻。

他们谈话交流间展现出的热情和口才表现出的是活跃而清晰的思维、优秀的表达能力，更深层次则是一种已经形成的敏捷思考和表达的自信。而笔者认为，这种自信就与牛津大学的导师制度有着十分紧密的关系。

导师制度是以这样的形式进行的：面对导师布置的任务，学生通过自主查阅资料获取所需信息，从而完成一篇论文或一套数理题目，在与导师会面时，导师充当既有建构意识的评论者的角色帮助学生对信息进行分类和准确性判别[1]，并帮助学生对自我的创见进行批判性审查和重构。

在中国，尽管大学比中学阶段设置了更多的讨论课——尤其是像新雅书院这样的文理学院特别设置的通识课程，其中学生讨论环节的密度更高——但是由于人数太多，大部分人依旧用大部分时间坐在人群中沉默不语。同时，老师或助教很难一一关照到每个讨论小组，讨论的内容经常琐碎而泛化、得不到深入的挖掘，甚至还会出现长时间的空白。

在讨论课的设置者看来，小组讨论旨在锻炼学生表达自己观点的能力和在观点相碰撞时思考、反省与辩论的能力。然而事实上，除了表达观点的能力可以在表现积极者身上得到一定的锻炼，其他能力的提高只能在一种理想化的、所有人都积极思考并辩论的情况下得到实现，而这种理想状态却其实正是训练这些能力的目标，是当下的被训练者们完全没有达到的状态。

在这一方面，导师制的优势就体现在它创造了一个比普通讨论课更加充满压力和强制力的环境，迫使学生不得不开口表达自己的观点。此外，因为学生面对的不再是同伴，而是这一领域的专家级教授，他在所表现出来的任何思考和表达方式的问题都可以被敏锐地发现并得到指正，从而达到其在这些能力上真正的进步。经过长久的强迫式的训练，这些能力最终还将会内化成为一种对一切过目或过耳的问题都往深层次思考的习惯和向他人表达自己认识思考的自信心，而不仅限于因几次公众面前的开口而收获到一些演讲的勇气。笔者认为，这也正是我们与牛津学生们在交流中最大的区别所在：我们并不比他们怯懦或不善思考，我们中从不乏踊跃者

1　大卫·帕尔费曼. 高等教育何以为"高"：牛津导师制教学反思. 冯青来译. 北京：北京大学出版社，2011: 39.

积极提出问题，但我们更少在言谈间向听众展示自己的思考认识和观点，更难在（即使）积极的讨论中展现出表达自我的热情与信心。

牛津大学的导师制向来被学者称为"镶嵌在牛津皇冠上的宝石"[1]。笔者认为这种美誉并不能被简单理解为导师制所表现出的促进独立思考和培养思辨能力的教育价值。导师制并不是一个独立于任何教育机构可以被随意取舍附着的物体，而是一种在历史和文化上都已经完全融入牛津的教育和学习理论之中的精神或思想——这才是它在牛津"皇冠"上显现出独特魅力的原因：并不仅仅因为这本身是一个能为学生能力与心智发展带来裨益的制度，更重要的是它的思想和实践已经被牛津的文化完全接受，所以牛津的学生们都会热情洋溢地讲述自己如何费尽心力在导师面前发挥更好表现；牛津的教授们会自然地将每周含有12小时一对二辅导[2]的日程安排视为完美的教学-研究平衡；牛津的学校或政府也会将年复一年的导师制度资金辅助视为财政预算中理所当然的一部分。

因此，这也就意味着，导师制度在牛津大学闪耀出的光芒并不一定能在它被移栽到其他任意一所大学上时呈现。导师制度优势的发挥受到包括资金、师资、人口、课程规划、教研平衡、师生双方讨论问题的效率与专注度等太多客观和主观的问题影响。所以导师制很大程度并不适于效仿，但导师制实现培养学生独立思考与思辨能力效果的途径却很值得借鉴。这种途径包括布置自我思想和口头表达两方面的严苛任务、强迫性而不容许躲在群众后面偷懒的能力锻炼，以及高资质教授的学术指引。

高师生比例是实现导师制度的一大必要条件，这在国内的大多数大学中都是难以达到的。然而，师生比例要求苛刻的导师制虽然是训练培养学生思辨表达能力和习惯的最直接方法，却并非唯一途径。对学校而言，如果以训练这种能力为具体目标，可以设计出许多比单纯的"小组讨论课"更加高效和充满压力的课堂或课后任务。根据半年的学习经历，笔者认为新雅书院的通识教育完成的最有成效的部分之一就是其设置的要求严格的人文核心课程。尽管许多课上因为人数问题难以实现激烈的论题讨论，但老师对课后论文观点独特性、对参考文献观点的批判、分析文本的思考深度等都有着十分严苛的要求，由此让学生在完成作业时能够强迫自己向更多的角度和更深的层次分析思考。即使相比牛津大学的导师会面，这个过程略微缺少与专家教授的互动和来自对方的学术思想启发，但却同样能够起到训练学生独立思考习惯和深入挖掘能力的效果。

而如果要真正提高学生表达观点的能力，就应该在课程中加入更多高密度的强制性口头表达的训练，例如将提交论文给老师批阅的简单方式改为朗读或复述自己的论文（就像牛津大学人文学科的学生在与导师见面时所做的那样），抑或进行限时的演讲报告，并就论文内容进行一定时间的答辩和辩论。这样，即便无法向学生提供牛津大学教育中充足的师资，也要给予足够的、伴随着反思与批判的自我表达的时间。

---

[1] 大卫·帕尔费曼. 高等教育何以为"高"：牛津导师制教学反思. 冯青来译. 北京：北京大学出版社，2011: 32.
[2] From the website of the University of Oxford.

为导师制的实行留出充足的时间，牛津大学的做法（尽管这更大程度是一种传统习惯而并不以其为主要目的）是缩减课程数量。这是中国与英美大学课程设置上的一大区别，也是笔者认为可以进行一定改革的部分。牛津大学、芝加哥大学等许多英美大学的人文类课程都是以学年为周期，而国内大部分高校的课程则以学期为周期。笔者认为，将新雅书院人文核心课这样的以能力培养为核心的课程的周期延长至一年，其实可以放缓课程节奏，引导学生将一些论题向更深层次挖掘，同时也可以有更多时间实现上文提出的表达观点与学术辩论的训练。另一方面，作为旨在训练能力而非传授知识的课程，因周期短而得以让学生接触到更多方向和领域的知识的优势并不明显；课程周期的规划更应该针对能力培养而非知识灌输的效果。

结合导师制的特点与优势，笔者认为，如果从更具体和全面的角度来总结，虽然批判性的思考与辨识以及论证表达能力是博雅教育的培养目标，但其名称中所包含的"自由"一词才是它的核心和根本所在。博雅教育中的"自由"概念应该被理解为一种对个体意义的关注与弘扬：无论是从学生自我审视的角度，抑或是从学校或教师的角度而言均为如此。对于被教育者，自由教育的目标是让他们更习惯于独立思考、批判性地审视别人的观点并积极地思考和提出自己的见解；而从教育者或课程规划者的角度来看，普遍性的知识传授或大班的分组讨论不再能被称之为课程的核心，针对学生个体的单独辅导与学术辩论则更为关键，甚至可以牺牲教授自己研究新课题的时间。

二、群体：从学院制到学科互通

与导师制相呼应的是牛津大学的学院制度。同为历史悠久的教育模式，单元化的学院为导师制的实行提供了更加便利的空间：学院在招收学生时就会依据院内可支配导师数目来拟定学生数目；且同一学院的学生和导师也能建立起超越学术本身的、更加密切的互动关系。

参观完新学院、圣彼得学院、贝利奥学院和彭布罗克学院，笔者对于新雅手册中自述的"住宿制文理书院"中的"住宿"的价值有了更深层次的理解。牛津大学的学院一定程度上很像新雅书院，在整个学校中划分出较小单位的集体可以使得学生更好地凝聚。更重要的是，无论是牛津大学的书院还是实行文理通识教育的新雅书院，其中的学生们学习不同的专业，而这种专业的分散性与多样性可以和学院本身的凝聚力与学生间的亲密关系共同构成一种广泛而密切的学术交流环境。而即使学生们并不学习对他们开放的每一个科目，由于他们生活在那些代表着整个知识范围的人中，并且在与他们相互的交流和影响中生活，他们可以在日常交往和生活中就切实感受到学科之间的联系。这种学科通融的环境同样能为他们带来跨学科的通识课所能带来的好处——注意到知识恰恰是通识课程众多裨益中最为表层的东西——这正是被视为一个教育场所的普遍全面的学术机构之长处所在[1]。

而与国内大学中的"系"或"班级"这样的小集体最为不同的是，牛津大学的每一所学院都拥有各自的四方形院落和学院建筑，作为一种独特而具象的外在形象，是整个学院师生凝聚

---

1 约翰·亨利·纽曼.大学的理念.高师宁等译.贵阳：贵州教育出版社，2003: 105.

力和归属感的载体。学院常常修建成"四合院"的模式，四面密闭的空间加强了学院内部的亲密感；而楼与楼相对，呈现出一种相互交流的自然状态。拥有一个共同生活、学习的楼群和院落能够大大加强一个抽象定义的集体中成员对自己归属感的切实体验；而更重要的是，这些学院建筑群都带有着独特的建筑风格，这种建筑上的特色大多带有很强的时代痕迹，但直至今日仍可以内化为一种独特的精神和情感。例如，新学院的组合建筑群具有明显的哥特式风格，楼房高大且完全四合；彭布罗克学院的建筑更为简洁现代，院落的开阔性更强；圣玛格丽特夫人学堂体现出新乔治时期的建筑风格，有着红砖墙和封闭的长廊[1]。

值得注意的是，这种由实体的建筑群具象化并加强的归属感在这里有着比它本身更为重要的意义：正是学院内部的归属感和凝聚力作为勾连起学习不同专业、从事不同事务的学生们的最密切联系，而正是这种联系保障着学院内部通过学生互动的跨学科学术交流和学科通融发挥最好的效果。

三、课程：从专业化到博雅教育

我们此次牛津访学的另一大发现是，从牛津大学乃至整个英国的高等教育和大学预备教育，几乎完全指向学生专业：英国学生从高中起便选好三到四门专业相关课程进行学习，大学的课程大纲里更是只包含本专业课程，不必学习其他专业的知识，也没有美国大学通识教育系统中常见的综合性的通识课或核心课。例如访学过程中与我们交流过的学习外语或历史的同学自从高中起就再也没有上过数学课。

对此，大卫·帕尔费曼教授在给新雅师生的关于牛津大学导师制的讲座中曾经提到，不同于美国许多大学要求学生选修与自己专业完全无关的领域的课程（比如物理系学生学法语或文学系学生学数学）这种在形式上更为"通识"的做法，牛津大学仍然采用专业针对性的课程安排，但事实上，它是在用一种"博雅"的方式进行教育（他的原文是"in a liberal way"）。

帕尔费曼教授并没有对自己提出的"博雅方式"这一抽象概念进行特别的解释，但是他一定程度上在暗示这种博雅的体现与他此次演讲的核心——导师制有着密不可分的联系。通识教育或博雅教育的核心都在于教育者对学生思考问题方式上的影响，而导师制正是培养思辨能力最有效的办法。而对于常规意义上对"专"的抵制和对"通"的弘扬的本质意义在于注意到各个学科的共同和不同的思维方式之间的联系和其中的价值，从而通过培养学生掌握不同学科的基本思辨能力，让他们学会将这种联系运用于生活或专业研究的各种思考过程中。

笔者认为，牛津大学完全专业导向的课程设置源于两点：一是英国高等教育模式的历史传统；二是经过对通识课与导师制的优势大小的权衡，认为需要后者的价值更为本质，所以需要为其节省出更多的人力与时间。牛津大学以"专"的极端形式对通识教育的实践也暗示着"通识"的本质与课程覆盖领域的宽窄无关。它其实更偏向于抽象和无形的能力和心智影响，而非实质性的课程大纲；而如果从可观的角度来探查，"通识"则落脚于教育的结果而非手段，即

---

1 Prest, J. *The Illustrated History of Oxford University*. Oxford: Oxford University Press, 1993: 114.

这种教育培养出的学生应该具有适用于多领域的思辨能力，无论他是否受过这么多领域的专业训练。可以认为，牛津大学的专业化课程设置是"博雅教育导向"的一种方案。

事实上，牛津大学在许多方面也体现出了它对于学科通融的重视。例如关于毕业后的就业问题，牛津大学在进行宣传时着重强调的不是高就业率，而是宽广自由的行业选择。其官网上多次强调：无论学生的专业是什么，他的就业选择是丰富的，因为他们拥有着适用于多领域（transferable）的技能[1]。例如，化学专业的学生除了继续本学科的学术研究，还会进入到出版、营销、银行、工业、信息技术、法律等各个行业工作[2]；古典学的学生的工作领域则包括软件开发、电影制作、导演、顾问、管理、医学等等[3]。

本次访学过程中许多学习法语、西班牙语、历史、物理等专业的学生都在交谈中提到，这些专业的很多学生其实都到了金融管理行业工作。相比于学生的专业技能，公司在录取时更加关注更为普适和通用的能力与技能，包括自学、时间管理、独立思考的能力和交流观点的技巧；而这正是他们在大量的阅读写作任务、需要自学和自行查阅文献的导师布置任务、严格高压力的导师谈话、学术思辨训练中得到充分培养和提高的。

同样值得注意的是，尽管牛津大学并不为学生额外设置类似于美国大学课程体系中的通识课或核心课，也不要求学生选择自己专业以外领域的课程，然而其专业设置中充满了学科交叉：包括历史与英文（H&E）、历史与经济学（HECO）、现代外语与语言学（MLL）、政治经济与哲学（PPE）、计算机科学与哲学（CSP）、心理学哲学与语言学等等（PPL）[4]。这些交叉专业中许多都并非简单地将两个常规意义上相关或相近的领域拼凑在一起（比如英文与文学、经济与管理），而是开创性地建立起了一些看似相去甚远的学科之间的关系。

例如对于计算机科学与哲学，许多人根据常规经验和标签式的理解，都只会将它们视为分属理工和文科的两个风马牛不相及的学科；而牛津大学却强调了两者对信息处理、逻辑、演算、语言、模型等多个领域的共同关注。而除了思考和解决问题上的共性，更为重要的是，这两个学科非交叠部分的知识与思维方式能够彼此激发和促进，例如哲学学习培养的逻辑严谨性和对知识的本源和基础的追思、人工智能飞速发展背景下的伦理问题、计算机科学对新时代下哲学思想发展的重要意义以及两学科不同角度的创造性思维的互相激发。

哈佛校长路易斯曾经批判美国大学的课程设计"无非就是一系列互不关联的单个科目拼凑而成"[5]，这句批评实际上指出了美国通识教育实施的一大难点：设置多领域的通识课的同时还需要特别关注到这些课程之间的联系；单纯的多学科课程的叠加只能在学生的头脑中堆积来自多个领域的知识，而难以达到通识教育培养多角度思维方式和思辨能力的初衷。这一难题在英国截然不同的教育系统中得到了解决。牛津大学丰富而科学的跨学科专业把握的正是通识教育

---

1 From the website of the University of Oxford.
2 From the website of the University of Oxford.
3 From the website of the University of Oxford.
4 From the website of the University of Oxford.
5 德雷谢维奇. 优秀的绵羊. 林杰译. 北京：九州出版社，2016: 53.

实施其"通"的特点时所需重视的学科关联问题。这种方式防止了多而杂的科目让学生只专注于获取知识、难以捕捉学科之间的联系而浪费时间。它所能做到的是，在培养学生在两个或三个不同学科领域中的专业技能和所需的思维方式与习惯的同时，可以用整个本科教育的三到四年时间让学生自己打破学科之间的界限，从思维习惯上将它们完全贯通，并建立一种以更高更多维度考察学科研究的新视野。

所以如果将博雅教育分为两部分的能力培养：表达能力和批判思考习惯，以及多学科的交融互通的思考与判断能力。对于前者，牛津大学用导师制的强制任务、会谈和不给任何偷懒机会的严格监督来实现；而对于后者，牛津大学尽管显然没有予以对前者同等的重视——因为整体的课程设置完全针对专业，并且并没有建议学生们都选择交叉专业——但是从交叉专业的设置来看，其对学科之间联系和如何运用这种联系的把控是成功的。

传统与骄傲

张竞衔（政治学、经济学与哲学专业）

以德国研究型大学为起源，现代大学存在至今不过一百余年，但举世闻名的牛津大学却以自己八百年的历史传统引以为傲。如我于牛津所见，它从不以自己的现代自居，而是以自己的传统为傲。由院际组织方式乃至院内学生共同体，无一不体现出牛津八百年传统的延续与他们对自身传统的骄傲。

一、"传统"与"现代"

人类社会的变迁被普遍的理解为从传统到现代的进程。在这幅图画中，社会形态的脚步只存在于从传统到现代之间，而传统与现代被视为截然对立的二分关系。自五四以来，一部分知识分子穷心竭力地呼吁根除传统以追求现代化，于其看来，传统与现代水火不容，传统似乎成为现代化的最大阻碍。但在牛津与伦敦，我看到了传统与现代之间的另一种关系，他们并非水火不容甚至并非泾渭分明。

将伦敦城一分为二的是泰晤士河，在泰晤士河的两边有着两个不同的伦敦。明显可见，泰晤士河的一旁高楼林立，分布着不胜枚举的CBD，从其中亦能看出整齐划一的理性规划，一眼望去这个伦敦与中国的一线城市毫无差别。若将目光转至泰晤士河的另一旁，巍峨的皇宫与大本钟矗立眼前，从中甚至依旧能够看出昔日日不落帝国的盛气凌人，有一种"英气逼人"之感。站在伦敦之眼上，我同陪同的服务员交流说到泰晤士河的两岸好似两个全然不同的城市，服务员对我说高楼林立的一侧却无可看之处，真正值得观看的还是另一侧的伦敦，那才是他们引以为傲的传统。

在传统与现代之间，英国造出了一座座双向的桥。传统与现代并非水火不容而是相辅相成，在伦敦传统与现代之关系或是传统为体，现代为用，如此关系在牛津郡中有着更为明显之体现。

牛津大学分布于牛津郡之中。若与中国行政划分相类比，牛津郡不像一个市而更像一个县。牛津郡并没有很复杂的街道，它的主干道不过三四条。在牛津的"核心区"之中，分布在街道两旁的是一座座古朴的建筑，每个建筑似乎都能够讲述它几百年的风雨历程。在建筑之中有各式各样的商店、餐厅也有法院、警局等行政机构，当然也有着使牛津于全世界广负盛名的各个学院。各个学院混融于牛津郡之中各个店铺与居民区之间，各个学院有自己的大门与门牌。大门内部，各个学院建筑大体相仿又各有特色。在建筑之内，各个学院有自己的学生，学生又研修着各不相同的专业。各个学院基本独立地满足了学生的学习与生活需求，独立招生、独立管理，好似各个学院各自为政一般。各学院之间学生的联系，好似我们校际联系一般，整个牛津郡亦好似我们的大学城一样，只是我们大学城并没有一个共同的名称亦无举世闻名的名声，但牛津郡却因牛津大学的存在而声名远扬。初到牛津，困扰我的第一个问题即为牛津大学是否存在？它的存在好似与我们所谓现代大学有所不同。

牛津大学可被视为一个各自独立学院联合而成的松散共同体，若将之与美国联邦制政府相对比或可理解其存在方式，各个学院好似各个联邦，牛津大学则好似联邦政府。各个学院与作为中央管理系统的大学有各自的分工，作为中央管理系统的大学仅具有各个学院独立无法满足的功能，其余工作则由学院各自承担。如此组织方式与我们所谓现代大学之中理性化科层制确实不同，在这样的组织与分工方式之中传统为体、现代为用的传统－现代关系昭然若揭。由分工方式来看，各个学院承担了学生学习生活的很大部分，学生生活于学院之中。牛津各个学院建立时间早晚并不相同但都有着超过百年的历史，学院从未间断地延续着各自学院上百年的传统，生活于学院之中的学生即为传统之继承者。学生生活于延续百年的教室之中，看着上百年来学院之中优秀人物之画像，享受着延续百年的导师制，真正地成为传统的继承者。传统构成了他们生活之基础。

牛津的学生生活于各个充满传统的学院之中，各个学院有着并非全然相同的传统同时也有着各有特色的建筑，但各有不同的建筑之间又有着其相似性。如我所见，各个学院建筑最普遍的共同点就是迷你。此外，各个学院建筑布局大致相同。在不大的面积内，各个学院有自己的教学楼、学生与老师同住的宿舍、餐厅与小广场，此外学院再无其余空地，体育场等功能设施则安置在学院之外。迷你的学院内确实安放不下庞大的实验器材，实验器材价格昂贵但又为理工科学生必需。在此"中央"与"地方"关系尤为凸显，因每个学院不具备配齐所有实验器材的条件而学生又必须使用，所以提供实验场地与实验器材的功能就被转移至大学的身上。牛津大学有着化学、物理各个专业院系，各个院系主要负责提供各项实验支持，各个学院之中需要运用实验器材的同学共同使用由大学提供的资源。这些器材并非安放在任何一个学院之中，而是由大学统一出资，在牛津郡之中修建一座独立的建筑用以满足学院无法独立承担的学生需求。在院际组织方式与学院－大学分工方式之中，传统为体、现代为用的传统－现代关系昭然若揭。

二、骄傲的传统

传统为体，现代为用。现代功能更多地由大学承担，而传统功能则更多地由附着于学院之内。学院之内的传统是骄傲的，骄傲之意即为学院之中的人引以为豪；又有传统本身的骄傲，延续百年的传统仍骄傲地活跃于学院之中。活跃的传统首先体现于学院的建筑之中。各个学院之中的建筑融为一体且都有很长的历史，即使新建的楼房与原建筑也毫无违和。在建筑之内，学院之中的传统则更为活跃与骄傲。于我看来，最为明显且延续的最完整的莫过于各个学院的餐厅与教堂。

各个学院有自己的餐厅，餐厅亦是使各个学院成为独立单位的重要部分。各个学院的餐厅有大致相似的风格，均为木质长桌，装修均极为精致，但各个学院餐厅之间又有其差异，最明显的差异即在于餐厅墙壁上所挂的画像。学院餐厅所挂的画像是学院自建院以来出现的优秀人物的画像，是学院亦是学院之中同学的骄傲所在。

餐厅最基本的功能是提供饮食保障，学院的餐厅则承担着更多的功能，它是学院之中同学社交的场所由此成为形成学院共同体的重要阵地。在餐厅之中，英式礼仪展现得淋漓尽致，即使在不是正餐的平时吃饭之中亦是如此。礼仪被视为使人成为"人"的重要标志，同时亦成为学院培养要求之重要部分。学院并非在培养技工而是在使人之成为"人"。

餐厅之中的礼仪源远流长，有着极其深厚的传统，如此传统从古至今并未改变，现在仍无时无刻不活跃于学院学生的生活之中，学生成为传统的继承人，传统是活跃而骄傲的，学生亦以此骄傲的传统为自豪。无论学生、老师均将在餐厅之中的饮食视为学习生活之重要部分，而不将繁杂的晚餐流程视为一种累赘。

在餐厅之外，教堂亦是学院之中继承传统之重要场所。每个学院无论大小，均有其自己的教堂，教堂之中有其独立的活动。

我们参加了牛津大学新学院教堂之中的晚唱，学院并不要求学生全员参加，但教堂之中已基本坐满。自己并非基督徒，因不礼貌故难以询问周围人是否有此信仰。即使作为一个中立者，当听到教堂之中的晚唱之时亦感受了自己与集体的融合，人貌似融于集体之中，形成涂尔干所描述的集体欢腾。涂尔干笔下的"原始人"在欢腾感受狂欢，受到异常力量驱使他认为他已不再是自己，那时他们去除了自身所有等级因素，个人全然融于集体之中，他们认为自己进入了一个与日常生活凡俗世界相对的神圣世界。在晚唱仪式之中，即使不是基督徒，也感受了自身融于集体，使自己成为自己的等级因素亦随之消失，自己融入集体之中。如此在"原始人"之中诞生了宗教观念，在学院之中则诞生了共同体的观念，由此形成学院共同体。

在学院之中，传统是活跃而骄傲的，传统成为各个学院之根本。学院之中的学生共同继承了学院骄傲的传统而形成对学院的共同认同，从而形成了基于共同骄傲情感的学院共同体。传统是骄傲的，骄傲的传统又带来了学生之共同自豪情感，为牛津享誉世界奠定了最为根本的基础。

在新学院的一次午餐时，我有幸坐在新学院某位教授的一侧。吃饭之中与他谈及学院之中的传统问题，他表示出对自己传统之欣赏。当谈及传统与现代之关系问题，尤其是传统－现代关系于中英两国之不同表现时，我说为何中国传统有些被摒弃而英式传统仍可源远流长，他给了我一个思考进路即为战争。英国的现代化基于传统之上，传统是现代之根故有传统为体、现代为用之传统－现代关系。英国基于传统成为现代化的先发国家。中国的现代化来自于外来侵略之压力，为应对压力，一大批人选择了破除传统之方法，除去根基而带来西方式的现代化。

至今，当外来压力已不存在，已不再是被侵略者之时，若欲向前一步，传统－现代关系究竟该何去何从？尤其是在大学之中，处于传统与现代之间的中国大学究竟应该是怎样？我想本次牛津大学的考察之旅给了我思考此问题丰富的知识资源，牛津大学与英国或许能成为我们反思的重要对象。

九天与四百年

樊子懿（法学专业）

飞机在夜色中高速飞行，窗外漆黑一片。早早地掠过英国的土地，一路向东出发。我依旧感觉很魔幻，抵达不过九天，现在又是一个匆匆的旅人，与黑夜打上照面。惊讶之余不禁回想起了一周以来的种种，心中不免开始伤感。于是让自己冷静下来，不被内心中的情感所困扰，思索着这几天的所见所闻，大致总结为以下几点。

一、对待文化的态度

1. 对待各种外来文化的表面

初抵达希思罗机场，我最为震惊的就是这里的文化包容度。即便是我们习惯将北京称为国际化大都市，其包容程度仍旧难以与伦敦相比。这并没有什么让人感到惭愧的，毕竟所有的包容与开放都是需要时间与实力的。对于我们而言，更重要的并非感慨于这种氛围，而应当看到这种现象的实质。

在英国的时候，我是被这种文化包容所感动的。不同的文化交融碰撞，这并不仅仅表现在不同肤色的人在街上的相遇，也不表现在各种民族的菜单上有着别具民族特色的名字（尽管这经常让不了解的人感到十分困惑），或者是中餐馆中满座的英国人，更不表现在列车在某些站的"贴心"中文与阿拉伯文报站，而更在于人们表现出的对于各种文化背景的人的包容，以及对不同文化所表现出的浓厚的兴趣。

之前曾经与同学打趣，说外国人一般都会说三句中文，"你好""谢谢"和"恭喜发财"。这似乎并不仅仅是一个玩笑，而我后来也发现他们对于许多民族的语言或多或少地，或者说恰到好处地掌握着几句，以便在与其他民族的人交流时能够为他们提供一丝亲切感。这诚然非常奏效，在异乡的药店里听到"谢谢"让我着实惊喜了一把。

其实反观英语，其中也融入了太多的外来语，并且语种比较丰富。无论是从语法还是从拼写，据统计外来语大约占总词汇的 80% 左右。我所去的伦敦大剧院 London Coliseum，从词语的构成上来看就是一个很典型的法语单词。类似的还有 entrepreneur, genre, croissants 等，即使英语中并没有接受法语的发音，它仍然保留了法语读音的拼写方式，即便这与英语的发音习惯并不相符。也许说英语的人也并不明晰自己的语言从何而来，他们的包容却源远流长地从古英语漂流到现代，成为文化的一个烙印（显然对于中文而言也是同样的道理）。

人们对于外来文化的关系也是无与伦比的——我们经常会遇到对中国文化极其好奇的人。在我的室友送出一个写着"上善若水"的书签之后，一位服务员饶有兴趣地追问这几个字分别是什么意思，并在一张点单纸上认真地记了下来。即便我们可以认为这是他的礼貌使然，但也足以让我们感受到诚意满满。学院午餐时坐在对面的比利时同学好奇地询问我演讲中所提到的北京划片入小学中学的问题，显然他对于我的国家的关注点已经从饮食语言这种相对浅层次的内容提升到对于政策、教育等核心发展关注点的关心上。在感慨之余也有些畏惧，因为相比于他们而言，我们显得更为被动而羞涩，也更难以主动去从言语中获得原先所难以获得的知识和信息。

2. 对待各种外来文化的实质

但这一切就是英国人普遍对于外来文化的态度吗？反观其殖民史，我们应当能够联想到这背后的原因。在大学学院同一位学长吃饭时，他提到，英国文化的塑造与殖民史有着莫大的关系。从国土、战略、经济，再到民众的思维，实际上仍或多或少延续着先前的思路。当我们仔细想时，便能发现其中有很多刻板印象，如质疑中国大多数民众的思维仍旧停在1950年前后水平，对于中国人的印象仍旧是吵闹扎堆和有钱，这些都是我在出国前猜测到却没想到存在如此广泛的现象，这甚至就面对面地发生在我们的交流中。让我很无奈的同时，也感受到所谓话语权的掌握是多么的重要。

这不由得让我想起了有关爱德华萨义德的《东方学》，他的后殖民文化研究更多的还是从西方的角度来定义东方。我依稀记得某位老师在讲这个问题时说，也许我们从来不认为印度、泰国或是中东地区与我们一样属于东方，但在西方的视角里，与他们不同的统统被划分到一个群体里去，一个他们认为亟需由他们的价值观拯救的群体。对于这些人，无论他们是有意的还是无意的，总归会用一种不信任或是怜悯的眼光去看待。我们常常说，人们总是看到自己想要看的，而忽略自己真正要看到的东西。我想这样的描述，用来放在西方人的身上非常合适。他们感受到了这些民族的变化，一方面却又很难说服自己去接受这样的事实。他们所用以谴责这些国家为了自身复兴而采用的方法，事实上自己早些年曾经变本加厉地实施过。

3. 对待本民族文化的骄傲

我对国际关系并不了解，因此不能妄加评论，但我觉得这同伯罗奔尼撒战争史中修昔底德指出的第三个要素——荣誉，有着非常大的关系。这就说到英国人乃至西方人对待文化的态度的第三个方面，也就是对待本民族文化的骄傲上来。

在来之前，我曾经对从人类学角度上理解东西方人类文明的差异这一讲非常关注。首先我很好奇从人类学角度是怎么看这个问题的；其次，作为一个西方人口中的"东方人"，我非常好奇从西方人的视角来看我本已熟悉的文化会是什么样的。实际上，听完讲座后，我不得不承认自己确实有些失望。这位女勋爵，无论她自己有没有感受到，都是在用一种很骄傲的口吻在描述两方面的差异。民主与专制，正如几千年前的希腊人所面临的困境一样，并不是绝对的是非之分，他们的产生也更多有巧合的因素重叠，绝非地理因素所描述的那么简单浅显。如果人类社会真当像游戏一般，几个因素的简单堆叠就产生出具有决定性的影响，这世界上的许多事情原本就不应当有如此复杂。

不论是在布伦海姆宫，还是在大英博物馆，都能感受到一种民族自豪感。我们笑称，布伦海姆战役是"打赢一次法国，吹了四百年"。一个那样富丽堂皇的宫殿，仅仅是一次战役的赏赐。甚至它也间接导致了一个家庭的兴旺发达，渐至最后改变了英国在"二战"时期的命运。这也是英国人骄傲的另一个来源。

英国人大概是在记忆中保留了四百年前的光荣，而有意无意地忽略掉光荣背后的黑暗。殖民的黑暗对于他们而言似乎并不存于民族的历史中。在短短几日的接触中，我身边的人们似乎都很热心地在向我介绍他们的国家、他们的文化、他们的科技、他们的生活，这固然很好，但似乎总是喜欢反问我一句，"在你的国家也有这些吗？"这样的问题多半让我有些不知所措。我反思也许我的民族是一个总在自我反省的民族，同时即便许多人不愿承认，我们仍然深深受到从古时传来的中庸文化的支配，也许在很多时候习惯于发现自身民族的问题和不足，而并不刻意强调民族的伟大和光荣（官方宣传需要除外）。这与英国的思维方式从一开始就是并不一样的。

我并不认为这些现象是我们要去比较的内容，而更多的是从表面现象看到本质的思维方式的不同。同时，在交往的时候不卑不亢的情感来源，正是我们已经洞悉了他们发问的本质和落脚点。这是非常重要的一点。

二、对于中英两国教育的不同理解

1. 对于清华大学与牛津大学的不同理解

惭愧地说，我对于两边的了解都不算非常深刻，便只能从一些比较表面的内容去理解。最大的不同便是学校结构的不同。清华是比较传统的学校-院系式管理方式，而牛津则是将学术和生活拆分成两条线去处理，学术的部分也是传统的管理方式，而生活则是学校-学院的管理方式。这既是历史的最终结果，也有一定的道理。它所达到的效果也许同我所在的新雅书院有异曲同工之妙。在学术上有自己的交流伙伴，在生活中，也能和各式各样的人打上照面，而不仅仅是囿于自己的一方天地，避免缺乏与其他人交流的能力。

牛津的校园与清华的校园也有极大的不同，清华所有的教学楼几乎集中在某一个区域，牛津大学更像是为一个小镇而生。我们很难想象镇上的某个非常美丽的建筑会是牛津的考试中心。一方面，各院系的联系更加松散，而另一方面，则是学院式的生活占了上风。每一个院系更像是移动的车站，而其每日的终点还是会落脚到学院的生活中去。这一点与清华也是有极其大的不同。我想这可能各有千秋，各有其产生的原因，也是因此，我们才需要来到这里去探寻究竟。

2. 对于中英两国通识教育的不同理解

这是本次来到英国访学的最大原因。我本以为在讲座中能够理解通识教育的不同，但讲座还是略微客套了一些，讨论仍旧浮于表面。事实上，更多的理解还是来自于在校园中走走停停的观察，以及与同学们的交流。

从起源上来说，中国的通识教育起步较晚，更多还是向美国学习的成果。因而无论是从课程设置还是初衷上，都更偏向于美国式的通识教育。课程设置即人文和自然方面的通识教育为主，专业教育是次之的内容。正如哈佛红皮书中所言，通识教育是一个追求"完整性"的过程。这个完整性，既体现在所传授知识的完整性，即目标的精准和所谓的广度上，更体现在人格和对世界认识的完整上。

然而，即便美国的通识的教育是从大西洋彼岸的英国漂洋过海而来，英国作为所谓博雅教育的起源，表现出了非常大的不同。事实上，每一个我接触到的牛津同学都会毫不犹豫地告诉我们，他们绝对实行的是应试教育，他们的生活是为了更好地考试。物理系的同学将被专业课占去一大半的生活。法律等在美国并不开放给本科生的学科，在英国也是大量本科生争相选读的科目。

我记得在新学院的那次讲座中，教授似乎对于美国式的通识教育非常不以为然。在他看来，通识教育绝不是说对于文理学科都有广泛的涉及，而是更要注意其背后的联系。正如他所指出的，"通识教育并不是要逼迫工程师去阅读莎士比亚，也并不是逼迫文学院的学生去计算微积分。"我们对于事实和知识的追求，远远超过了我们对于真理和思考的追求。并不是说要将这两者撕裂开来看，而只是说专业性和通识广博并不冲突，因为它们所共享的是同一套思维方式，也就是我们平时常常说到的批判性思维等等。通识教育中最为困难的，正是将这种思维传递给学生，因而充满了挑战性和诱惑力。在这一点上，二者倒是殊途同归。

当然相同的是，通识教育无论在何处仍然没有可能，也暂时没有必要推广到全社会的各个角落。

三、各次活动总结

以上是对于英国生活的一些随笔，下面将进入到这次的主要内容中，也就是对于每一次演讲和参观的总结。

1. 贝奥武夫讲座

作为这次来牛津访学的第一站，我对于这次讲座自是充满了期待。而这也是我认为是我听过的讲座中最好的一次。

寒暄过后，教授随即大声朗诵了贝奥武夫中的诗句。古英语比现代英语，多了许多浊音，听起来更加具有沧桑的勇武。这也是那个古老而神秘的时代在我心中留下的一抹剪影和幻想。随着他的讲解，我逐渐发现这段史诗仍然谈到的是何而为人的问题。教授，或者是他口中流出的诗句不断地抛出一个又一个问题：若人杀害了怪物，人又同怪物有什么区别？对于格伦达尔这个半人半鬼的怪物，在四重错综复杂的语义纠纷中应当如何理解他？贝奥武夫是否被荣誉和骄傲改变，成为面目可憎的人？这一切的问句，让我的思绪不由得回到了古希腊课堂上曾经出现过的一位人物身上——赫克托尔。

仔细回忆，赫克托尔在特洛伊之战之前与安德罗马克分别的那一幕成为《伊利亚特》中最温柔的一抹色彩。而战争最终将他变成了一个杀人嗜血的凶器，他也被自己的胜利冲昏了头脑，忘记了人与神的界限，狂妄自大，最终屈辱死去。人的本性总是不变的。正如古英语中man所代表的人类的邪恶和god所代表的圣主的伟大。人是有本身的罪恶的。即便是在我们现在看来野蛮的盎格鲁－撒克逊人也是如此看的。这样的一致性确实是一个值得深思的问题。

2. 丘吉尔庄园

飘雪的丘吉尔庄园是一片宁静的黄色。租了一个语音导览器后，我们开始探索这座历史悠久而又影响深远的庄园。300年，它曾串联起大英帝国最光辉荣耀的时刻和最黑暗畏惧的时刻。300年前，马尔博勒伯爵在布伦海姆打赢了关键性的"一战"，在此兴建自己的宅邸，让家族茁壮地发展；300年后，在这座庄园的衣帽间里碰巧诞生的富有洞察力和魄力的丘吉尔拯救了这个在阴影之下的国家，却也见证了大英帝国的土崩瓦解。英国人如此重视这样一座私人庄园，大约也因为它是整个大英帝国的缩影。

宫殿本身的富丽堂皇令人惊叹，但最让我印象深刻的还是一代代富有个性的伯爵夫人。力主家政、节俭如铁公鸡的第一代公爵夫人，身高傲人的美国富家女第九代公爵夫人，以及出现在那一墙的油画上的女人们，她们给那个时代独属男人的政治世界添上了一抹女人的色彩。

长形图书室和它尽头的风琴，既因为藏书丰富而闻名，也因为它在历史上的特殊使命而更加具有人情味。在"一战"时期，这里安顿了许多中学的男孩子。曾经的庄园成为孩子们的避难所，曾经的阶级在人与人的大灾大难面前暂时地消融了。我想象着正当青年的男孩子们在这间过于宽大的房间中奔跑，汲取着困难年代少有的安宁，便更加肃然起敬。

除此之外，人们的礼貌和友善也令人印象深刻。我走进每一间房间，都有老妇人认真地告诉我应当听导览器的哪一部分，那温柔有礼的"Should you……"开头的话语，和你调整正确后的点头与微笑，都让人感到庄重和温暖。这也许是她们生活中的习惯，却也因为这种习惯而让人与人之间的关系变得更加柔软。

3. 新学院教授致辞

这个讲座在上文对于通识教育的讨论中已经有所阐释，就不再多说了。

4. 演讲与交流

因为有这个演讲，英国之行的前半程都是在一种压抑的不安中度过的。一方面，觉得自己已经为这个演讲做了许多，一方面又觉得涉猎仍然太浅，实在不是一个新雅学生应该做出的展示，为此惶惶不安。我本身想做的是一个更加贴近于国家现实状况的演讲，与通识教育本无太大关系，却因为偶然间发现中国的文盲率这几年来一直有小幅增长而变得畏手畏脚（虽然这其中有许多统计学上的问题可以商讨），觉得"家丑不能外扬"，对于自己这种片面选取对自己有利的证据说明问题的做法十分不以为然的同时，又觉得在国外大约是一种另外的状况。

好在五秒的大脑空白过去得很快。恢复冷静后重新找回了自己的语言，虽然眼神不敢离开自己的讲稿，但也尽力去互动了。期间穿插了一些中国的实际例子，比如前几天朋友圈刷屏的成都七中"一块屏幕改变世界"的案例。我想这可能是跨文化交流中人们更加关注的一点。对于 ppt 上展示的数据心中其实是忐忑的。作为客观的数据它们并不全部是一路高歌猛进向好发展的。好在这一点也被大家宽容接受了。经此一试，我愈发觉得在跨文化交流中保持一颗平和的心态才是最重要的。对方并不总是抱着敌意或者故意找茬的态度在聆听我们的文化的声音，这更应当是一个客观的过程。

5. 午餐晚餐

给我印象最深刻的午餐莫过于演讲结束后的那一顿。我对面的布鲁塞尔同学非常关心中国的教育现状，涉及层面之广让我自愧不如。他兴致勃勃地询问我演讲中提到的北京中小学划片入学的问题。在我尽力向他解释这个模式的操作方式和我之所以不认同的原因之后，他表示他认为这样是比较公平的，又进一步问我如果我觉得不公平是在哪一方面，问我觉得这样的模式是不是抑制了孩子们过早地学习功利学科。在与他的讨论中，我不断反思自己的片面观点，也许先前我对这个问题的思考还是有了很多自己先入为主的色彩。为了辩驳他的观点，我不得不为自己的观点寻找更有力的立足点。讨论结束后，我盘中的意大利面还几乎没有动过。但这竟是我觉得吃的最快乐的一顿午餐。

唯一的一次正式晚宴也是全新的体验。虽然说是"正式"，但交谈仍然是被允许的。在教授的拉丁语祝词后，极致漫长的晚餐开始了。也许食物本身并不重要，整个学院坐在一起的气氛才是真正的重点。

6. 莫顿学院的生活

这个关于学院生活的讲座看上去与我们十分有关系。我依稀记得她在回答某位同学的问题时说道，其实每个大学生的生活都是在"校园里活着"，大概意思是也许我们之间的差别并没有那么大。对于学院之间的关系，这位老师的描述很有意思，大概就是学院提供的是让学习不同专业的人能够在一个集体里相互磨合，至于这每一个小圈子互相的关系，实际上并没有外界所猜测的那样复杂，大约只是因为都很优秀而有些微妙吧。人们现在越来越强调所谓"融合"，不同背景的人如何走到一起，是一个很大的命题，也是现在公认的重要的能力。这一点上我想新雅倒是并不亚于其他大学，只是也许更多的人还是愿意待在自己的舒适圈中，重复着固定的思维。如何去激发这种接纳不同，主动向不同伸出友好的手可能是更为重要的刺激点。

7. 参观博物馆

在阿什莫林博物馆中慢慢走着，总是有时空交错的不真实感。时而存在于古风时期的希腊，时而又穿梭到洛可可时期的西方世界，还有远离东西之争、似乎存在于虚空之中的神秘埃及文化。一个牛津郡的博物馆，藏品之丰富，令人震惊的同时，也在暗暗预示着英国的殖民过往。看似光鲜的事物背后总藏着些并不足够美好的东西。世界的文化交融以另外一种形式——一种无声的悲痛的呐喊——在这座博物馆中交织着，空气并不那么透明。

似乎世界的每一个角落都存在在这个博物馆中，似乎人类文明世界的每一分钟都折叠在这个博物馆中。我时常感慨以小见大的神奇。每一件藏品都有太多待解读的地方。雕像飘浮的衣袖，其实原先都是有着亮丽的色彩，在岁月的侵犯下成为最简单的白色；小小的玉玦，就和软金制成的装饰品划清了界限。这种推理般的体验，让我连连惊叹的同时，又担心自己拼凑出的并非历史的真相，但这也不得而知了。

后来我们参观了牛津大学自然史博物馆。参观者的平均年龄或许只有我们的一半。总有人说恐龙和古生物是小孩才喜欢的东西。大错特错，神秘而令人捉摸不透的东西谁不喜欢呢？恐龙并不是进化史上的失败品。大部分古生物学家相信，它们以另一种形式延续了自身，在大灭绝后的时代里飞向了蓝天。这样听起来有些悲情诗意的猜测，给这些早就遭遇不测的骨架一丝安慰。

8. 罗德论坛

也许是过于拘谨的原因，我觉得这场演讲太过客气。对于通识教育的许多说不清道不明的困惑也并没有得到很好的解决。也许这样的沟通形式只是单方面的输出，而很难接受另一方的反馈。也许单独地面对面谈话会获得更加好的效果吧。

9. 爱丽丝的诗

她是一尊小神像，举着水罐，已经破碎了。女教授用过于柔软的语气来描述这个忧伤而微不足道的时刻。作者为何要选取这样的意向？这个浪漫的，似乎已经不属于现代的场景，与干涸的河流并排放进诗句里，在许多段中重复。我原先以为这仅仅是一首呼吁环保的诗。显然我将她想的太过简单。我早该想到，这样一副古老的景象在现在的生活中是难求一面。

历史在蒸汽的熏染中，在信息化的扫描后有些分崩离析。许多原先的传统，已经失去了延续下去的可能。人们渐渐淡忘了河水是从神女的瓦罐中流出，而更相信事实与科学。这样的世界总归有些不浪漫。但好在河水即便要干涸了，也仍一息尚存。历史还是以捉摸不透的方式在人们的生活中延续。精神的河流中总能打捞起虽然破碎但仍然坚强地注入生命水源的小神像。这并不是绝望之诗，正相反，这是希望之诗。

10. 伦敦之行

伦敦之行简直令人眼花缭乱。细微之处总有太多可圈可点之处，却不知应当如何叙述。无论是对于文化交融的感慨，还是对于大英帝国的荣耀是如何成为全世界的阴霾的事实，抑或是我见到的每一个英国人身上骄傲与礼貌的共存，都在文章中找得出蛛丝马迹。也许，单单为了这伦敦之行再写一篇也是可以的。只是这并非我叙述的重点，毕竟这两天获得了放松和自由，本着玩乐的心情来到伦敦，便不多加叙述了。

11. 物理系

其实这次我是抱着"如果再不进一次物理实验室，便可能一辈子都再也无法进入实验室"的想法来参观的。我似乎很喜欢为自己套上文科生的标签，所以在被教授问到有没有什么问题时，只能慌乱地摇头说自己并没有学过物理。我其实听不太懂大家在做着什么样的研究，基于怎样的原理对于我而言则是难上加难。对于物理，我只剩下最最基础的一点点印象，他们的研究对于我而言是一种异于英语的语言。

在爬上爬下的途中，我不禁开始游离。世界上的人们每日从事着如此不一样的研究，以至于我于物理系的学生们隔着的并不仅仅是跨学科的距离，也许是一辈子都不能理解的距离。每一个人都不能完整地了解人类社会的所有知识，这是一件非常遗憾的事情，但正是这样我们的生活才更多彩吧！为了探寻世界的千百亿条真理，物理系的学生们深入地下做着毫无干扰的研究，而法律人在追根究底地探寻不同法律背后的恒定道理。本质是一样的，幸福和挑战也是同样的。物理系的同学在尽力解释时手捧着巨大的磁铁，他与它应当是很好的朋友吧。

于是更加坚定了自己的内心，无论是怎样不同的道路，也有走到底的可能性。说到底，我们都在共同做着一件事。

四、尾声

似乎这篇文章的收笔代表着一段回忆的终止。恍惚之间，英国之旅仿佛已经是许久之前的事情了，又在每天不经意的瞬间被忽然注入生命。但有时我隐隐有着这样的预感：这或许只是某些小小种子生根的伊始。果真有心，便会在未来为了一个答案而执着地探寻，相信那时我会感谢这份回忆。

城市印象与共同体思考

兰弘博（智能工程与创意设计方向）

思来想去，我还是决定按照自己的意愿来组织这篇报告，因为我有太多的感想、太多的收获，是无法单纯地以各个参观活动或是讲座来组织表达的。事实上，此次牛津之行，我最大的感触与启发竟不是来源于牛津大学或者各个学院的讲座，而是来源于整场访学——我更愿意称其为旅行——种种思考与经历，也许它们和设计这场访问的初衷有所偏离，也许达不到要求中的"高度、广度、深度"，也仍然存在数不清的缺陷和遗憾以及片面偏颇之词，但这就是我最真实、最真切的感受。这次访学也的确是让我受益匪浅的一次经历。此外，还有一些零散的、无足轻重的感想与体验，另做总结实属冗余，姑且一并收入此文中吧。

在整场旅行中，我产生了关于新雅共同体的一些思考和对自己未来方向的探索，前者很大程度是牛津学院的组织、构建形式带来的启发，后者更多的是来源于自己大一上学期的种种困惑。但是，二者中最为关键的部分都是与同行同学的交谈——漫无目的、轻松自由地交谈，充满了思维的不断交互与碰撞——这是这次访学所提供的绝佳契机。

从贝利奥尔学院的晚餐结束回来后，我们拖着疲惫的身躯在民宿的饭厅十分随意地坐着靠着，开始有一句没一句地聊天，却没想到，这样的聊天，竟然从一天的感受聊到了兴趣与目标，聊到了专业的选择，聊到了价值观的差异与甄别，聊到了道德与公正的定义和用它们看待实际问题时不同的思路与想法，甚至聊到了人生的存在与虚无。话题越发深入，大家也越发兴奋而坦诚，这场聊天一直持续到了深夜。在整个过程中，我得以在同伴的语言启发下和他们的思想中重新审视自己一直以来未曾关注的一些观念和想法，重新看待一些不同的价值观与人生观，开始重新思考自己的人生目标。

在这样的聊天中，每个人的眼神里都是闪烁着光芒的，不论是困惑或是兴奋，我看到的是一群愿意一起讨论这些看似无用的、毫无必要的问题的人。之前有其他院系的高中同学一直向我抱怨说，大家都埋头于所谓的学习与追求所谓的绩点而不愿意"浪费"一点时间在类似这样的"闲事"上。但这一次聊天，让我发现了原来新雅有着那么多的人愿意去思考这样的问题，并且愿意分享自己的想法，愿意尝试去理清自己内心的某些困惑，这让我无比的激动与庆幸，因而突然产生了一种从未有过的强烈的归属感，也让我重新思考了交流和聊天的作用。而之前在参观牛津各个学院时，每个学院都有自己的 JCR\NCR，在其中总能见到三五一组的捧着咖啡或者吃着零食聊着天的学生。这让我不禁思考，是否是这样舒适、愉悦、放松的氛围或者场所促进了这样的交流，这样的交流又强化了共同体的概念与凝聚力？我想这是毫无疑问的。

问题是，仅仅有这样舒适的环境就够了吗？好像不是，在清华或者其他学校同样不乏这类似的场所，但真正能够做到如此的并不多。在听莫顿学院的教授关于学院组织和导师制度的讲座时，教授的一句话"我们希望的是更多的合作，而非更多的竞争"极大地启发了我。我突然想到更为重要的一点或许是浓厚的合作氛围和较小的内部竞争压力——新雅作为大二自由选择专业的院系，并不会对学生的综合排名有过多的要求，大家在面临最主要的抉择时可以说很少受到来自院内同学的压力，并且新雅本身也并不是那种鼓励学生刷成绩竞争排名的风格，因此大家可以以一种更为放松的心态来打开思维、迸发灵感，我认为这正是新雅最为独特的、最吸引我的地方之一，就如同在聊天中我们发出的"暂时没有 ddl 的感觉好爽呀"的感慨一样。是的，更多的合作而非竞争，交叉综合能力作为新雅的培养目标之一需要的绝不仅仅是学生的竞争能力，更重要的是学生的合作能力和交流沟通能力。相应地，合作的氛围也同样应该是新雅共同体凝聚力的重要来源。每一位带我们参观学院的东道主学生在介绍自己的学院独有特色的建筑、文化时，介绍到"大家生活、学习、上课都在这里"、介绍到 NCR/JCR 时，都会有一种隐隐的兴奋与自豪。因此，在此笔者也有一点小小的期待，期待着新雅的地下设施或者更多的学院空间的落成，为我们营造一个更加温馨的、更有归属感的学习场所和生活空间，相信对于新雅的共同体建设会大有裨益。

并且，在此次访学的过程中，走在牛津和伦敦的街头，参观着各个学院、景点、博物馆时，我逐渐发现了一些自己从未关注过的思维方式与角度，发现了自己的一些独特之处，也发现了自己的兴趣所在。而贯穿整场旅行的聊天活动更是帮助我梳理了自己的想法和思路，为我之后选择专业找到了一个方向。

此外，这是我第一次离开中国来到海外。这一趟英国之行，给了我许多的感触，极大地开拓了我的眼界与思维，启发了我关于对文化的比较、对牛津大学的认知与定位和对新雅书院的未来的许多思考与感悟，还有对伦敦、牛津城市风格的深深着迷。可能是自己本来就对欧式的建筑风格比较喜爱吧，漫步在牛津街头，一栋栋古朴的建筑总让我感到温馨而惬意。伦敦亦然，尽管是现代化程度较高的国际大都市，但它却没有失去它独有的古老韵味，反而将历史与现代和谐地融入了一起，将曾经来自日不落帝国、来自世界各地的元素与风格揽入怀抱，构成了这样一个多元、独特的都市，尤其塔桥两岸现代与传统的对比，别有趣味。从前就听闻英国人是一个守旧的民族，如今亲自到了英国，才真切地感受到他们对于传统的重视。不论在牛津还是在伦敦，你会发现，几乎每条街道都能够看到过去建筑的身影或是神韵。特别地，我更喜爱牛津。它个性优雅，浑身散发着古朴的魅力。漫步在石板路上，穿梭于暖黄色的古老建筑间，驻足于矮墙或栏杆上的苔藓地衣旁，伫立于上升高耸的哥特式教堂外，屏息于斑斓神秘的教堂彩色花窗前，聆听着辽远空灵荡涤震撼的唱诗声，惊喜于建筑上偶尔出现的雕塑或是标志，捧腹于街上圆滚滚的几乎飞不起来的鸽子……我甚至能感受到这一座小镇的呼吸与脉搏，古老、辽远却生机勃发，宗教的气息在其间闪烁，它能让人从无数城镇中一下认出。是的，牛津是有极具特点的，并且它的特点建立于古老和传统的基础上。在参观牛津物理系的实验室时，那两栋风格十分不协调的建筑曾让我一度困惑，直到带领我们参观的教授道出原委——牛津大学坚持保留每一栋原来的古建筑，坚决不允许旁边那栋有着近四百年历史的、如今作为物理系办公楼的建筑受到破坏，于是在场地有限的情况下，学院选择了忍受风格的迥异，同时保证了实验室的精确、严密和古建筑的完好。但同时，进入到新楼的内部，便会突然意识到，英国人的确喜爱传统，却并不排斥新的事物与现代风格。

新楼的内部装饰充满了现代元素和前卫设计，美观而舒适，这与各个学院的风格也是一致的，一栋栋百年历史的建筑，陈旧但却毫不破败，内部不乏现代的装修与陈设。莫顿学院的一栋看上去崭新的学生公寓，竟是一百多年前建成的；新学院的院子和回廊、莫德林学院的老式水泵、各个学院刻意保持的餐厅的传统装饰和挂画，从中足以看出英国人对待古物和保护、修缮古物的态度，心中不由得产生了几分敬意。又想到了北京城被拆掉的那些城墙、被毁掉的那些牌坊、被抹去的胡同，想起了家乡曲靖消失殆尽的古建筑、臆想重建的城墙，眼前浮现出千篇一律、高楼林立、毫无特色的城市都会，浮现出被商业利益和恶性旅游产业挖空的各种"古镇""桃源"，耳边忽然想起了历史的声声悲鸣，心头不禁一痛。

忽然想到，新雅是否可以拥有一栋有着自己的特点与理念的建筑物，在百年后迎来新一批新雅学生时，能够让他们真切地感受到一种来自建筑和空间的传承感，能由衷地对承载着历史的这栋建筑心生敬意，这又是否可以成为新雅共同体认同感的一个来源呢？

此次访学给我的另一大收获则应该是对牛津大学了解的逐渐深入和一些固有印象的刷新。令我最为惊异的是，牛津大学居然同样是应试教育横行，成绩排名主导校园的情况。第一场参观，在新学院的中听讲解时，听到学院学生大一时随机分配宿舍，大二以后就要靠成绩排名来决定挑选宿舍的先后顺序。毫无疑问，光线最好、环境最舒适宽敞的宿舍将会被成绩最好的学生占据，而成绩较差的学生则只能居住在相对较差的宿舍中。罗德论坛结束后，我们在一位学长的带领下参观了女王学院，在与学长的交谈中我逐渐了解到，牛津的导师制度同样无法摆脱应试风气的制约。学长提到，由于牛津的授课模式是讲座和导师课并行制，而大课形式的讲座往往并不能使学生完全掌握和理解，难以实现成绩的提升，因此课后向导师的请教就显得十分重要，但在选择及评价一位导师好不好的时候，大家看中的往往更多的是他/她能不能提供更多的好题或者能不能总结更多拿分的套路，这已经成为至少是这一学院的风气。参观莫德林学院时，学姐也曾介绍她们在每周的晚宴和一些正式场合都是需要穿学院服的，但是学院服的款式、长度都直接和成绩排名挂钩，俨然是"将成绩穿在身上写在脸上"的情况。这样巨大的竞争压力和成绩重视程度是我万万没有想到的，这也和我之前关于新雅共同体的思考中的一些想法发生了某种矛盾。这样"按照能力决定地位"的风气体现出的俨然是牛津强烈的等级和阶层观念——不论是餐厅前方高台上的教授、嘉宾专用餐桌还是某些学院"只允许教授踩踏"的院落草地，无不彰显着这一点。这种制度背后大概是对个人能力的肯定与强调，对学生努力和资质的重视，是一种"拔尖"式的教育体系。而在中国、在清华，学生与教师之间却更多的是一种合作式的、平等化的关系，清华的理念更多的是注重整体的质量。对于相对落后的学生，辅导员、班主任和任课教师都会给予更多的关注和鼓励敦促，并且这样的鼓励敦促更多的是辅导员和班主任的主动行为。但在牛津，即便有一对几的导师制度，但更加依赖于学生的主动性。

这也就意味着如果学生不主动、不积极，将基本无人过问。清华现有的制度其实还是某种"家长式"的大学模式，而牛津对学生自主性的要求更高；清华想要的是不让一个学生掉队，而牛津则是要让最有能力的人拥有最好的资源，更加"精英化"。两者的资源匹配模式截然不同，体现出背后较大的观念差异，更为深层的则应该牵涉之前研究过的高等教育或者精英教育的受众和范围的问题，中国高等教育的普及化、平等化以及其作为阶级流动的手段很大程度上保障了公平——但对于公平的定义却是差异巨大、难以断定的——牛津为能力强的人匹配好的资源的行为同样可以说是一种公平。至此我的思考陷入了困境，很难说两种模式和理念孰优孰劣。但就我个人而言，还是认为那样成绩主导、等级分明、压力巨大的环境并不是那么合理，我仍然认为上文中所提到的舒适、放松、合作性的环境更加有利于学生的成长与发展。但就两种理念和大学模式的优劣，总觉得二者各有合理也都有缺陷，无法得出结论，在思考时却不禁对牛津同学平日的交流活动究竟如何打上了一个问号。不过在和牛津同学交流时，还是会发现他们大多都很健谈，并且在一些很有趣的话题或者很严肃的问题上都能够自如地发表自己的观点。还有他们的学生也提到在学院组织的或是镇上活动中心每周组织的排队上大家会有很多社交和深度交流的机会，是很放松的一种体验。从我自己的观察来看，应该说他们学生间的交流和聊天是能够顺利进行的。遗憾的是，我当时在牛津并未对这一问题做更多思考，也没有想到就学生交流、聊天状况询问牛津学生，无法做出更深入的思考和更多的判断。但总的来说，上文中提到的有利于交流的环境在牛津应该同样是成立的。

　　正如上面提到的，没能就许多问题与牛津学生进行深入了解是一大遗憾，此次旅行中自己还有许多的遗憾与不足。一是口头交流。虽然这很大程度上受制于自己的英语水平，但同样有自己信心底气不足的责任。在各种讲座中我也不太敢于发言，总体还是一种畏手畏脚的状态——这让我下定决心要扎扎实实地提升自己的英语水平，也提醒自己要更加勇敢地去交流、更加主动地去交往、请教。二是在访学过程中虽然眼睛始终敏锐、始终保持着很强的观察能力和发现能力，但是却忽视了及时的思考，导致很多问题在之后进行思考后才被提出而没有机会向牛津的同学、教授请教，当然这其中也有新鲜陌生事物太多而来不及思考的因素，但更多的还是自己的意识问题。三是自己的观察与思考还不够深入，更多停留于表面或者某些具体的现象，而对于牛津大学本身的许多问题和细节却没有做深入了解，有些偏离了这次访学的主题。另外，如今反观在整场访学中自己的心态与状态，会发现我依赖性太高，许多行程、住宿安排都完全由组长或者某几位同学完成，自己并没有很在意。虽然大家有所分工，但许多基本的、重要的事务还是需要自己照看和关心的，这是需要注意的。

　　最后，我还想以列举的形式记录一些在英国的琐碎的观察与感受。

　　（1）英国的气候湿润，牛津空气质量不错，生态环境较好——昆虫、野鸭、天鹅、各种鸟类都不时出没，各种苔藓与地衣随处可见。

　　（2）英国建筑的雕塑非常丰富细腻，许多地方都能看见精美的雕塑和图案，也有许多活泼有趣的设计。

（3）很有趣的一个小细节——许多建筑门口都有一个凹陷，还有铁质栏杆，我曾经十分好奇其用途何在，询问同行老师和当地学生都无果。最终在牛津街头漫步时再度看见而询问一旁微笑的女士得到了答案——这是用来刮去雨天黏在鞋底的泥土脏物的。在很早的时候就已经有了类似的设计，这也侧面印证了英国降雨之多。

（4）一个安全应急装置的巧妙设计：用玻璃来固定，十分便捷。

（5）图书馆为节省空间而设计的储藏机械，很巧妙。

（6）电梯上保证安全的紧急停止装置每隔十米就有一个，安全系数更高，是很好的设计。

（7）学院的欧式日晷，刻度只有早上七点到下午四点，应该是其余时间太阳无法照射到上面，没有必要刻出；还有另一个学院也有一个利用对面屋檐作为指针的日晷，设计更加巧妙。

（8）英国的宗教气息极为浓厚，教堂随处可见，并且其空间设计和声学设计都极其精妙，室内本身用适当的烛火和阴影营造一种深邃感，哥特式的线条给人一种向上的拔升感，阳光透过彩色花窗平添了许多神秘气息，仿佛可以触到神灵一样，而唱诗班完全依靠人声就可以实现声音的完全覆盖和音质的保证。

（9）英国人的确十分热情，他们中的许多人尤其是上了年纪的人仍然有着比较强的绅士观念和意识。笔者在牛津和伦敦帮助他人或是请求帮助后经常得到"have a nice day"的祝福。可能这只是礼节或是习惯，但总是让人感到舒服，而当下雪的时候笔者正在公交站台等车，看见一个英国老太太没有带伞也没有帽子，头发被打湿了不少，于是上前帮其撑伞，得到了"a future gentleman"的评价和"may god bless you, may you have a nice day"的祝福。我十分惊喜，但也看出英国人的绅士观念其实仍然比较重要。

（10）据学长介绍，牛津的许多学生特别注重刻意地积累人脉，结识各个领域的上层人物。虽是一面之词，但也可以作为理解牛津的一个方面吧。

（11）在新学院感受了一次正规的英式晚宴，从着装到用餐餐具到流程都十分讲究，丝毫不比中国的饭桌礼仪简单。但这样的形式和流程都在随着社会的变迁和商业化的需求而逐渐简化——之后我们在镇上的一家餐馆"old bank"吃正餐时，它对于服装和餐具的要求则少了许多。

（12）这次出行特别有趣的一点其实是与同组伙伴们住在民宿的生活。我体验过了早上六点起床为大家准备早点顺便欣赏牛津清晨景色的经历，习惯并且喜欢上了每天早上起来为大家准备牛奶和早餐的快乐；也欣喜于大家主动争着做家务清洗餐具的热情，感动于互相关心、互相照顾、互相理解的友情；还品尝到了大家的不同手艺，是非常难忘的一场经历。

中英之间
——江流穿山过

朱翊豪（计算机科学与技术专业）

在牛津我们最直接的比较是建立在中国与英国之间的。只需要略微加以观察并适当分析，就可以在这两个国度之间列举出相当多的不同之处。这样的工作即使是一个十岁左右的小朋友也可以完成，显然作为大学生的我们应当有更加深入的思考。像杰西卡教授所进行的有着充足的证据支持并且能脱离自己的身份立场的中英对比，则是我们思考的一个比较合适的方向。

当然我没有几十年的青铜器研究史，在英国一共待过九天，甚至对中国文化也远没有精通，因此我只好根据近二十年对中国的观察和近十天在英国尤其是牛津的见闻来提出一点单薄的观点。

在我看来，诸多中英间的差异来自于中国人相对更喜变而英国人则喜不变。这个现象在很多方面都能够找到体现，有些是显性的，而有些则融入进意识形态里。

虽然英国的历史远远短于中国，而且作为一个拥有独立文化的国家的历史更加短暂，但是在英国此行的两个去处，作为郡县的牛津或是作为首都的大都市伦敦，我体会到的历史参与感都比在中国的大多数城市更为深刻。这种历史参与感并不完全取决于这个城市保留了多少过去的建筑（当然古建筑很容易把人带入历史的情境中），而更主要的在于人们在多大程度上还在进行和过去一样的活动。

虽然刚刚提到建筑并不是决定性因素，但牛津的建筑却实实在在地创造了一个在时间意义上近乎停滞的空间。或许是因为在建立之初就有着抵御匪徒的需求，这些城堡式的建筑存留了十三世纪以来的风风雨雨。当学生们每天踩着咯吱作响的台阶到各个院系去听讲座或是在午后到导师的屋子里交流学习时，他们进行活动的内容是有关当今已知的知识，但他们在这些百年建筑里进行的这些活动的形式和本质则与几百年前的牛津人所做的并无二致。

在这里我没有必要评判孰优孰劣，这样的比较也会显得毫无意义，但需要指出我们国内的古迹和现代生活确实有些分开了。并不是我们不注重保护历史，实际上已经在最大程度上对于古迹文物进行保护了，只不过方式是减少在古迹聚集区的现代人类活动，一般的方式是建立古城区。人们仍然可以走入唐朝的宫殿，体会唐太宗、唐玄宗的雄才大略，但这不是日常生活中的一部分。

下面我们可以稍微分析一下这两种古迹保护方式的好处。前者可以培养一种更深刻的文化认同感，从而产生一种更强烈的归属感。我们可以在物理系找到罗伯特·虎克工作过的地方，能在莫顿学院找到托尔金最爱去的草坪，也可以在大学学院坐进那间比尔·克林顿曾经放浪形骸的MCR。这让每个正在这里生活的人们除了获取知识或者说进行常规的大学学习以外，能够意识到自己是在参与历史：有可能他们在自己所生活的地方寻找到自己的榜样，即便不能，也可以产生一种同属统一团体的自豪感，从而更加投入到这里的生活。而后者这种"旧区"与"新区"相结合的古迹保护方式则能让那些不可再造的古迹和历史免于一些愚蠢的破坏，从而能够长久而完整地存之后世。与此同时，人们也能在最现代的生活社区享受一切进步与发展带来的便利。

如果说在建筑这个问题上，中英做法互有千秋，那么在尊崇自己的文化遗产上，他们确实做得比我们更加固执。我们来到牛津所听到的第一场讲座就是关于英国第一首史诗《贝奥武夫》。实话讲，这首诗的整个叙事十分简单，谈不上什么语言艺术，和乐府双璧相比简直不值一提。但教授确实投入于讲授这首诗，虽然没有太多要分析的，但他用古英语朗诵这首诗的陶醉神情确实很感染人。与此同时，牛津还开设了古典学这样的专业，连同着其世界第一的文学专业一起培养出一代代延续着文学传统的新诗人。特罗特教授带领我们讨论的正是一首牛津近三十年走出的诗人所写的诗歌，有着非常深厚的西方古典文化的痕迹。

中国人因为对时代新潮的强大适应性而成为很多个时代中世界的领跑者，并创造出了多彩的文明。而英国人则在这样稳定的环境中将自己千年有余的历史完整地连接起来。

一直以来，我们自诩为一个有很多传统或者习俗的国家，但此行让我见识了除了民族文化传统以外的社群文化传统。牛津人遵循并且传承这种文化。在这次的自主参观中，和我们组对接的留学生介绍了牛津一项有趣的传统，即考试传统。他们不但有一个单独的考试院，而且在考试时根据学院和科目的不同需要佩戴不同的配饰，同时穿着由成绩决定长短的袍子。我们一开始感觉这样的规定十分搞笑，但他接下来说实际上两年前就是否保留这个传统举行过公投，结果收到了压倒性的保留票。在他看来，这正是让牛津特别的地方，虽然他自己也觉得喜感，却很喜欢这样的传统。

中国固然有长久不变的民族共同体的文化，但却很少见到这样百年不变的、非血缘依赖性的共同体的文化。这主要是因为这个西方国家是一个多民族融合的国家，而在各个民族之间没有过于明确的界限。与此同时，各个国家内部的共同体需要一定的识别度，且国家与国家之间也需要识别度。这些因素促使英国人积极地创造自己各个尺度共同体的文化，并将这种文化变成一种像血缘一样稳固的传承之物。

事实上，在整个行程上，让我感受到这种变与不变的差异的在于在新学院与牛津本科生吃的那顿午饭。在一顿午饭的时间里，我们几个基本上和对面的本科生聊遍了所有意识形态组准备的敏感话题。双方的谈话显得和气融融，但其实互相都在提对方当前最棘手的话题。就像我们预料到的一样，对方通过中国媒体这个切入点开始询问我们对政党的看法，而我们则礼尚往来地试探他们对英国脱欧的想法。虽然很明显我能感觉到他们对中国的印象受到《1984》和《动物农庄》之类作品的深刻影响，但提出这些问题本身并无问题。可双方都还是明显感觉到了这些问题的不舒服，于是我开始思考让我们两方不舒服的原因何在。后来在和罗德学者江熹霖学长一起吃饭时，他点出了这个问题的核心，即英国人喜欢针对政体进行讨论，而中国人则喜欢只针对政事进行讨论。

这个政治兴趣的不同的根源依然是两个国家的国民对于变与不变的不同爱好。英国成长于中世纪开始的部落宗教冲突之中，牛津众多的城堡建筑就可以反映出当时冲突的频繁性和严重性。在这样的环境下，英国人最想要的是固守自己的资产，而使生活变得稳定，因此他们的性格取向于寻求不变。而中国在很长一段时间内被无可置疑的君主制所统领，又有着丰富的文化来源，因此人们习惯于在既定框架下寻求更好的生活，即倾向于变。

讨论了变与不变的问题后，更加重要的问题在于未来。虽然彼此之间存有隔阂，但两个国家、两个国家里的年轻人仍然在彼此靠近。双方开始更加关注对方的时事，试图体验对方的文化，并且理解对方的思想。

与此同时，如今的两个国家将在诸多领域都有更加深刻的交流，这次给我体会尤深的是科学上的交流。在实验室里我们见到了来自清华的学长学姐，在女王学院的讲座谈到的量子通信正是中国的优势领域，而物理实验室的高温超导项目甚至是清华大学薛其坤院士的主攻方向。我相信将来我们还会和牛津产生联系，那时候很有可能就是在学术上建立关系，而有了这一次接触的经历，我相信之后的交流会更加频繁而顺畅。

有一点值得注意的事情是，我们对于西方世界的亲切度显然比英国人对东方的好感更盛，而交流是要求双方对等的。西方人有一种和我们类似的高傲，不同在于他们认为自己的价值观是普世的，而我们认为我们的文化是最好的。因此我们需要让英国人更多地见识我们对自己文化的理解，让他们知道除了他们的普世文化，还有像中华文明这样同样优秀的文化，而不仅仅是一起讨论一些太过中立的问题。如果还能在牛津交流几日，我可能会希望有同学讲讲中国历史、中国诗词。让中英之间的文化真正有一些火花，而不仅仅是抱着学习体验的心态。

因为这世界上没有一条河流永恒流动，也没有一座山长久矗立。

牛津的压力：成绩穿在长袍上

刘诗意（经济与金融专业）

1月21日至30日，笔者完成了为期十天的牛津访学体验，受益匪浅，但绝不限于牛津大学的办学制度等多方面，更多的还有中国与英国的文化差异，以及在十天的体验中，笔者对中国教育的一些思考与感悟。

一、牛津大学的学习压力来源

关于牛津平时授课的运行规则，在上一届学长学姐们的报告论述和网上针对该制度的论文中，已经描述得非常清晰了，在此不再赘述。然而牛津的分数制度看似在平时非常轻松，没有压力（真正的毕业等第只依靠三年之后的一场考试来决定），但其实他们对于分数与学习的重视程度绝不亚于国内学生。在参观学院时，一位介绍者提到了自己学院优良的体育传统，但她随即话锋一转，打趣地说："但是在学生的眼里，体育再重要也不可能有学习重要。"听起来是玩笑话，背后却反映了牛津学生也和世界其他地方的学生一样有着极大的学习压力。

从牛津的评价制度来看，既然学生毕业之后的等第只与其最后参加的那堂考试有关，大课也没怎么上，为什么还要被学习压得喘不过气来呢？清华尚且有体育和学习同样重要的传统，那为什么竟然在牛津的体育强院，也说自己的学生将学习视为最重要的东西呢？

对此，笔者在访学期间观察到的原因共有两点。

其一，每个学院期末考试的最后一名将被牛津大学退学，这意味着竞争事实上非常残酷。退学对于一个学生的打击无疑是巨大的，谁也不愿意当那个被退学的人，因此这种淘汰制模式给学生带来了很大的压力。除了这种淘汰模式之外，笔者还了解到部分学院在生活方面融入了学习成绩，比如选宿舍是根据考试的排名选择——排名第一的，自然就选那个崭新的、向阳的、宽敞的宿舍，排名靠后的则不自多说；再比如参加正式晚宴的长袍的长度由学生的成绩决定，成绩高的袍子就长，成绩低的袍子就短，被戏称"把成绩穿在身上"……凡此种种，都营造了学生之间对于学习成绩的虚荣心和攀比心理，无意间烘托了"高分数更好"的价值观氛围。

其二，牛津大学的导师制对于学生的学习也起到了莫大的促进作用。学生提交"作业"是提交给老师，而不是像国内这样给助教、学长、学姐或同学。老师不仅从文化角度来说无形中代表着一种权威，更因为有左右学生的分数、最后等级的评定还有奖学金评定的权利，掌握着"生杀大权"，从而让学生不敢懈怠。

简言之，如果把一个教学制度划分为知识教学前、知识教学中和知识教学后这三个阶段来看的话，牛津的教学前和教学中大多都是由学生自主学习，再加上老师的一点"醍醐灌顶"与点拨来完成的；教学后则是由老师监督并提出建议。而观国内典型的大课教学，教学前被称为

"预习"，是只有部分优秀学生才会习惯做的事，有很多学生其实不会去做；教学中完全由老师担任，很少同学参与；教学后则是由助教担任许多工作；期末则呈现大家一起"预习"并且疯狂补交作业的现象。相比之下，前者促进学生学习的动力是对老师的敬畏尊重、价值观、羞耻感等；后者促进学生的学习动力是 G 点、保研、出国、成绩等。相比之下，从笔者的个人经验出发，可能前者对于学生的学习会有更大且本质的推动作用。

二、牛津讲座

在牛津，几乎每天都有讲座，这些讲座向笔者展现了牛津大学的教学风格。但是不得不说，牛津这些大讲座的形式，与国内的中小型课程形式并无太大特色性区别。因此给笔者留下非常深刻的印象的课程不多。此外，由于笔者上的这几堂课的教室都窗户甚少，且为了 ppt 的展示效果良好，教室里总是灯光昏暗，让人难以打起精神，加上笔者自身的因素，有部分课程的听课效果不如人意。教室灯光以及窗户的原因可以追溯到其建筑物的历史性过于强烈。由此，可以从小细节解释牛津同学们对于 lecture 并不非常上心的原因。相比于国内宽敞明亮的教室，牛津的教室灯光环境受到历史性限制，过于昏暗，难以激发热情——在笔者本身的学习经验中，上课全神贯注地听课总是要一点激情的。

尽管如此，也有一部分讲座给人以莫大触动，比方讲《贝奥武夫》的讲座和探讨诗的讲座，笔者认为这两场人文性质非常浓厚的讲座各有千秋，非常精彩。其中贝奥武夫的讲座，教授用古英文抑扬顿挫地朗读史诗，并且在讲解时把怪兽、贝奥武夫等的行为活灵活现地"演"了出来。视觉的效果体验和听觉的声线冲击的结合，让学生对于史诗有了更深刻的理解，达到了深入浅出的效果。这种教学方式，笔者认为非常值得国内大课的教学之道来借鉴。因为这堂课与学生没有很多互动，但也起到了很好的教育作用。另一个探讨诗的讲座，形式与西方中小学的课程类似，引导大家发言，对于同一首诗探讨出角度不同、广度不同、深度不同的解释与理解。在整个探讨过程中，学生能够真真实实地体会到什么叫"一百个读者心中有一百个哈姆雷特"。当反思为什么这堂课能够起到这样卓越的成效时，笔者意识到了引导学生"自己说"和"听别人说"的重要性。老师在授课的时候（大概是为了激励大家说出自己的想法）提到："每一次有人提到和我不一样的想法的时候，我就会觉得很奇妙，觉得这个问题竟然还可以这样看，仿佛发现了新大陆，由此对这个人提出的不一样的观点表示赞叹、惊奇与敬佩。"在当时的场景下，这句话对于理解授课的真正意义及引导学生起到了莫大的作用，甚至让笔者有了一种"醍醐灌顶""她说得怎么可以这么有道理"的感觉。这着实让人敬佩。如果分析老师对此的引导的措辞，是以"我"为主语——她在以自己的经历与感受来说话，相当于分享给学生们她的想法，而不是教授给学生们某些道理。如此，理解竟然就会更加深刻。

三、本次访学的意义

相对于上一届的学长学姐临行前有议题与目标去探索，并严格完成 5000 字的论文，八字班的学生们任务量确实少一些。这种方式让我们没有被限定在原来的框架里，从而只看到了框架里的东西。当我们只是带着好奇心去看牛津的各种制度、形式等，或为之惊叹，或为之惋惜时，我们才能看到一个更全面真实的、富有生活趣味的牛津、牛津镇、伦敦、英国。

首先谈谈牛津大学的生活。牛津大学的学生活动非常奇妙：拉一个你都不认识的人到你的学院来吃正餐，然后他再回请，一来二去，就可以彼此认识交流了。吃饭的时候，重要的不是吃饭，而是闲聊。学生社团方面，笔者了解到每个学院都有自己的体育球队，定期训练。有的学院甚至有自己的划桨船的队伍——每天早上天刚亮，就在河边高喊着口号连划船，神似中国的龙舟。镇上清吧众多，晚上来清吧喝酒的人不在少数，而这里的酒文化盛行令人惊奇——饭店里的饮料常常只有酒和碳酸饮料，果汁、牛奶、奶茶等却从未见到。这样一个一个的生活片段，构成了一个真实鲜活的牛津。这里既复古传统，又在社交聊天方面分享开放；既有唱诗班这样神圣的存在，又有晚上聚会的放飞自我；既有学院老师对人的热情鼓励，又有导师打下的一个个僵硬的等级分数……这是一个完全不一样的世界，而我们则非常幸运能够体会到。

其次谈一谈我们的生活。新雅共同体的建立，也应该就是在这样一次又一次的活动中堆积起来的。我们在晚上畅聊，了解各自的人生打算，分享今天路途中遇到令人振奋的事情，一起解决看似无法解破的问题。集体的概念，合作的意识，开始在每个人心中发芽、萌生。关于白天听的讲座，发生的事情，我们之间的交流总是能让人获得新的发现——每个人的角度都不同，而每个人也都说出了自己的看法。思维的碰撞与交流诞生，使人能够更加看清所经历的事情，或是用另一种方式去看待与衡量它。在牛津参观学院必去公共活动室，而在每个公共活动室中，总是会有代表这个学院的东西，彰显学院特色；也必定会有一群端着咖啡围坐一桌讨论着问题的人。他们时而严肃，时而逗趣，非常愉悦。我想，牛津的教育体系如此专门化，而学生却不专门化的原因，可能与这有相关性——在这种看似平淡的"茶话会"中，思想的碰撞与火花在诞生，从而让人的思维不会禁锢在自己所学的一个狭小领域。我们所租住的民宿其实也类似于这样的一种公共活动室吧，那新雅能不能有更多的公共活动室和茶话会呢？这是值得我们借鉴与思考的东西。我们有着来自不同专业的同学，这是一个得天独厚的优势。牛津的学院是一个共同体，新雅书院也是一个共同体。此次访学，对我们的这类思考与活动提供了广阔的空间，也让人们的关系更进一步。

大学、文化、牛津
——牛津访学随想

刘晨昕（政治学、经济学与哲学专业）

随书院组织的队伍在牛津大学进行了访学活动，这次访学本身是"大学之道"课程的延伸，不过又远远不止于此，它还将我过去的阅读、书法爱好以及最喜爱的"十九世纪英国文学与艺术"课程都联系在一起。在这篇文章里，我将从六个方面写下关于大学、文化以及牛津这座城镇本身的随想。

一、大学

学院制是牛津大学的一项重要制度，它通过划分"小共同体"的方式来培养学生的社交能力、合作能力。当我在墨顿学院的讲座上询问老师学院何以成为有精神特质的共同体而非单纯的人员编制时，老师给出了以下几个方面的答案。

首先，学院的场地本身提供了一种凝聚力。墨顿学院以其优美的环境著称，师生分享了在同一场所留下的生活记忆，环境成为连接人的纽带，而且场地承载了学院的历史，古老的建筑以及建筑曾经的使用者留下的声名都向新成员呈现了学院的文化风貌。

其次，学院同食同宿的制度一定程度上迫使学生加入到学院的社交中。学院通过促进师生间的交流来增进学院成员对这个共同体的情感。同时，正如老师所说，"学习不只是依靠接受教导，也依靠与他人的交流"，学院成员间的交流既将学院的精神传递到新成员身上，又让学院的精神从新成员身上得到补足。

第三，牛津大学在新生的第一年学习生活中着力培养其思维模式，使学生适应牛津、适应学院，这样一段时间是学生融入集体的缓冲期也是塑造学生人格的重要时期。

最后，也是我认为最重要的一点——"学院是有想法的"（House thinks），学院的精神内核很大程度上是由学院领导者的思想塑造的。这一点可以以新学院为例说明。

我们在新学院花园的铁门上见到了新学院的院徽，院徽上写着学院的创建者威廉·威克姆留下的格言——"品行造就人格"（Manners makyth man）。这一格言是威廉·威克姆这位出身平凡的温彻斯特大主教从自身经历中总结出的人生经验，但它的内涵却又不只是人生经验。在那个崇尚拉丁文的时代，这则少有的英文格言显得异常通俗，有着拉丁文所不具有的普适性。就像T.S.艾略特剧场内悬于空中的星图把1264年墨顿学院上空的星光洒下，这样一则格言把640年前威廉·威克姆为普通人塑造优秀人格的信念继续留存在新学院。学院领导者的思想指引了学院的培养方向，成为学院这个共同体所具有的精神。

"品行造就人格"不仅仅只是新学院的一句格言，它同时代表了牛津大学通识教育的信念。

正如大卫·帕尔费曼教授所言，这句格言中的"manners"一词不是指礼貌，而是指美德，它代表的是使人格完备的精神品质。"所以你们要完全"，马修·阿诺德在《文化与无政府状态》的开篇引用了《圣经》中的这句话，他认为文化的目标即是使人达到完美的精神境界，而他所推崇的牛津教育正是以塑造"完全的"人作为目标的。教育除了有培养技能的现实功用外，还有培育心智的抽象功能，帕尔费曼教授告诉我们，"知道"是不够的，我们还需要超越知识本身的思想。

在具体的教学模式上，牛津大学采用了导师制这一制度，即由一位导师负责两到三名学生的教学。在与新学院的同学的午餐交流中，我了解到导师通常每周与学生进行一到两次面对面指导，每次教学之前会提前布置学习任务（阅读指定书目、撰写论文等），学生完成后方进行教学。导师与学生可能属于同一学院，也有可能属于不同学院。而在导师辅导以外还会有各专业开设的面向全校该专业学生的讲座，理工科专业的集体授课较多，文科专业主要是自行阅读与导师指导穿插。

在学生评价方面，牛津大学以考试成绩为主，不设置对社工、体育活动等方面的要求，用罗德学者江熹霖的话来说，"牛津是一个比国内大学更应试的地方"。牛津学生的成绩会具体地反映在学生的生活中，新学院大二学生的宿舍分配就是以考试排名为次序进行的，而且不同成绩的学生被限定穿着长度与自己成绩相符的长袍。这种由学习成绩产生的不平等与英国社会中由血统、经济水平产生的阶级划分何其相似，在这一点上我并不认同牛津大学的规定。

二、博物馆

本次访学，我一共参观了五个博物馆：大英博物馆、阿什莫林艺术考古博物馆、牛津市政厅一角的牛津博物馆以及相连的牛津大学自然历史博物馆和皮特利弗斯博物馆。

大英博物馆为综合性的博物馆，其展品涵盖了全球范围内诸多文明的历史遗存，古希腊的铜盔、波斯的弯刀、中国的瓷器不一而足，包括了生活用品、艺术创造还有军事装备等各类物件。其展品密度之大、门类之多足见殖民扩张时期英国的繁盛。

阿什莫林艺术考古博物馆为英国最早的博物馆，其馆藏主要为古代工艺品，法老的棺椁、女神的雕像，当时的艺术风貌似乎又活跃在了一方展区。也许正是在一间相似的博物馆中，艾丽丝·奥斯瓦尔德（Alice Oswald）见到了那骨雕的水中仙子，于是她想到仙子犹在，水流却已枯竭；骨雕流传至今，罗马的文明却早已衰败。古时的人们试图以死去的骨骼召唤孕育生命的流水，可终归流水枯竭、生机消逝，诗中仙子的一次次尝试显得格外地无力。我们在讲座上与特罗特博士讨论诗歌的象征，走进博物馆才真正感受到这首诗中来自历史、文明还有灵感的召唤。

牛津博物馆为市政厅一角的迷你博物馆，其中展示的主要是牛津当地的历史。牛津是英国内战时期王军的总司令部，保皇党撤离后，克伦威尔自任牛津大学校长。在牛津博物馆中，保皇党人的长剑与克伦威尔的脸模被陈列于同一展柜中，令人唏嘘不已。

牛津大学自然历史博物馆与皮特利弗斯博物馆相连，前者陈列各类自然史标本，大到抹香鲸的下颌、霸王龙的骨架，小到显微镜下的果蝇、培养基上的细菌；暗淡如隐匿的狼蛛，璀璨如缤纷的晶石。而皮特利弗斯博物馆则关注人类文明，着力展示全球各地的风俗民情，南美的图腾、东亚的佛像、西欧的船只。博物馆将展品按照用途分类陈列，呈现出各类日常用品在世界各地的不同面貌。

英国博物馆给人的感受一是完备，二是密集。同一展柜中陈列了大量的展品，尽可能地压缩单一展品的展示空间以求容纳下更多门类的展品。这种令人惊叹的收藏量一方面令人愤恨英国在殖民扩张时期犯下的暴行，一方面也不得不承认这种兼收并蓄为学术研究尤其对人类文明的研究提供了充足的素材。

从这些藏品以及过去的经验中的确可以感受到杰西卡·罗森教授提到的"西方人偏好石刻，中国人偏好陶瓷"，虽然仅凭英国收藏的文物不足以实现对全世界人类文明的分析，但足够广泛的文物收藏无疑激发了人们进行比对分析的热情。罗森教授从考古学出发分析了中国和西方的文化冲突，这和此前很多东方研究者的道路相近，都是从历史、文化的角度出发，而博物馆则提供了大量历史、文化的印记。要实现不同文化的和谐甚至融合，罗森教授所说的文化认同十分重要，认同的前提是认识。我认为未来中国博物馆的任务将不再只是保存、宣扬中国文化，同时还要向大众介绍整个人类的文明，博物馆应该成为中国人认识自己、认识世界的一个窗口。中国的全球化进程既不是全盘西化也不是纯粹的文化输出，而应是推动人类文明的共同进步。这种观念也应当被引入教育的变革中来，教育理念应该逐渐削弱中西之别，而应该提炼出更多普适的精神品质。在罗德公馆，我们参加了与罗德学者的交流会。在交流过程中，曹莉老师和学院的同学讲述了博雅教育在中国的渊源以及中国教育无声革命的进行，而罗德学者则分享了结合自身经历谈论了在牛津进行的跨专业交流的乐趣。中国教育与西方教育之间、专业与专业之间，不论是理念、模式还是内容都可以更加"通识"，教育的目标不应是培养出被"标签"束缚了想法的人。

三、文学

英国是一个文学繁盛的国家，无论是通俗文学还是严肃文学都有巨大的影响力，本次访学的过程也是一场寻觅文学印象的旅程。

牛津访学的第一场讲座便以史诗《贝奥武夫》为主题，白发的安迪·奥查德教授朗声念诵，便如垂老的贝奥武夫挥舞重剑。教授细致地分析了诗中的隐喻，讲述了怪物的文化源流，还有"与恶龙缠斗过久，自身也成恶龙"的哲理，而在此之前，我如若孩童，只是崇敬地聆听勇者的传说，激动于"the best for his time and in his world"这样的赞美。

在牛津到伦敦的铁路上，我见到了英国乡间的风貌。与中国耕地为主的情况不同，我所见的英国乡间主要是连绵的草地。翠绿的原野一直蔓延到远方低矮的篱墙，绵羊聚拢在一处，像一团浓厚的白云，偶尔看到一片光伏发电装置才让人意识到这已并非《曼斯菲尔德庄园》的时代。真正见到英国的乡村才能理解为什么英国文学中乡村对城市居民有着如此强烈的吸引力，才能理解《在西巡回线上》中"巨石阵矗立的大平原"如何引起了雷伊的神往。

伦敦这座庞大的城市则更是无数文学作品的舞台。我同无数侦探小说的爱好者一样，来到了传奇与现实交织的贝克街221B；也与众多被海莲·汉芙和弗兰克·德尔的情谊所感动的读者一样寻访查令十字街84号，在马克斯与科恩书店旧址的纪念牌前为那段若有若无的情缘叹息。我在夜晚走上滑铁卢桥，凛冽的夜风从大桥一侧吹来，没让人想起《魂断蓝桥》的悲情却让人想到《华伦夫人的职业》里利慈正是被谣传在这座桥上自尽，利慈虽然风光地活了下来，可站在桥上总让人禁不住去想工业革命时期的伦敦究竟有多少人从桥上跳下，又有多少人堕落腐朽。

四、宗教

宗教是这篇访学报告不得不提的一点，牛津大学的宗教色彩极为浓厚，我们参观的各学院均有自己的礼拜堂，学院外的宗教建筑也为数不少。牛津的教堂有浓厚的哥特式风格，尖而高耸，但这些哥特式建筑并不只是像罗斯金推崇的那些塑像一般自由无羁。正相反，不管是大教堂还是小的礼拜堂，其形态都极为精确，以各种准确的几何形状拼接出高度对称的面貌。在新学院礼拜堂的深处，一整面石壁上排满了耶稣、天使以及圣徒的雕像，雕像刻画逼真，更重要的是设计者令它们俯瞰地上的人群，使观者不自觉地感到自身的渺小。

萧何曾向刘邦进言："非庄严无以重威。"宗教建筑以形态的精密束缚人性、以高耸的姿态超越人性，从而达到非人的、神性的境界，用非凡的技艺达到令人惊呼神迹的感召作用。宗教音乐也是如此，墨顿学院的管风琴低沉肃穆，新学院的晚祷童声澄澈，皆是以远离世俗歌谣的韵律向人发出召唤。

在牛津，宗教渗透到了社区生活之中。晚祷中加入了对国家、对社区居民的祝福，对"二战"历史的铭记，礼拜堂内除了有当地先人的纪念碑外还在墙壁上铭刻着"二战"死难者的名单，这一点与中国寺庙和纪念馆分离的情况截然不同。英国宗教机构发挥了一部分政府在公民精神文明建设方面的作用。当然，圣公会这样的组织本来就曾享有国教的地位，发挥这样的作用也不足为奇。

五、书法艺术

我选择英国作为访学地点的一个重要原因是希望在本次访学中实地考察英文书法作品，这一愿望在本次访学中得到了满足。此次在英国发现的书法作品以石刻的罗马体为主，多为纪念性碑文或建筑名称，在新学院的入口处以及基督教堂学院的一处门洞上方有哥特体的石刻。有趣的是，基督教堂学院墙壁上的划船比赛战报也应用了哥特体字母。在很少一部分纪念碑上也出现了哥特体以及更少的无衬线字体。

石刻应用的字体大部分端庄稳重，不过自然历史博物馆前为纪念关于达尔文进化论而设置的纪念碑却显得朴拙许多。不但字母本身不是那么刻板，字母的大小和位置也并非整齐划一，与字母四周随意自然的仙人掌搭配，显得别有一番趣味。餐馆门口招揽客人的小黑板应用了更为活泼的字体，有的用粉笔模拟了书法体的动感十足的字母，另一家标榜自己历史悠久的餐馆则使用了近似铜版印刷体的华丽字体。

在牛津大学物理系的 Beecroft 楼，我意外地发现了两幅手写作品。一幅介绍了 Clarendon 实验室的建造时间、捐款人及设计者，另一幅则为几项物理学（实验物理学）相关教职的历任者名单。前者装饰繁复，绘制了大量纹样，同时多处使用了贴金工艺（即在特定区域内涂抹胶水将金箔贴在纸面上，撕去无胶水区域的金箔，贴好的金箔可再以金属尖端刻画花纹。在伦敦的一处集市，我向一位出售作品的书法家请教了贴金的方法），使整幅作品显得格外华美；另一幅作品字数较少，仅在纸面正上方以花藤装饰，但在书写教职名称时仍然用到了贴金，总的来说版面简单大方。这两幅作品框在木质画框中被挂于 Beecroft 楼中，自有其古意，与楼内先进的原子力显微镜、电磁学装置、高温超导体形成了鲜明的对比。正像本次访学，我们既从讲座中收获最前沿的与量子通信、单光子光源有关的知识，从量子的角度去思考问题，又在 Beecroft 楼中陈列的旧实验仪器里回看物理学界先辈的身影，承接历史已经翻过的页面。

书法即是书写文字的艺术，因文字的多样性，书法艺术也具有多样性。本次访学令人惊喜的是在英文书法以外还有幸见到了埃及、希腊、罗马、中东地区的书法作品，文化和艺术的多元化令人赞叹不已。

六、牛津印象

在关于《贝奥武夫》的讲座中，教授以那古老的语言吟诵，于是残破的羊皮卷里朴拙的安瑟尔字母扭曲、升腾，化形成嗜血的凶怪、屠龙的勇者。

为光荣，为宝藏，尼采说："与恶龙缠斗过久，自身亦成为恶龙；你凝视深渊，深渊亦回以凝视。"

怪物本为人，人似成怪物，界限原不是那般明确。

在牛津，界限本就不太明确。

我们看见庄重的罗马体在学院的石壁上镌下昔日的姓名，肃穆的墨色留下古人的勇毅；

也同样看见活泼的字母写成店家的广告，缤纷的色彩绘出诱人的饮食。

院落的篱墙胡乱地累石而就，连着的石壁却平整光洁；

宫殿内大理石的塑像细腻逼真，楼宇外壁上探出的人形乖张扭曲，充斥着罗斯金喜爱的自由；

古老的楼阁连同楼前的墓碑蚀刻了历史的印记，延伸出的一角却是现代的玻璃和钢铁。

白雪纷纷，

有头戴圆顶礼帽、贝雷帽精神矍铄的老绅士，也有小毡帽的老妇人颤颤巍巍；

有人结伴同游，有人孤影伶仃；

室内人家甜蜜温馨，室外也有人瑟缩街角；

身体康健者大步流星,路过的中年妇女推着也许是他儿子的轮椅;

骑警的马蹄声悠悠地远去,不一会儿又响过救护车的急鸣。

于是我们知道,牛津神圣也寻常,古老也现代,生活同样地混杂着喜忧。它并非一个从人世中剥离出来的圣地,也就无所谓界限的划定,像爱尔兰作家乔伊斯所写的:"雪花穿过宇宙轻轻地落下,就像他们的结局似的,落到所有生者和死者身上。"

用力去生活
——牛津访学感想

万泽琛（经济与金融专业）

时间一晃而过，在清华已然学习、生活了四个多月。一切从最初的好奇转为平静与熟悉，我仿佛也开始茫茫然起来，不知道在这个群英荟萃、机遇与挑战并存的园子里，如何找到自己的方向。记得还未开学前，我曾经在"知乎"上提过一个问题，大致意思是大学生活应该注意些什么，有一个答案我铭记在心，它只有短短几字：用力而活。醍醐灌顶。我想以此作为自己本科生活四年的目标。但是几个月来，我仿佛并没有过上我所追求的"用力而活"的日子。有时候拖着半睡半醒的身子从寝室里走出，上课、自习、研讨以及期间不定时不定量地玩手机，一直到很晚才会再次拖着疲惫的身子回去——我看起来很努力，但却一直感觉自己浑浑噩噩，并不是在用力追求什么，体验什么，收获什么——这一学期下来，我竟有种莫名的慌张，深感自己并没有过上我想要的大学生活。

带着这种失落与迷茫，我开始憧憬这个寒假，憧憬这次的牛津访学。我希望它能给我带来至深的体验与感受，冲淡这些负面的情绪，让我走出困境，真正地理解"用力去活"这四个字。

坐在前往牛津的飞机上，窗外风景多变，时而是白茫茫的一座雪山，时而又是绿茵茵的一片碧草。这种大饱眼福的愉悦冲淡了困倦与不适，让我开始向往未来的几天，向往牛津大学——这个让全世界学子向往的顶级学府。不知那里有着怎样优秀的教授与学生，不知国外的精英教育有着怎样的亮点。我期待着每一场讲座，我期待在英国的每一天。我期待这场遇见。

我期待这场遇见，我希望在这九天见到不一样的风景。

一、讲座——用力去钻研

终于，我遇见了安迪·奥查德教授，古英语的魅力，词汇的演变。贝奥武夫固然勇猛一世，但最终还是成为深渊本身，限于欲望与权力的漩涡之中。"When people kill a monster, he becomes a monster."屠龙的勇士，变成了龙。而研究历史，是因为"The past can also be a reflection of the present"。想必看贝奥武夫者千千万，而能领悟得如此境界，并以一种生动幽默的方式讲出来的人便寥寥无几了吧！我在想，这是否可能就是"用力"的本意？用心去钻研一个人物、一部典籍、一个领域，用心去感受一种文化，一段历史……

终于，我遇见了关于通识教育的讨论——我们对于事实和知识的追求，远远超过了我们对于真理和思考的追求。信息时代，我们有时候在网上会攫取太多的信息，以至于没有时间去思考、理解这些信息。而我也不禁回想，过去的四个月，我是否也在一直追求事实与知识，一直在接纳这些新的信息，而不是主动去追寻和思考，以至于最终有了整日在忙却收获不多的感觉？原来，在通识教育中，比"学会一门知识"更重要的是"具备一种思维"！

终于，我遇见了罗森教授的讲座，透过一个西方人的视角，我对中国历史的理解有了不同的角度与认知。许多小小差异的背后——不管是从饮食到服饰——都是中西价值体系的差异。四十年的深度钻研，沉着大气的报告，不禁让人深感敬佩。像安迪·奥查德教授钻研贝奥武夫一般，罗森教授也用力去钻研了中西之差异源泉。

终于，我遇见了泰勒教授，深入浅出的讲解，他将"量子信息传输"这一晦涩难懂的知识改编为Bob、Alice和Eve之间的小故事。常言"无力物理，云里雾里"。但是教授的趣味小故事巧妙地将我们带入了这个本让人"云里雾里"的世界，也让我与前沿学科之间的距离又缩短了一步。整堂课程难度较大，却收获颇丰。我也更加清楚地认识到，这些当代正在研究的相关科技问题其实离自己并不遥远，我们不应拘泥于课程上所学的知识，也要主动去了解前沿的学科问题。

终于，我遇见了这每一场讲座，每一个课堂。从典籍到教育，从诗歌到物理，让我感触最深的不是这些奇妙而有趣的知识，而是教授们生动的讲解和他们对于自己领域研究程度之深。反思自己，若是我，我又是否有耐心去钻研外国的器皿、风俗、历史，来像罗森教授一样分析中西文化差异的源泉？若是我，我是否可以真正理解了自己所学的知识，并且深入浅出，像泰勒教授一样让大多数人都可以理解我的想法？

仔细想来，原来，我的迷茫是来源于对于所学缺乏一种"钻研精神"——换句话说，我一直沉浸在自己的舒适圈，习惯于中学的"接受式"授课方式，而并不是学会自己去主动理解把握。最终，我还是陷进了被动教育的漩涡，并不会给自己"布置作业"，并试图去以各种渠道完成它。面对着作业，面对着读书报告，我一直投以冰冷的目光，没有那种像各位教授一样从演讲中透露出的对自己领域的热爱与温度，以至于形成了一种整日在忙，却又无所收获的感觉。

二、生活——用力去体验

行走在牛津的街头，穿梭在伦敦的人潮人海。渺小，丰富。冷漠，温情。

街头艺人，拿起手中些许破旧的乐器，弹奏出悦耳的声音。大街小巷，三两白鸽，行人缓缓。暖阳洒在其间，不知又是哪户人家有了急事，引来警车轰鸣。

阴雨绵绵，天空多了几分憔悴。伦敦的广场上热闹依旧，硕大的电子荧屏上又是哪位当红明星宣传起了自己代言的产品。

人潮人海，地铁站满是去往不同远方的人群。或昏昏欲睡，或面带微笑，或憔悴哀叹，不一样的人生，不一样的风景。不知在他们的眼里，我又是什么表情，什么状态。

几场体验下来，令我印象最深刻的竟然不是著名的伦敦眼、塔桥，也不是让国人倍感亲切的Chinatown，而是这些在牛津、伦敦最日常的场景里所感受到的风情。可细细回想，难道在西安，在北京，在清华，就没有这样的场景吗？身处其间，我又为何没有如此之多的收获呢？

回想起在清华的四个月，是的，清华也有如此风情——起早上课，路遇互相搀扶、散步的老爷爷老奶奶；图书馆里，有轻声细语、放慢脚步去整理书籍的工作人员；午后暖阳，情人坡上的小猫翘着尾巴，慵懒地躺在了草地上……

是的，清华也有这些场景，我也有这些画面，可是我没有用心去体验身边的风景。没有像感受伦敦一样感受生活了几个月的清华园——我真的在用力生活吗？我忽略了身边的风情，忽略了自己感受生活的能力。每天疲惫地行走其间，我却早已忘记了感受这些美好，又怎算得上"用力生活"呢？

可能所谓的"用力去活"，便是对身边的事物用心，静下心去体验你所见到的每一处风景，你所见到的每一个人吧！而不是让自己终日忙碌，以至于没有静心去体验自己的生活……

终于，短暂的九天中，我似乎找到了"用力去活"的影子——你不必整日忙碌，但你要保证自己所做的每一件事，都是用心去做的。一学期下来，我看上去一直在努力，但却始终没有走出自己的"舒适圈"。我没有一股热情，一股对于学术研究的热情，一股体验生活的热情。我将周围的景物视为理所当然，并没有精心去思考其中的美与魅力；我将我所选的课程、所面临的作业都视为一种任务，并没有潜心去研究这些知识背后的奥妙。我甚至在阅读书籍时，也将"能写出读书报告"列为首要任务，而不是真正地进入书记所描绘的那个世界，用心去体验作者想要表达的意图……

进入清华园学习实属不易，我不能像这学期一样在草率中度过这四年。牛津之行让我看见了自己的渺小，也让我看到了那些"用力去活"的人是什么样的风采。在接下来的三年半中，我也当用力去生活，用力去钻研，用力去体验！我想，这可能是我在这九天中至深的体验吧！

求知与体验交织的生活

杨图南（经济与金融专业）

十多天前，刚从牛津回到家中时，我的内心是久久不能平静的。独坐在书桌前，回想起身在牛津的日子，太多太多的画面、思绪与情感如潮水般从心间涌入我的脑海，我努力平复自己的心情，试图将这些交织的回忆分门别类地归入一个个板块之中，却发现自己做不到——这段不长的牛津的日子已经带上了玫瑰色的光彩，每一个人，每一次对话，每一段体验都在不断冲击着我对于自我及他人的认知，激发着我对于知识的渴望。更重要的是，这段日子渗透出的生活的色彩真真切切地触动了我，并使我产生了对于生活前所未有的如此强烈的热爱。

十多天后的今天，又一次坐在书桌前，回忆起那段牛津的日子，我的思绪依然不能平静。短短十天不到的访学之旅实在让我学到了太多东西。如果一定要拿一个关键词去概括我的收获，我想它应该是"生活"。在牛津的民宿里，每晚睡觉前我都会回顾一天的经历。这一个个夜晚我所感受到的那种充盈于心间的充实感和发自内心的快乐，无不向我确证着，这才是生活应该具有的模样，或者说我希望我的生活所应有的样子。我愿意把牛津的这些日子视作一段求知与体验交织的生活，也愿意把它视为我理想生活的模板，渴望着在日后每一天里收获这样的充实与快乐。

一、求知的生活

讲座和交流串起了访学的日子，也是这次访学的主要部分。是这些学术的交流使这次访学脱离了简单的组团旅游，并将牛津这所学校的历史与现状更加鲜活地展现在我们眼前。我们得以真正地走进牛津教授的课堂，去体会一个牛津学生所接受的教育，去感受西方学者在人文领域的思考以及在科学尖端领域的探索。尽管这个过程很短暂，讲座内容受限于我们的知识储备也难以深入下去，但这种浸入式的体验和对于牛津学术生活的管中窥豹，都让我受益良多，这也构成了我认为极其宝贵的经历。

在这一部分，我想谈谈自己在这些讲座和讨论中的收获。虽说这些感想的得来都源自于讲座与讨论，但它们又不仅限于讲座和讨论的内容，而是来自于整个过程的方方面面。从讲座提供的文本本身，牛津教授别具一格的观点，到牛津学生的表现与想法，我们新雅学生这个团体所展现的闪光点，再到我不断完善自己的思考，改变自己的看法等等，这一切都持续不断地使我接触全新的事物，并从中取得收获。我将从讲座的内容与形式、牛津学生的想法、新雅同学们身上的闪光点这三个方面来记述我的感触，也供我在以后的日子里回顾这段牛津的经历。

1. 讲座的内容与形式

我印象最深的讲座是第三天在莫顿学院的那场考古学讲座。它让我印象最深，不是因为教授的观点与发现有多么的新奇，而是由于听讲座时我脑海中对于教授观点的不断思考与质疑，感慨与叹服，也由于讲座结束后我们一群同学在莫顿校园中对于讲座内容的进一步探讨与交流。

杰西卡·罗森教授从考古学角度出发，探究中西方的具体差异。她在讲座中向我们展现了大量例子，如中西方建筑格局差异、饮食文化差异、人际关系差异、价值取向差异等一系列物证，以体现中西方由于地域、文化观念所导致的全方位的差异，最终提出希望中西方能够做到理解彼此的差异，并尊重彼此文化传统的美好愿景。

这是一个将中西方差异清晰地呈现在我们面前的过程，杰西卡·罗森教授站在一个深谙西方文化并喜爱着中国文化的西方学者角度，向我们展现了她眼中的中西文化差异。其中不乏新奇的视角，诸如她将中西方食物相比较，得出了中餐比西餐更加精致的结论；再比如西方国家面积小且数量众多，而中国长期处在大一统的帝国中，由此产生了不同的人际交往模式——西方人往往乐于和陌生人建立关系，并认为这样是令人兴奋的，而中国人则相对较内敛，更倾向于熟人社会。这些精致的分析着实令人耳目一新，不仅仅开阔了我的视野，明白了还能够从这些角度去思考问题，也激起了我对于思考文化差异的兴趣，这是我的一大收获。

不过，作为一个西方学者，可能由于对中国历史和文化的了解还不够深入，杰西卡·罗森教授的一些看法可能还有所偏颇或者不够全面，这也引发了我的许多思考。比如教授在最后阐述中西方饮食精致程度差异的成因时，将西方食物的简朴归结于西方人认为饮食是仪式和象征的一部分，"一个人不应该吃得太精致"恰恰符合西方人观点中的"人不应该太富裕"的观点。与此同时，罗森教授认为中国人没有这种观点的存在，因而不断追求物质，并将饮食越做越精致。但是，我们可以看到众多中国古人笔下的对于"俭"的追求，对于奢靡的谴责，也能够看到西方帝王对于华美服饰宫殿的喜爱，甚至为了富裕而发动战争、殖民的历史。因此，这般解释饮食文化的差异我觉得是欠妥当的。还有诸如对于建筑形式、衣装打扮、货币形式的讨论似乎也只停留在指出差别的表层上，但其背后的原因却始终没有给出答案，而这正是我在这次讲座中特别想要了解的问题。没能听到教授的解释，的确有些许遗憾。

从整体上来看，尽管罗森教授的一些观点受限于对中国文化的理解还不是很全面，但是看到像她一样的西方学者热心关注中国文化，努力寻找中西方差异，不仅自己包容还呼吁人们包容这种差异，我觉得这份热爱与包容是值得敬佩的。而且，明确了解中西方的各方面差异，对于日后中西关系的进一步发展也具有重大的价值。这也是我对这次讲座印象尤其深刻的原因。

除此之外，关于贝奥武夫的讲座也令我印象颇深。它所深深吸引我的是，教授本人的魅力和他的授课方式。没有讲台，没有麦克风，只有一块不大的白板和印着贝奥武夫诗歌的小册子，这就是安迪教授这堂讲座的全部准备。身着黑色西装和白衬衫的他须发都已斑白，这首贝奥武夫，他已读了四十余年，也已教了二十余年。很难想象，面对同样一首诗如此长的时间，当每一个字词可以不经思考脱口而出时，一个人还能它产生怎样的热情。但是，安迪教授不一样,他对于这首诗的热情丝毫没有减弱。当他以深沉却充满激情的嗓音以古英文朗诵起这首诗时,我着实被震撼了。的确,如教授所言,这首诗是"A poem to be heard, not read."鲜明的节奏感,轻重音节的起伏,连串的爆破音、喉音与鼻音,再配以教授到位的表情与动作,诗中怪物格伦德尔潜伏、逼近、暴起屠戮的形象借由音效,仿佛真实出现在我的眼前。这无疑是教授在深谙诗歌内容后倾心的呈现。伴随着每一段的朗诵的是教授本人对于诗歌的解读。从诗歌内容讲起,到各种隐喻的解释,再到古英文中造词、一词多义的细致分析,安迪教授抽丝剥茧般一层层地向我们展现这篇贝奥武夫中蕴含的种种内涵。分析过程中不乏幽默风趣的语言与肢体语言,更是引人入胜。讲座末尾,教授自述因为 Allen 这个名字中蕴含有勇敢的意思,而将自己的小女儿取名为 Allen,以此收束,也展现了这样一个幽默又充满激情的教授心中那柔软温情的一面。听完这场讲座,我不敢说自己对于贝奥武夫这篇诗歌的理解有多么深入,或是从中学到了古英国的多少特质。但我会铭记,这位教授身上展现出的人格魅力,他对于同一首诗歌持久的热爱,对于将自己所爱事物分享给一批批学生的热心,从中折射出的这种生活态度。

  第三个可能算不上讲座,只是在一次次参观学院的介绍之中,我所感受到的牛津各个学院对于学院共同体文化的构建。在参观新学院时,讲解老师第一次提到了学院对于共同体文化的重视。学院往往采用四合院式的四边形建筑,中间留有草地,当时这样的设计正是为了让教授和学生共同生活在同一个区域中,从而加强彼此间的交流,增加对于集体的认同感。又如每个学院有自己的餐厅、教堂、公共活动空间(JCR),这都旨在学院内部提供一个自己的公共空间,每一次进入这些空间,学生便能够自发地产生"我是这个学院的学生,这个学院的所有人都与我有关"的感受。这可能跟我们新雅书院拥有自己的宿舍楼,楼下 103 和外面的大厅是属于我们自己的学习生活空间是一个道理。在莫顿学院的那场关于"What Makes Oxford Different"的讲座中,教授也说道,他们之所以重视共同体概念的建设,是因为他们相信"Talking with other people makes you wiser.",这与我们古话中"独学而无友,则孤陋寡闻"有异曲同工之妙。在共同体的概念下,每个人不再是割裂开的一个个孤独的个体,而是休戚与共的、追求美好的并肩的前行者,这对于个体的发展,对于整体的进步,都有着积极的意义。也正是这趟牛津之旅,才让我真正理解到了新雅为了共同体建设所做出的努力及其价值。回身来看,功能更多样,面积更大的公共空间;同级、跨级学生之间更多的集体活动;更多的情感交流的渠道与平台,或许是我们新雅书院共同体建设的未来方向。

2. 牛津学生的想法

  总的来说,这次访学之旅和牛津学生沟通的机会不多,真正能够和他们学生坐下来面对面谈话的机会更是少之又少,但是少有的那两次沟通却也能让我感受到牛津学生身上的不同之处,和他们对于中国境况的好奇。

  我与牛津学生的两次面对面交流都发生在午饭期间(参观学院期间和学生领队的谈话更像是 Talk to you 而不是 Talk with you,故而没有很深的交流):一次是新学院讲座结束后学院安排的共进午餐,还有一次是在午餐排队时邀请来的华裔研究生。第一次午餐时的牛津小哥读大二,是英国本地人,对中国的国情表达了强烈的兴趣,不断询问我们对于国内事件的看法。而在我们向他问起由民主而起的英国脱欧乱象时,他也表达出了对于脱欧的失望和重新投票的意愿。他说的有一句话令我印象颇深,大意是英国正处在衰落的过程中,不再像过去一样强盛,英国与英国人民正在重新确定他们在这个世界所处的位置。这大概是英国人眼中的英国的真实写照。第二次和我们交流的华裔学生家在美国,这是他在牛津做研究生的第一年。他同样对中国很感兴趣,向我们询问了诸如高考体验等一系列问题,这大概是因为现在西方对于中国日渐重视,外媒对中国事件大量报道的缘故。比较特别的是,从他的口中我们也了解到了一些关于牛津研究生的情况。研究生时,导师制不再像本科一样占据大量时间,用于培养学生的思考能力,而是转变成为研究服务的体制。导师往往将所处领域的几篇前沿论文交给学生自己阅读并在见面时解答疑问,或为学生研究方向提供指导。这也从一个侧面反映出牛津的教育方式在不同阶段各有特色,我们所看到的本科生教育模式只是牛津教育体系的冰山一角。

3. 新雅同学身上的闪光点

讲座不仅仅是台上的教授向我们传递知识,更包含了与同学的互动,听取学生的想法,接受并解答同学们的提问的过程。每场讲座最后的五到十分钟的学生提问时间,是我整场讲座最期待的时刻之一,因为这在让我们提出自己疑问的同时,更让我们有机会知道别的同学在听过同样一场讲座后的理解与思考。每当听到别的同学提出自己没想到的问题时,我便会转而反思自己听讲与思考的过程,探究自己所忽略的部分,从而以此为鉴,期待在下一次讲座时有所提高。与众多优秀的新雅同学们一起听课的快乐便在于此:你可以轻松找到自己的不足,并且不断努力提升自己。

第四天量子通讯讲座后的提问环节使我印象颇深。讲座前我自诩是个物理还不错的理科生,并且英语也不差,觉得听懂这个讲座应该不成问题。讲座开始后二十分钟,教授用故事的形式把量子信息传递的模型讲完时,我还能大概理解他的意思,但等到开始具体讲述光子的偏振时,我便听的云里雾里,最后开始阐述如何获得单光子等等时,我终于完全跟不上节奏,缴械投降。待到讲座结束时的提问环节,看到一位同学用流利的英文向教授询问着我完全不能理解的概念时,我深刻体会到了自己在理解能力上的差距,也为他在大家都没有问题可问的情况下挺身而出的勇气暗自喝彩。后来再听到其他同学起身承认自己有概念没听懂,并向教授提出能不能再讲得更具体一些的时候,我回想起之前自己一听不懂就缴械投降不再听下去的行为,更是一阵惭愧。正是在像这样的一次次讲座后的提问中,我不断审视着自己,在新雅同学们的闪光点中发现自己的不足,也进一步激发自己对于知识的渴望。

我依然清晰地记得在第一次讲座之后,曹莉老师鼓励我们要勇于提问,勇于说出自己的想法,在学问上绝不能内敛。从第一次讲座只有一名同学提问,到之后每次讲座都有至少三四个同学发表看法,再到最后一次"A Poem for a Dried up River"讲座时,大家纷纷跨过语言的障碍,和教授面对面提出自己的理解,我看到的是我们新雅同学们作为一个整体,逐渐走出自己的舒适圈,放下曾经的那份胆怯,从而成为一个更完善的、更开朗的群体的过程。这正是由于我们每一个同学努力，也正是在一个个率先走出自己舒适圈的同学们的带动下才产生的结果。这是我在新雅牛津访问团身上所发现的闪光点，也为此而感到自豪。

二、体验中的生活

我想这次伦敦之旅在我记忆中留下的最鲜艳的那抹颜色，不是在讲座中所习得的知识，而是在讲座之外、属于我们自己的时间内所体会到的真实的、强烈的、前所未有的对于生活的别一番感受与思考。这些感受与思考很大程度上改变了我原有的看待生活的方式，让我看到了生活本身存在着的新奇与色彩，以及自己内心所向往的生活。

我想把这个感想分成两部分，一是活动小组这样一个集体带给我的感悟，二是自己独自一人在伦敦漫游时的所感所想。

我觉得我们这个活动小组是相当特殊的，从它组建的那一天起，团建活动便已经开始了。从微信群里的聊天，到线下一起相聚讨论活动安排，再到平常的约饭，互相之间帮个小忙等等，集体的概念早早便建立了起来。大家早已熟络，彼此之间也有一定的了解。待到一起住进民宿，这又提供了一个很好的交流平台，大家的关系也就更紧密了一些。

说了这么多，我想强调的是在一个个悠闲的夜晚，大家一起谈天说地时产生的那些思维的碰撞。因为早已熟络起来，我们也愿意在晚上随意地窝在沙发上或是坐在地毯上去闲聊。在一次次的闲聊中，你能够感受到每个人对待生活不同的态度，对于人生各异的思考。长久以来，我困惑于人生的价值与意义，每每思考时便得出人生虚无的结论，使自己陷入迷茫，在迷茫中失落。在这样夜晚的闲聊中，我们也探讨起人生的价值与意义。我看到了和我分享着同样的迷茫的朋友在不断寻找着这个问题的答案，看到了认为虽然人生不存在特定的意义却依旧怀着饱满的热情寻找心之所向的人，也看到了坚信生命的意义就在于探索生命本身的人。他们的思考与追求无不触动着我，在促使我审视自己的观点的同时，将全新的思考方式展现在我面前，鼓励我从更多的角度去探索和发现人生的价值。我不确定我们的想法是否正确，但是得知有一群和自己一样在不断寻找思考人生价值的同伴，这本身便是鼓舞人心的。

这样一个活动小组带给我的，还有一份强烈的归属感和情感的共鸣。在这种强烈的归属感中，我隐约看到了一种"家"的概念，每个人过着自己的生活，却又发自内心地为整个小组考虑，自愿地去承担一份责任。这种始于情感共鸣，最终外化于行动的对于集体的责任感和发自内心地对这样一个小共同体的归属感，在我眼中是特别奇妙美好，而且承载着生活的温度。

在伦敦的日子，又是另有一番滋味。我们住在伦敦，整整两天的时间可以自由分配，去做自己想要做的事情。这无疑是整个旅程中最自由的、真正属于自己的时光。两天的时间，我选择独自漫步于伦敦街头，随心所欲地用单日票搭乘着地铁往来于那些车站，去体验在一个陌生的异域城市中悠游的畅快。没有一个固定的线路，没有一个规定的时间，也不会受制于任何人去做任何不喜欢的事情，这种全然由自己掌控的生活在我面前散发出了金色的魅力。孑然一身的酣畅又自主的行动，是我以前任何一次旅游时都不曾体验过的。在这样一片陌生的土地，陌生的城市，一切都值得去发现与探究，一切蕴含于街巷中的美丽都值得深深回味。这种不断发现与探索的过程，似乎从某种意义上正是人生的缩影。细细品味自己在伦敦这两天的感受，其中有自由带来的快乐，有新奇感带来的刺激，有热爱带来的充实感，也有不经意处的美所带来的满足。也许，还有更多……种种感受交织在一起，构成了可能是我很长时间以来最绚烂的日子。我从中仿佛体会到了心目中美好生活的律动，触碰到了有价值的生活的脉搏。或许如何在新奇感消失殆尽的日常的生活中，找到同样的乐趣，并重温这样的体验，是我在未来的日子中所需要探索的。

三、总结

　　我草草地将这趟牛津之旅的感想分成了求知和体验生活两部分，并不是说整个旅程中只有这两点收获，而是说这两点对于我的触动最大，在我的记忆中留下的痕迹最浓厚。求知和体验生活两部分也不是对立的，求知总是生活的一部分，而体验生活的同时我也加深了对自己和他人的理解，收获了新知。牛津之旅的收获和记忆还有太多，我不愿把他们一一列举出来，因为文字终究不能传达出那一个个生动画面的色彩与温度，我愿意将他们定格在一张张照片中，在一份份久久不能忘怀的回忆中，它们将长存下去。

两种英国史
——试论脱欧公投中的代际差异

孔祥瑞（政经哲专业）

伦敦时间2016年6月23日，英国举行全民公投决定英国是否留在欧盟。最终"英国脱离欧盟"一方以51.89%比48.11%占据多数。为了理解投票者是如何做出决定的，利用2017年暑假在牛津和LSE总计一个半月的学习时间，我在课余与当地居民聊天，共记录下18场访谈。访谈中发现，年轻人与老年人在如何看待英国、如何看待自己两方面有显著不同。他们对英国的定位影响了自身对英国是否应该脱欧的判断。本文试呈现这种差异并分析原因，从而理解年龄如何影响人们投票。

这些访谈短的只有几分钟，最长的有四小时。所有访谈均从一个极开放的问题"What do you think of Brexit？"开始，大体来说，老年人常说"过去如何如何""几几年发生了什么"，有的人甚至以讲一段英国史作为回答。年轻人则总强调"如今是某样的世界""以后要做什么就不方便了"。老年人普遍比年轻人对英国未来有信心，年轻人最常说的一句话是"我不知道"，展现出极强的不确定感。

一些年龄大的人指责年轻人畏惧变化，同样也有一些年轻人指责老年人抗拒变化。老年人认为年轻人从出生就生活在欧盟中，不知道英国独立于欧盟时是什么样子；年轻人则认为老年人不了解现实状况，选择脱欧是违逆大势。要理解这些看似矛盾的话语，还得从理解他们眼中的英国史开始。

一、另一种英国史

所有访谈者中给我留下印象最深的是我在牛津沿河跑步时偶遇的一位约50岁的男性。当时他坐在河边草地上，旁边放着自行车，我猜应该是锻炼中途停下休息。知道我来自北京之后他很兴奋，和我聊了约一个半小时。他是牛津毕业生，过去在英国政府金融部门工作，也曾在德国生活相当长时间。他是脱欧的支持者，但在投票中选择弃权了，因为"有很多非常好的德国朋友，但也清楚地知道世界的未来在亚洲"。虽然我在中学和大一时期也了解过一些英国史，但通过他才真正明白了英国人眼中的历史是什么样的，不是在知识上理解，而是在情感上理解。为了尽可能复原这种感受，下面我尝试重述我们两个的对话：

"英国统治了整个世界200年，我们用如此小的一个地方——或许和北京差不多大小，却建立了如此庞大的日不落帝国，东至……西迄……100年前，德国不断强盛起来，各个工业指标均与英国媲美。最终在我们与德国之间发生了第一次世界大战，这次战争死了1500万人！1500万！英国虽然胜利了，但却变得非常虚弱。后来，德国出现政治强人，拒绝赔付战争赔款,德国再次强大起来,发生了第二次世界大战。"二战"的时候,哪怕美国人负债,他们也要给我们物资。这不是因为好心,而是他们要换取我们的各种资源。美国在最后一分钟才参战,他们和我们说:'要不就任由你们被德国毁灭,我们不在乎;要不我们参战救你们,但你们要承诺在战后放弃所有海外势力(power)。'后来,在美国和俄国击溃德国后,我们按照约定放弃了所有海外殖民地及其他各种势力,随后在一片废墟上重新建起这个国家。20世纪70年代,我们发生了严重的经济危机,那时人们甚至喝不上干净的水、犯罪率提升、失业率也很高……那是整个英国的最低谷。就是在那时,我们加入了欧盟,选择和敌人和解。你可以想见那时候我们的屈辱心情,加入欧盟后,英国内政竟然需要过问西班牙、葡萄牙! 1989年东欧剧变,柏林墙被推倒,大批原本生活在苏联控制区的人进入欧盟以寻求更好的生活。他们穷困潦倒,没有工作。那时大约500万人进入英国,英国受到了极大的影响。1999年启用欧元,布鲁塞尔想要完全控制英国了!我们曾经失去了对边境的控制权,现在竟然要失去自己的货币!所以英国人断然拒绝加入欧元区。那时是英国脱欧思潮的萌芽。英国人向来是拿着计算器做决策的,既然现在脱欧对英国有利,我们为什么要留在欧盟呢?我相信,世界的未来在亚洲:马来西亚、新加坡、日本、韩国……当然,还有中国。英国一直和这些国家保持着非常良好的关系。中国经济飞速增长,而且你们是真实的增长,你们真的在创造财富。美国的增长非常缓慢,而且真实增长很少。欧盟里的很多国家经济增长也非常缓慢,德国、意大利、西班牙等国的生育率接近零甚至为负值,这意味着他们的国家在缩小!现在英国人买欧盟的东西,欧盟却不买英国的东西,这意味是他们依赖我们,我们不依赖他们。欧盟很多国家非常不希望我们离开,他们不想让我们走。(问:你不担心脱欧引起的不确定性吗?)英国从不惧怕"change",英国从来都在变化,一刻不停地变。我们可能是世界上最现代的国家,最能适应变化的国家。英国的一切都在变,我们追求现代,但欧盟中的很多国家却抱着自己的传统不放。德国、意大利、西班牙……他们不希望改变,他们不愿意现代化。他们甚至可以忍受自己国家高达25%的失业率!谁去养那25%的人?反正英国人不会负责养他们的。我们不惧怕冒险。英国人喜欢商业和战争。我们处在这么小的地方,却曾统治全世界的三分之一!从1970年代经济危机到后来能够再次复兴,这都是因为英国人非常聪明、非常坚韧,未来为什么不行呢?(问:英国的年轻人大多投票留在欧盟,年长一些的人却投票离开,你怎么看?)这很正常,从进入欧盟到现在已经40年了,这是相当长的时间,是我母亲一半的人生。对于年轻人来说,是他们的全部人生。他们不知道英国还可以独立地存在,不知道我们可以很好地管好自己的事。他们不了解英国的传统,没有经历过这些历史。很多人担心,离开欧盟后,英国的很多权力会被美国攫取走,很害怕美国人。我也很害怕美国人,英国脱欧必然会导致美国得到更大权力,但我相信世界的未来终究在亚洲。你们中国人有很强的历史感,可以接受用两三百年的时间成为世界第一。你们拥有四五千年的历史,两三百年与之相比不过是很短暂的时间而已,世界的未来在中国。"

与这位中年人强烈的历史感、对大英帝国的自豪感不同,在我和年轻人交谈时,我感受到的更多是他们的迷茫和焦虑。由于没有代表性人物，因此在年轻人的部分，我尝试在不改变原意的情况下对他们的观点进行拼贴。

很多年轻人将脱欧形容为一场"意外"，他们的大多数对此难以相信，甚至抱着也许这只是一场闹剧，最终脱欧不会发生的想法。谈到脱欧带来的影响，他们回答的也更具体，认为这打乱了他们的生活。

"最开始的确有政客在背后推动，但大多数人投票的时候没太认真考虑过后果，只当这是一次玩笑。""地球越来越像是一个村庄，这是大趋势。英国在这个家庭中已经 40 年了，现在却要离开？真不可置信！""我不知道脱欧之后会发生什么，甚至连脱欧会不会发生都还没确定呢。""很多人因为英国的移民多而厌恶留在欧盟，但外国人来英国，我们也会去欧洲工作啊！他们已经快退休了不考虑这些，但我们不行啊！"……

二、两代人的成长经历

新老两代人不同的历史感可能是脱欧投票中的代际差异的根源。让我们设想两代英国人不同的成长历程：

假如 2016 年投票时一个人 60 岁，那么他出生于 1956 年。他的父母应该是在 1935 年之前出生的，这意味着父母完整经历了"二战"。而在"二战"前及"二战"期间，英国仍然是世界上最强大的几个国家之一，还是一个帝国；只不过在战后丧失了几乎所有殖民地与海外特权。他的父母应具有极强的"帝国"观念。经历过战争的人结束后总会与子女谈起战争。这些日常怀旧又将"英国人和德国人有过战争"这个观念深深烙印在他心中。

他人生的前 17 年都生活在独立的英国，直到 1973 年英国加入欧共体。这于他而言是个挑战，接受与宿敌——德国与法国——和解毕竟并非易事。1991 年《马斯特里赫特条约》获得通过，35 岁的他思想已经基本定型。后来他发现英国转移给布鲁塞尔的权力越来越大，英国事务竟然要过问曾经那些根本不被放在眼里的小国。1989 年东欧剧变，1990 年推倒柏林墙，大批原本生活在苏联控制区的人进入欧盟，他们一穷二白没有工作，大量人口涌入英国。1999 年欧元区成立，他觉得布鲁塞尔竟然想要控制英国的经济！经济是命脉，他断然拒绝。时间就这样一步步走到了 2016 年，他一定想起了 40 年前的那次全民公投。只要想想曾经的大英帝国，他就明白了英国人自己管理自己可以做到多好。几十年来，是他这一代人将英国从极度困难带到如今，他深切明白英国人是多么坚韧。如今眼见很多欧盟成员国的经济、人口增长缓慢，而亚洲正在崛起，何不摆脱欧盟的包袱？脱欧的确意味着巨大的不确定性与变动，但 60 岁的他经历的大变动还不够多吗？

再看 2016 年刚满 30 岁的人。他出生于 1986 年，此时英国已加入欧共体 13 年了。1993 年欧盟正式诞生，7 岁的他刚开始记事不久。他的所有记忆几乎都是在欧盟内形成的，他早已对欧盟的存在习以为常，也从不知道英国独立管理自己是怎样一番的光景。他出生时的世界与 1957 年相比已经大变样，英国已成众多强国之一。网络与媒体将他与欧盟大陆乃至全球同龄人连接，全球化对他来说就像口袋里的手机一样实在。虽然知道祖辈曾缔造了日不落帝国，但empire这个词在他脑中绝不像在父辈脑中那样根深蒂固。

他这一代人大多数都有去欧盟其他国家旅游、学习、工作的经历，哪怕一直在国内，也可发现身边同学来自各个国家。60岁的人最初接触到的移民和难民相差无几，可30岁的年轻人谈到移民首先想到的是自己可以去别的国家工作，想到的是身边的朋友。他的人生还很长，30岁的自己拥有无限可能性，脱欧却似乎将他们的人生限制在了英国。他相信全球化是大势，时代已经变了，那群老人却总想着回到过去，抗拒变化。

虽然同一代人之内也可能有非常不同的家庭背景，但同代人大体上会经历同样的"大事件"。这些大事件成为一代人的共同记忆，形塑他们对自我、对英国的认识。时下我们该问的或许是：老人已为年轻人做出选择，但他们能否将自己年轻时的豪情壮志传给如今的年轻人呢？一群从未生活在"独立"英国的人，能否像老一代人那样靠自己管理好英国？30年后，新一批年轻人又将拥有怎样的共同记忆和情感？

相知牛津

陶云松（电子信息科学与技术专业）

虽然提前了解到牛津大学是一所"没有校园"的大学，但初到牛津时，由于已经习惯了中国由外墙包围的大学，对于这样一所完全融入城市的大学依旧感到十分陌生。我的学院 St Peter's College 位于市中心，但其附属的住宿区却并不在学院里，而是分布在城市中，外形与普通住宅无异，为此第一天找寻宿舍竟然花了一个小时。

一、牛津街景

牛津大学就是这样一所"星罗棋布"的大学，更准确地说，星罗棋布的是牛津大学的各个学院。牛津大学为学院制（collegiate system），每个学生都会属于一个学院，每个学院都有各自的图书馆、食堂、教堂、宿舍、学生会组织、酒吧以及进门可见的四方草坪。学生的住宿、饮食、大部分的学习与活动都是以学院为单位进行的。所有学院受大学统一管辖，但大学并不干涉每一个学院内部的管理，因此对于每个学生而言，学院的存在感会远远大于学校的存在感，每个学生在介绍自己时，都会说出自己来自哪个学院。在当地人眼里，似乎"Oxford"一词仅仅只是这座城市的名称而已，并不代表牛津大学。

每个学院拥有来自不同专业的学生，部分传统的学院只有文科专业。不同专业的学生聚集在同一学院里，就像我所在的清华新雅书院一样，确实能促进不同专业学生之间的交流。要说牛津学院的生活方式与新雅书院有何差异，我想便是牛津的学院国际化程度更高，在一次学科聚餐的晚宴上，环顾一桌来自同样专业的同学，七位伙伴竟然分别来自五个不同的国家。

当然，与清华类似，每个学生也隶属于一个院系，但院系仅仅只与学生的一部分学习相关（lecture 与 practical 由院系负责，tutorial 由学院负责），与学生的生活几乎无关。每个院系都有各自的大楼，用于开设 lecture 与 practical，院系中的大部分老师、博士生以及部分研究生会分配至各个有该学科本科生的学院，成为该学院负责该学科的 tutor。许多院系有自己的图书馆，这些图书馆加上各个学院的图书馆以及学校的图书馆，正好有 100 个，共同构成了牛津大学的藏书库。

经过每学期的选课，我发现牛津大学其实并非是一所实行通识教育的大学，这与清华大学新雅书院的理念有一定差异。在牛津，每个学生的课程几乎是固定的，学生只在各自学科的 short option 中有一定选择的权利，但并不能选择其他专业的课程（当然，旁听其他学科的 lecture 是没有问题的，但学生一定不会被分配有负责其他学科的 tutor）。想起在新雅书院大一的新生导引课"大学之道"中，曹莉老师的一篇文章写道，"英国的通识教育主要在中学时进行，因此每一位学生在上大学前就已经具备了基本的通识素养"，我想这或许便是牛津大学注重"专业教育"的一个原因吧。不过，这里的"专业教育"或许不够准确，牛津虽说课程较专，但其 tutorial system 对学生的批判性思维、创造性思维、自信表达等能力依旧有足够的培养与历练，这些又何不是通识教育重点培养的目的呢？

二、教育模式

牛津大学的一学年为三学期制（Michaelmas Term, Hilary Term, Trinity Term），每一学期共九周，包含行课的八周与行课前第零周［学生与 tutor 提前见面商讨选课及参加学期前的考试（collection）］。每学年第三学期末，所有同学需要参加各自专业的期末考试，每学年的期末成绩是牛津大学考核学生最重要的标准。据说，大一学年期末成绩排名末尾的同学会被强制退学。

牛津的教育模式主要由 lecture 与 tutorial 构成，部分理科学科会有 practical 部分。

Lecture（讲座）的授课形式与清华的大班讲授相差不大，不计考勤，不要求强制参加，每一节讲座时长为 50 分钟。牛津大学 lecture 的习惯为 "starts at 5 past and ends at 5 to"，"So if you arrive at the lecture at 10, don't worry. You have 5 minutes left!" 文科学科一学期有两门课，一门 major，一门 minor；理科学科一学期的课程数量一般为四至六门。理科学科不同的课程对应讲座的次数与时间不同，有的贯穿整个学期，有的仅仅持续三周。刚到牛津的第一学期中，lecture 的挑战主要来自熟悉口音。虽然自己来牛津前强化了英语水平，但意料之外的是并非所有老师都是英国人，还会有部分带有口音的印度人、法国人、俄罗斯人等，因此第一学期初我花了很多时间去适应每位老师发音的特点与风格。能够帮助我很快适应的一个重要原因——也是牛津与清华讲座课不同的一点——许多课程的每一次讲座均会录像，这不仅便于同学课后进行温故复习，也为我适应全英文的教学提供了很大的帮助，同时自己能将课上的时间更多地用于听与思考，而非盲目地记笔记。

Practical（实验课）是一部分理工科学科含有的课程。由于自己在清华没有上过物理系的实验，因此无法进行对比。牛津物理实验的覆盖面较为广泛，许多实验的理论知识并没有在理论课中学过，需要自己在每次实验前认真阅读实验的 script。

Tutorial（导师制）是牛津最具特色的教育方式。"Studying in Oxford, the most exciting and stimulating part is tutorial!" 文科的 major 学科每周一次 tutorial，一学期共八次，minor 学科每两周一次 tutorial，一学期共四次，每次 tutorial 前需要阅读相应的文献并完成一篇 2000-2500 字的文章。回想起大一在新雅的一门文科通识课——"自我、他人与社会"——在十六周内阅读九本小说、完成五篇文章的经历。八周完成十二篇文章、阅读大量的文献的确是一个不小的挑战。理科学科不同课程对应 tutorial 的次数不同，平均每周两次 tutorial。每次 tutorial 前要求完成一份 problem sheet。Tutorial 的内容主要为讨论 problem sheet 上的问题。牛津的 lecture 由老师讲授，学生很少有机会将自己的问题在课上提出，只能在课间仅有的几分钟时间里向老师提问；但 tutorial 以学生为核心，师生比在 1∶3 以上，许多 tutorial 的师生比甚至能达到 1∶1。

三、个人收获

1. 学习

在牛津的一年里，在学习方面最大的收获当然来源于 tutorial。Tutorial 在导师的办公室进行，第一次走进导师的房间，古典的装饰与装满整个书架的图书给人一种素朴典雅之美，让人在温柔而严谨的气氛中投入学术的讨论中。

牛津理科的 tutorial 与清华的习题课其实有一定的区别。的确，每一次 tutorial 前要求完成的 problem sheet 都是一份习题，但这些题目并不都对应于近期 lecture 所讲授的内容，大部分题目会涉及一些 lecture 上没有提过的，或是比提过的更加一般化的概念与模型，甚至是一些之后的 lecture 才会讲授的内容。因此，这样的题型设置能够很大程度地提升学生的学习自主性。同时，即便是理科，课程也没有"对应教材"一说，只有一张老师推荐的 reading list，上面的每一本书都各有优点与不足，老师会整合多本书的精华进行讲授。经过一年的熏陶，自己已经逐渐习惯在 reading list 上挑出一部分书籍从图书馆借阅，这与大一时从未在理科课程借过书的自己形成了鲜明的对比。在 problem sheet 中遇到没有见过的概念与定理，或是想要对老师讲过的某些内容进行深度思考时，我便会求助于 reading list，通常一本书还不能完全解决自己的疑问，这时需要同时查阅多本书籍，这样对于理科学科也能做一些独特的"cross reading"。十分感谢 twenty-four/seven 开门的学院图书馆，无论何时都有知识的海湾为我敞开，我也更能理解在牛津为何学生"跑馆、泡馆"是最方便而又最幸福的事情。

Tutorial 并不是 tutor 一个人的独角戏，每一位参与的同学都是不可缺少的一部分。Tutor 会尽可能引导同学们对某一个问题进行讨论，并让同学就该问题提出自己的看法，也会让同学们互相评价对方的观点。例如 tutor 时常会对一个重要的知识点进行提问，如果一个学生回答的不够满意或不够完整，他便会让另一个同学进行补充，以达到讨论甚至辩论的效果。面对 tutor 的质疑，如何用合理的依据进行辩护；就一个新的问题，如何提出自己的疑问与新的观点；遇到其他同学提出的新方法，如何在短暂的时间内进行思考；如何融入一群 native speaker 进行学术问题的探讨，这些是在每一节 tutorial 都会遇到的挑战。除此之外，tutorial 中的学生还可以充当 tutor 的角色，许多 tutor 会主动让同学在黑板上讲解题目。如何用简洁清晰的语言和板书将一道复杂的题目在黑板上向 tutor 与其他同学讲解清楚，如何回应讲解过程中同学的疑问，这也是 tutorial 中难能可贵的体验。

2. 自主

英国的住宿与中国有着很大的区别。在清华，宿舍、浴室是同学们每日必不可少的聊天场所，但牛津则大不相同，生活区域是较为严格的私人空间。宿舍均为单人间，包含一张单人床、一些衣柜、一个书桌。自己的运气算是不错，宿舍还包含一个独卫与独浴。可见，除了上课与吃饭，似乎没有什么事情不能在自己的宿舍解决了。宿舍楼有两部分公共区域——厨房与 common room。或许是因为物价较贵的缘故，我时常不去学院食堂吃饭，而是自己买菜下厨。在厨房总能遇到特别健谈的外国朋友，一起聊聊各自的饮食习俗和生活习惯，学习国外饮食的烹调方式，也能为紧张陌生的学习生活增添一番风趣。

但是，这样一种公私分明的宿舍格局对每个人生活的自主性与自我调节能力提出了很高的要求。在清华，每人都有自己的室友，聊天不愁缺少伴侣，熬夜不愁独自一人。然而，牛津的单人间住宿却打破了这一切常规。进入冬季，黑夜的时间逐渐增长到十六小时，课业压力也逐渐增大，牛津夜里国内的好友也都早已睡下，在这样的处境中应对繁重的 due、克服孤独、调整心态也是对自己独立自主能力的一次很高的考验。

同样也是没有室友的缘故，许多日常的琐事也变得不那么简单。查询自己的账单缴费情况、宿舍物品的报修、收取信件、警局注册、办理签证等事务，在清华都是一人办理、旁人效仿的模式，在牛津则只能依靠自己询问老师，慢慢摸索，许多事情几经周折才能得到满意的结果。

3. 社交

（1）Tutor

在牛津，最重要最频繁的交流便是与 tutor 的沟通。Tutor 不仅是学习上的导师，也算是生活导师。自己有任何问题都可以与 tutor 直接沟通，也能从 tutor 那儿得到许多有价值的建议。当然，与 tutor 进行学术交流是必不可少的。除了课程以外，跟随 tutor 进行学术前沿的探讨、进入实验室做一些相关的科研也是与 tutor 共处的一部分经历。

（2）Tutorial Partner

Tutorial Partner 是自己学院里一起学习物理的同学，也是我在学习方面的小伙伴。大家每周一起上 lecture 与 tutorial，也时常吐槽一下每天的课程与上课的老师，与他们频繁的交流能让我感受牛津学生课下讨论的话题，同时更好地融入牛津的教学生活体系。

牛津有一个富有特色的传统——college family，每个同学都有各自的 college family，类似于清华的新生小导，每个 family 由五六名成员组成，包括两名高年级的 parents 和几名新加入的 children。每学期开学前几个关系不错的 family 会一起聚餐玩乐，带动新同学更好地融入全新的大学生活。

（3）JCR and College

牛津大学的学院制让每一位同学的社交圈主要集中在自己的学院。每个学院都有自己的 JCR（Junior Common Room），类似于清华的学生会组织，学院的每个本科生都是该学院 JCR 的成员。JCR 时常会组织活动、讲座、会议来促进不同年级、不同专业学生之间的交流，增进学生之间的感情。除此之外，学院本身就是一个跨专业、国际化的平台，每个学院都有来自世界各地、不同专业的学生。在新雅，我习惯了享受与不同专业同学聊天的乐趣，在牛津跨专业的交谈也显得格外亲切；同时，在这里我还能结识来自不同国家的朋友，了解不同文化、不同习俗的同学分别会怎样思考问题。非常幸运能在来到牛津之前拥有新雅一年的通识教育基础，自己对这样多领域、多角度的交流与融汇有了浓厚的兴趣，一年的交流也让自己格外充实。

（4）Student Society

牛津课余时间的活动非常丰富，社团就是其中之一。牛津社团的招新挺像清华的"百团大战"，各个社团按类别排列在一块，各自卖力地吆喝"招揽生意"。考虑自己到适应新环境的缘故，我只加入了牛津大学的摄影协会，幸运的是每周能够有一次免费进入牛津最富有学院——Christ Church——的机会。将自己摄影的爱好带到英国，也想能够拍得异国风光的一隅，让自己的眼界与见识，如同脚下走过的土地再广阔几分。

（5）A nice group

最后，一定要提的是英华学者的七位小伙伴们以及一些来自中国其他大学的交换生。作为英华学者中的学弟，我非常幸运能够向几位如此优秀的学长学姐们学习，从一开始在国内准备各种手续，到后来在牛津一起交换，自己的确感受到与他们之间存在的明显差距，也很庆幸能够与大家在一个团队里一起努力。

牛津古朴的景色、宜人的气候、别致的教学模式、热情的人群、悠久的文化，匆匆扫过眼帘，自己能够坚持努力并顺利地度过这一年，离不开这一个互帮互助的集体。一起过中秋元旦、在海外过年、吃 formal、过男女生节、去周边旅游……异国他乡一个有爱的团队，它让人温暖，也让人紧握这段时光。

再见牛津

王雷捷（计算机科学与技术专业）

  大概是缘分使然吧。离开伦敦希斯罗机场时，从舷窗几番眺望、几番挥手默念着"再见，牛津"，却又在一次次兜兜转转中再见牛津。三次相见，牛津的四季就一次次在眼前一晃而过。所幸的是，彼时所思所念、所喜所忧皆一一见于笔端，再读时如再见牛津。

一、古老与现代相融处

  英伦三岛上，万千城市与小镇风光，如众生相般千变万化。而伦敦、牛津与巴斯不过是万分之三，却足以令人体察与理解到这片土地上和谐共荣的古老与现代。

  牛津之美，在于古老与现代狭路相逢处的惊喜。古堡般学院中层层台阶引向的深处，不是幽深的祈祷室，却是冰箱与台灯守候的安睡之所；被推开的木门吱嘎吱嘎，惊醒了不仅仅是墙上肖像画中昏睡的贵族、壁炉中曾经跃动过的冬日火苗，还有明亮的光束投影着广阔世界；身着白长衣的修士脚踏凉鞋，行走在来自五湖四海的游客之中，也行走在如流水般的汽车之间。

  若要感受伦敦之美，大概只消欣赏银丝带般靓丽的千禧桥（为庆祝千禧年而建）。亘古兀自流淌的泰晤士河两岸，一侧矗立着泰特美术馆（Tate Modern），跃动着摩登的风采，一侧却是圣保罗大教堂敦实的圆顶，满是跋涉千山万水后的沉默不语。

  登上圣保罗教堂的穹顶处眺望，从伦敦眼至大本钟，从金融城至伦敦塔桥，泰晤士河两岸旖旎风光尽收眼底。在英国，古老与现代非但无冤家路窄、势不两立的敌意，却如并蒂莲般蓬勃生长，盛放着"清水出芙蓉，天然去雕饰"的魅力。这终究令人生疑，然万千景色皆不语，答案仍在风中飘扬。

  或许是因为人类历史的现代意识便是从英伦三岛的古老中萌发出的新芽，漫长的时间如泰晤士河水，抚平现代与古老之间的褶皱，终而造就了如今的英国光景。恰如街角转弯处的城墙上的铭牌，短短几行字是胡克、波义耳在科学史上光辉岁月的缩影，现代正因他们的功绩而从古老中出发；更恰如光荣革命虽以奠定现代宪政国家而光荣，但"革命"不过是时势使然的水到渠成，丝毫没有法国大革命式的血流漂杵与腥风血雨。

  晚清末年的中国，西方已然发展成熟的现代意识，以鸦片，以大炮，猛然撞开中国僵化已久的古老，自然免不了一场惨烈；然而在英国，现代从古老中生发，而随着现代从稚嫩逐渐成长至春秋鼎盛，古老不断自我雕琢，为自己寻求现代的庇佑；现代亦依据古老的范式不断自我调整，为自己打上古老的柔光。因而今日之现代与古老得以在英国和谐共存。

  而这更进一步体现在，现代意识始终要求以兼收并蓄、包罗万象之眼界，瞭望万事万物。

因而又何必在意学科的分野呢？如今牛津教堂式的餐厅长桌上倾听着，不仅是自然科学、人文科学的讨论，也有经院哲学的争辩。而墙上悬挂着的一幅幅牧师像，似在诉说着百年前神学院的辉煌。百年前神学院容纳了自然科学的发展，百年后自然科学也容纳了神学院的存在——既然皆在究极宇宙之奥秘，又何必入者主之、出者奴之？每一个城堡式的古老学院都拥有着一颗现代的灵魂。

因而又何必在意国别，何必在意地位，更何必在意信仰呢？那牛津学院中，从四方而至的求学者，怀揣着不同的梦想与过往，同受春风化雨，共享年少欢愉。西敏寺内，除却帝王将相的一方安息之地，也能容得下倚马可待、倜傥潇洒的才子，更安居着穷尽毕生精力寻求宇宙奥秘的沉思者。

此番包容的心态，于英国人而言，像是时间织下的细密针脚，又像是一股潜行在阳光明媚中的暖流。再细细追究起来，更有一丝慵懒与悠闲的意味：把握住生活的主线，抹去那些无关紧要的细枝末节。因而当现代意识赋予知识与宗教更广博的定义，便只需认定其本质，那些学科的门户之见、那些尊卑贵贱无非是浮面，是琐屑，大可不必在意。

于是慵懒午后的阳光淡淡，倾泻在英国人的谈笑风生中，也情不自禁与咖啡清香缠绵起来；唯有教堂洪鸣之钟声还记得时间的存在，但即使是这钟声，也被阳光纠缠而变得迟缓与闲散起来。在这样的氛围中，缓缓地踱着步的鸽子，竟也像个沉思的哲学家般，脚下是一片缤纷的野花与嫩绿的草地。

于是登上巴斯的亚历山大公园内山顶、俯瞰整个巴斯小镇时，会感到群山环绕的巴斯便像是一个尚熟睡在襁褓中的婴孩；天际线旁海鸟上下翻飞，更像是偶尔的梦呓。梦中是千年前热气弥漫如仙境的温泉，以一泉活水洗尽罗马人的风尘仆仆。悠闲是巴斯的魂儿。

这番悠闲是来自古老的馈赠，以古老的缓慢淡然，将现代追求高效率、快节奏的话语体系冲散；同时，这番悠闲又是来自现代的回馈，以现代的包容胸襟，略去古老的狭隘与偏见，留住古老中最真诚的魂魄。古老和现代便如此水乳交融。

在希思罗机场、离开英国时，隔着飞机舷窗向下望去，暮色已然沉沉，唯余霞光浅浅。又记起登上圣保罗教堂的穹顶处眺望时，徐徐暖风绕过大本钟，穿过伦敦眼，渡过伦敦塔桥，又歇息在圣保罗的穹顶之上，萦绕我的耳畔，低声细语着关于古老和现代的遐思。

二、新雅与牛津相遇处

2019年10月，我从清华大学新雅书院来到了牛津大学新学院（New College）。刚刚走进学院大门的时候，看到草地一侧叶如翠玉般的银杏树，仿佛已经看到了它秋天时黄叶纷飞的模样，恰如清华二校门前的它们。

我并不是第一次来到新学院了，大一寒假时曾同新雅书院的师生们来此拜访。在阴雨绵绵的英国式冬天里，得以瞥见了新学院的容貌。若从空中俯瞰，大抵是回字形的布局。中间一圈是牛津古城墙，在淅淅沥沥的寻常小雨中青苔密布；城墙之内座落着教堂（Chapel）、修道院

（Cloister）和食堂（Hall），从外侧看只见一列列彩色玻璃花窗，或描绘着圣经中的故事，或是久远的家族和学院纹章。外面一圈则是较为崭新的城堡式建筑，一座二层图书馆、我的宿舍便在这一侧。这一圈圈之中镶嵌的则是大片大片的草地，常常有松鼠和野花出没。

当时不曾想到，初见时的惊奇与羡慕，在一天天的光阴流逝中，却逐渐被这儿的一切融化为思索与感动。惊奇的是，一个学院便像是一个小小的大学，一个小小的家。来自世界各地、又学习不同专业的同学，散落地居住在这一圈圈城堡中，又常常在食堂中的长条桌两侧会面：更为舒缓的生活节奏使得身边人都愿意在长条桌上畅谈，严肃的探讨与轻快的笑声此起彼伏；专业和文化背景的多元化，更使得每个人都能从交流中受益良多，像是读了一本书，或是游览了一个国家的文化。

羡慕的是，牛津的教学制度中特有的导师制（Tutorial System），使得你几乎每周都能与一个教授有着深入的学术探讨。若是如计算机般的理工科，则是教授当面与你讲解作业习题；如哲学般的文科，则是就每周创作的论文、阅读的文献进行不断的质疑和探讨。而如今，当我真正坐在教授对面的沙发上，或在讨论中随时打断提问，或接过教授手中的笔在小黑板上展示我的理解——在墙上老旧的挂钟钟摆声中，在窗外静穆的城堡注视中，方能体会到其中点点滴滴的关怀与感动。

同样不曾想到的是，在新雅书院接受一年的通识教育后，我在大二初选择了计算机专业，却又在大三来到牛津学习"计算机与哲学"，在新学院又回到了"新雅"。在牛津学习文科的压力是巨大的，遑论于我而言，一个跌跌撞撞闯入哲学门中的理工科学生。每周在繁重的阅读文献中披荆斩棘，又在艰难的行文运笔中负重前行；但也常常因文献中的真知灼见而恍然，因导师的循循善诱而豁然。哲学之为学，在新雅书院、在新学院都常常给我以许多欢喜。

可欢喜之外，自然也有迷惘。大一拜访新学院时，曾遇见了当时在这交换的清华学长；虽当时不曾预料，如今已在这感受着他们所感受过的四季变换。那我的未来呢？我当下所面对的千头万绪中，哪些是我该奉之为明星而憧憬、而追寻的呢？我当下所拥有的万般欣喜，或从哲学中来，或由计算机而起，又是否能够为我指引未来的方向呢？

我并不知道答案。但我时常绕着学院之中的老城墙走着，看着镶嵌其中的草坪嫩绿，看着出没其中的野花灿烂，想着；又时常进出新学院的大门，看见或叶如翠玉，或黄叶纷飞的银杏树，念着——只希望能在这些日子中发现我的答案。

牛津对于我的意义

陈宗昊（电子信息科学与技术专业）

一、初访牛津——寒假访学

第一次去牛津是2018年1月，我和新雅同学一起在曹莉等老师的带领下，以"大学与书院"为题，在牛津进行为期一周的实地考察。那次时间虽短，但因为是第一次，所以印象深刻。每一天的安排都非常充实。无论是听讲座，还是与牛津同学交流座谈，都是直奔主题——牛津大学教育体系的两大特征：学院制度与导师制度。

1. 牛津的学院制度

学院制度是牛津大学的一个独特之处，也是牛津大学教育体系的重要组成部分。每一个学院都是一个独立自治的个体，拥有很强的自主性。简单来说，学院与牛津大学的关系类似于美国联邦州与美利坚合众国的关系。牛津大学一共有45个学院，每个学院都有自己的学生、教授、食堂、宿舍，也就是一个小规模的共同体。学院的学生都来自不同的学科背景，正是学生的多样性能够带来思维的不断碰撞。例如，在正式晚宴中，我看到远处的一张桌子上四位牛津的同学为了苏格兰的独立问题讨论非常激烈，而这样的辩论同样也会发生在学院的公共空间和学院宿舍之中。

2. 牛津的导师制度

导师制度是牛津大学的另一个独特之处，被誉为"牛津皇冠上的一颗耀眼的宝石"。每位牛津的学生的每一门课程都会有一位专门的导师，这位导师会每一周或者每两周与学生见面，解答学生在学习过程中遇到的各种问题。首先，导师的身份有些类似于"保姆"，为学生的学习提供了一个基本的保障。其次，导师不仅在学术上提供帮助，也会为学生解答生活上的困惑。例如，在之后我作为交换学生的经历中，受到疫情的影响我不得不提前结束自己的牛津交换时间，向我当时的导师Michael Mayo表达了我的沮丧，他立即邀请我与他共进晚餐并安慰我的情绪。所以在某种意义上，导师更像是朋友。不过自然地，导师制度的师生比对导师的数量提出了很高的要求，因此高年级的课程中导师扮演的角色会相对较小，而在低年级的课程中导师则会参与的更多一些。

3. 与牛津同学的交流

另外，与牛津同学面对面的交流是2018年寒假访问的重要日程。在交流过程中，我深切地体会到了牛津学生的"浪漫"，这种浪漫也可称作是理想主义。牛津学生们认为大学本科教育给予他们最为重要的是培养各种能力，比如：批判性思维能力、读写能力、语言能力等。一位新学院的学生说，有了这些基本的素养和能力，那些专业性的知识的获取只不过是时间问题。哪怕本科专业与未来的就业方向不对口，在未来他们可能要花额外的时间弥补本科阶段缺少的专业性知识，但是他们并不在乎自己未来进入职场工作的时间。他们对于本科阶段所习得的各项能力有如此高的自信以至于完全不在乎时间上一两年的落后。所以这就使得牛津学生，尤其是大一新生，能够在本科阶段心无旁骛地专心学习学校提供的所有课程。

4. 优秀的绵羊

在来牛津之前，我在"大学之道"的课程中阅读了《优秀的绵羊》一书，书中对美国的所谓藤校"精英"——缺乏自己思考，扎堆做金融咨询，争做"人上人"的现象进行了反思。那么在牛津的时候，我也自然地想到，牛津的学生是否也是"优秀的绵羊"呢？《优秀的绵羊》一书中认为优秀的绵羊选择金融与咨询行业是因为他们对未来感到迷茫，这种迷茫使得他们之所以不敢做出选择，不愿承担选择所带来的"机会成本"。

在牛津，我自然也感觉到了学生对金融咨询的向往，很多学生都选择在硕士阶段攻读经济学学位，为从事金融做准备，然而更多的学生却仍然保持了对自己专业的热爱。让我印象很深的是一次读书会的活动，在读书会上一位学历史的女生当众自嘲说学历史找不到工作，但是她对历史这门学科的兴趣使得她不愿意离开历史转行金融，她身上散发出的理想主义气质一方面来源于自己，更多的则是因为牛津大学对于理想主义的宽容。牛津古朴的城墙给人一种笃定感，隔绝外界的浮躁与喧嚣；牛津的图书馆则给人安全感，无言的宣示着"热爱智慧，追求真理"。在牛津学习是幸运的，牛津大学对所有学生都是包容的，多元化的校风以及足够深厚的校园底蕴让学生能够毫无保留地追寻属于自己的理想主义。

二、牛津生活

2019年10月至2020年4月，我有幸获得英华学者奖学金，以交换生身份在牛津大学伍斯特学院（Worcester）学习一学年，大部分时间以学习为主，在图书馆、食堂、教室三点一线；偶尔漫步在牛津的街头，或者与牛津同学的酒吧闲聊，让我能够有机会更加深切地了解牛津大学和牛津同学。

1. 学在牛津

在牛津的学习是一种享受，每一次迈入图书馆都如同久别的恋人重逢，古朴的书香让我陶醉，昏暗的小黄灯使人沉迷。我所在伍斯特学院的图书馆建在食堂之上，原本是用作教堂的阁楼，走在木质的地板上会发出"吱吱"的响声。图书馆的窗户很小，但是视野很好，窗外便是一片大草坪，坐在窗前望着远处发呆也是极大的幸福。

英国的教育是自由散漫的。一周一次的课程作业任务量并不是很大，我惊讶于自己竟然能够有很多闲暇的时光，能够在图书馆中翻阅与课程毫不相干的"闲书"。整整三个星期，我在伍斯特学院的图书馆看硬封皮的 Bishop 的《模式识别与机器学习》，这本书大部分都是繁杂的数学公式，需要亲手在草稿纸上演算数学公式，理解每一个参数的含义。遇到难处就抬起头，看看雨滴划过面前的玻璃窗户，乐在其中。三个星期下来，几百页的书就不知不觉地看完了，合上书的瞬间简直难以想象自己花了将近半个学期的时间看了一本和那个学期课程完全无关的书。

自认为是理工科的缘故，专业学习更多基于讲义和网上各式各样的材料，很少需要静下心来仔细攻读一本书，《模式识别与机器学习》和《测度论》算是在牛津图书馆仅有的两本自己从头到尾读完的"闲书"了。如果是文科专业的话，想必读完的"闲书"会更多，受益也会更大吧。

2. 国际象棋

在牛津每周最享受的时光就是每周三晚上的 3 分钟国际象棋快棋赛。开棋之前双方握手示意，都能感受到彼此手掌中间微微沁出的汗滴。开局阶段黑白双方都没有任何思考，落子如飞，到了中局阶段，局势变得复杂，双方落子的节奏逐渐慢了下来，落子之前手掌也总要在裤子上磨蹭几下，紧张的氛围从棋盘上蔓延到了双方的神情上。最后进入残局阶段，局面处于劣势的一方自然地加快了落子的速度，以期造成时间上的压力，而优势方不疾不徐地扩大着自己的优势。象棋的魅力就在于，不到最后一刻，输赢永远不存在定论。最后钟响那刻，紧绷的神经终于放松了下来，细细回味刚才的棋局，嘴上反复念叨着"good game, good game"。恍惚之间，对手已重新布置好了棋盘，按下了时钟，便只能深吸一口气，再次投入下一场对局之中。

3. 牛津学生

从牛津的学生，可以折射出牛津的本科教育制度。相较于专业教育灌注专业知识，牛津的本科教育更加注重培养学生的个人素养，而且有趣的是后者并不通过某一门或几门课程来实现。牛津大学没有通识课程，学生从大一开始便完全进入专业学习的过程，但是所有牛津学生都会奔波于各种社团活动和聚会之间。这当然也和大学本身自由散漫的学习氛围相关，轻松的课程促成了更多兴趣的探索。每一位牛津同学都是有趣的，与他们的每一次闲聊都是学习的过程。有一位牛津同学和我说，他把每一次活动、每一次聚会、每一次闲聊都当作一次学习的机会，当成上课一样来对待，从中收获到很多有趣的知识——例如滑翔机的原理、戏剧鉴赏、国际象棋基本战术等。确实，学习不是仅仅局限于教室，朋辈之间往往能比教授提供更丰富直接的知识。

4. 牛津制度

就像上面所提到的那样，牛津大学的学习生活并不紧张，甚至可以说是非常轻松。更加令人意外的是，大部分牛津大学计算机系本科生学术基础并不扎实，对于计算机系课程的掌握只限于考前突击，而且牛津的计算机系课程注重理论，学生没有很多机会编写真正的程序。这不禁让人感到疑惑，这样的教育制度是否能培养出人才？在牛津的一年时间里，我认为牛津的教育制度看似轻松，但是牛津的教育不仅限于课程，而更加在于整个牛津大学的环境与氛围。

第一，牛津的评价体系是多元的，专业能力不是唯一的衡量标准。牛津的本科学生是优秀的，只不过他们的优秀不在于成绩，或者说他们的优秀不在于专业能力。牛津学生普遍表现出极高的沟通能力，并能够提出对于专业之外的其他领域独到的见解和认识。我在国际象棋俱乐部里遇到了一位贝利奥尔（Balliol）的学 PPE 的同学，我十分佩服他的领导能力，将俱乐部的活动组织的井井有条，而且在和他深入交流之后发现他对计算机、对数学都有很深的理解，可以说和他交流是一种特殊的享受。在本科生教育中，牛津的课程和导师只占到了很小的一部分，牛津大学将更多的教育交给了每一位牛津学生，在课外活动中通过朋辈交流的方式互相教育、互相学习。

第二，牛津学生往往出于兴趣和好奇心而学习，而不是出于生计或者薪资而学习。牛津学生大部分来自于良好的家庭背景，虽然对于欧盟国家而言，牛津大学本身学费不高，但是在申请大学的过程中，名牌高中、名牌初中、课外活动，无一不是对家庭收入的考验。所以牛津学生很少产生对于毕业之后的生活物质方面的焦虑，也因此牛津学生在做出专业选择时更多地出于纯粹的兴趣和好奇，而非其他功利性的原因。这一点在和牛津学生闲聊的过程中尤为明显，他们坚信毕业之后总能找到工作，与其为那几千镑的工资焦虑，倒不如抓紧当下享受学习的乐趣。

牛津大学是一个学术乐园。牛津大学完全屏蔽了周遭社会的焦虑、内卷、压力，学生可以完全地出于兴趣对各个领域进行探索。尽管学生们常常抱怨作业任务量大，论文没有思路，吐槽自己的导师要求过于严苛，但是每一位学生都乐在其中。尽管在牛津小镇上可以看到英国社会的千姿百态，西装革履的生意人、朝九晚五的上班族、深夜的醉鬼和流浪汉，但是牛津学生却总是洋溢着自信与张扬，沉醉于自己感兴趣的领域。

5. 我的疏离感

作为一个访问学生，我始终感觉自己在牛津是一个陌生人。除了语言和文化的差异之外，更多的是价值观方面的不同。牛津学生互相之间高谈阔论日常趣事，有的人参演了学校的话剧，有的人去听了音乐会，有的人要参加下周其他学院组织的舞会，哪怕这意味着他不能按时上交论文。相比之下，我的生活是那么的"小心翼翼"，每周总是按规定完成所有的作业，复习课程的幻灯片，大三的我还总是担心自己毕业之后的去向，想方设法联系教授以丰富自己的科研经历。牛津学生的洒脱，乃至于整所学校的浪漫，让我沉迷，但同时也让我感到格格不入。我深知自己不属于这里，在清华的两年已经在我身上打下了深深的烙印。尽管清华的生活充斥着内卷、压力、焦虑，但是清华的氛围让我更加自在，更加从容。在任何物质和精神层面上，牛津大学都是更好的那一个，但是在灵魂层面上，清华——此心安处是吾乡。

三、牛津对于我的意义

我与牛津有很深的缘分，小时候和父母旅游去过，之后在 2018 年在新雅书院的老师带领下访学一星期，在 2019 年又以交换学生的身份在牛津学习一学年。与牛津的三次相遇，也记载着我从一个稚嫩的孩童，到大一的青葱少年，再到大三即将走入社会的青年，三个不同的身影在牛津的高街上重叠，构成了我成长的印记。在写这篇游记的时候，我的脑海中泛起对高街、图书馆、伍斯特学院的回忆，深深镌刻在我的心中。在这三段经历之中，对我影响最大的是第三次的交换学习经历，在这一年中，我不仅明确了自己的学术志趣，找到了未来五年的科研方向，并且在与牛津学生的沟通与交往之中拓宽了自己对"优秀"的理解。最重要的是，牛津的经历让我在更宽广的镜头下看到了自己人生未来无穷的可能性。

LSE 卷

卷首语

伦敦政治经济学院（简称LSE）成立于1895年，是一所专注于社会科学领域的世界顶尖名校。LSE100是伦敦政治经济学院为新雅书院学生量身定制的暑期课程，采用社会热点和国别区域问题作为案例研究，培养学生对事件与现象的观察和理解能力。在三周的课程和活动中，学生们每周围绕一个主题，展开学习与讨论。教学过程有集中式的小班教学，也有开放式的自由讨论；课前预习，课中师生交流，课后小班讨论，现场交流，教学方式活泼而多元。老师们欢迎多种价值观的碰撞与交流。课堂教学和研讨以外，在伦敦街巷和众多博物馆之间的行走与交谈，使同学们的伦敦之行更接地气，更富有自主探索的余地和空间。

迄今，LSE项目已成功举办三届。2019年增添了社会实践部分。同学们从英国与"一带一路"的关系出发，以产品品牌是国家软实力的组成部分为切入点，走上街头和普通民众交流，实地考察具有代表性的华为产品在英国普通市民心中的形象地位及其背后的政治、经济和文化等深层次原因。

不同语言、不同文化的相遇与对话，无时不在启发和刺激学生的认知和想象，同学们不仅对英国以及世界其他地区和社会有了新的认知和理解。更重要的是，当他们三五成群地游走在泰晤士河畔的那一刻，心中升起的是对于自身和未来更加成熟的理解和期许。

新雅七字班同学在伦敦（2018年）

"LSE00"课堂(2017年)

"谈判"之后的握手言欢(2017年)

在英国议会大厦听讲解（2017年）

LSE 大学图书馆（2017年）

参观伦敦钻石街(2017年)

师生与 New College 公共事务主管 Mark Curtis 等共进晚宴(2018年)

位于市中心的伦敦政经学院（2018年）

泰晤士河南岸留影（2018年）

LSE 暑期学生公寓 Bankside House（2018 年）

Covent Garden（2018 年）

新雅同学在课堂上（2019年）

课下切磋（2019年）

与 LSE100 老师合影（2019 年）

钻石街上的橱窗（2019 年）

师生合影（2019 年）

Brighton 海边（2019 年）

上学路上可见远处的圣保罗大教堂（2018年）

赴伦敦政治经济学院暑期学习感想收获

李广普（电子信息科学与技术专业）

2017 年 7 月 23 日至 8 月 11 日，我参加了书院组织的赴伦敦政治经济学院暑期研修活动，完成了 LSE100 课组的学习，取得了结业证书。与此同时，我在课余时间用脚步探索伦敦的大街小巷，在博物馆、艺术馆、剧院和公园，感受伦敦和英国的文化传统，体验英国人的生活方式。三周的时间使我对于英国有了新的了解和认识，也有了许多思考。下面，我将从三个小的切入点，谈谈我的一些新思考、新感受。

一、从"是什么"到"为什么"

在伦敦政经学院，我们每天的学习包括一小时的讲座、一个半小时的讨论课和一个半小时的专题训练，此外，每周都会有团队合作的小组活动。在三周的时间内，我们分别学习和讨论了国际政治、市场经济和贫困问题。在整个学习过程中，有三位老师一直陪伴我们完成各项活动，并负责活动的组织和总结。事实上，每天老师上课所讲只能使你窥见某个社会问题的一角，而对此问题的深入理解和研究，则需要自己在交流中进行思想的碰撞和启发，在阅读中产生对问题本身更加深入的思考。

伦敦政经学院的学习氛围是相对自由的。每天上课 10 点开始上课，下午 3∶30 解散，真正用来上课的时间只有 4 个小时。然而，在课上，教师为学生推荐了不少参考文献，并要求学生在课下进行自我学习和阅读，这使得想要深入了解某一问题的学生可以有不小的收获。此外，在课堂上，老师的角色是参与者而非灌输者，只要言之有据，每个人的观点都会得到尊重。因此，课上的气氛是较为活跃的。针对不同的观点，老师也会进行合理的引导和分析。

在伦敦政经学院这所于全球社科领域享有盛誉的大学，独立思考和批判性思维已然成为一种习惯。正如伦敦政经学院的校训所言——To Know the Cause of Things。在社科领域，每个人都应该由表及里，深入问题本身，发觉背后的社会规律和社会现象，进而为解决问题提供理论基础。伦敦政经学院的教学，不仅仅交给学生技术性的"是什么"，更是在启发学生养成一种批判性思维的习惯，凡事探究其原理，方能获得深入的认识和理解。千年前杜甫有诗云："细推物理须行乐，何用浮名绊此身。"伦敦政经学院的这种探究精神，是西方科学精神的体现，也与东方先贤产生着某种遥远而和谐的共鸣。

二、历史与现代的二重奏

伦敦是一个特别的城市。作为英国这一老牌资本主义国家的首都，伦敦显示着往日帝国的典雅威仪和雍容华贵，也展现着新时期世界金融中心和现代化都市的活力与生气。在这里，也许上一步刚刚经过千年前先哲的安息之所,下一步便走进一片高楼广厦之中。历史传统与现代生活交相辉映,构成了这座城市的独特韵味。

在伦敦街头,随时可以感受到历史的痕迹。由于立法保护等原因,伦敦道路两侧的建筑外观一直保存着百年前的风貌。随处可见的老店记录着沧桑岁月;西敏寺和圣保罗教堂屹立百年,反映着伦敦城的变迁,而教堂内部则记录着英国历史上的伟大人物和光辉事迹。令我印象最为深刻的,是伦敦城里随处可见的第一次世界大战、第二次世界大战纪念碑以及历史人物塑像。人们对于战争的纪念,不仅仅表现为政府所建筑的纪念性标志,更已经内化为一个民族的集体记忆:在学校、医院或其他机构的墙壁上,往往可以找到一处纪念物,上面镌刻着该机构当年在"一战""二战"中英勇殉国的先烈的名字。而街头的人物塑像,更将每一位驻足的路人与千百年前伟大的精神和事迹联系起来。从六百年前将福音书译成英文的教士、到领导全体英国人走向"二战"胜利的丘吉尔,千年历史中的伟大人物和不朽精神无声地启迪着后人。

在现代化席卷全球的大背景下,伦敦对待历史的态度和方法值得我们借鉴和学习。传统和现代本应是一个连续统,不应割裂开来。挖掘国家的优秀历史文化,对于塑造民族之品行、弘扬民族之精神有着重要的作用。当我们轰轰烈烈地开展现代化、城市化运动时,除了追求更加完善的基础设施,也要呵护城市的文化历史内涵。让深厚的历史底蕴不仅仅成为书本上的骄傲,更成为城市本身的一部分;让人感觉到自己就在历史之中——既是继承者,也是创造者。

三、距离——从城市到乡村

在伦敦政经学院的第三周,我们的学习的主题是贫困与不平等问题。对于大多数中国同学来说,提到分配不均衡问题,城乡差异是绕不开的。在国内,我们经常会对比城市和乡村的发展水平,并以此作为制定城乡一体化发展政策的依据。而在英国,这一问题同样存在,并已经成为英国社会的一道裂痕。

以前对于英国乡村的印象,还停留在英伦电影和奥斯汀的小说中:牧场、森林、河水、城堡,再加上碧蓝的天空和朵朵白云,似乎是诗中才有的世界。然而,在现实中,这种怡人的环境背后却潜伏着隐忧。作为一个国际化的大都市,伦敦市民和执政者的思想均是面向世界的、开放的;而在传统的英国乡村,国际化不能给其带来利益,使得其居民的思想趋于传统和保守。这种裂痕在全球化的时代愈发凸显,伦敦市民和英国乡下人在思想上存在着越来越大的差异,彼此间不能互相理解,而生长在城市的执政者亦未必了解乡村,使得国家政策方面长期忽视这一群体。随之带来的影响在英国脱欧公投中有着明显的体现:伦敦鲜有人赞成脱欧,而在英国乡下,脱欧派占绝大多数。隔阂之深可见一斑。

让城里人了解乡村、认识基层,是消解隔阂的有效途径。在中国,城乡之间的双向互动从未停歇。国家对于农村地区的发展高度重视,近年来的精准扶贫政策已经是很好的体现;在高校,每年夏天亦有许多学生深入乡村走访调研。而在英国,因为乡下人对于伦敦城里人的不满与隔阂,伦敦学生想要在乡下进行调研绝非易事。尽管我们的乡村建设在基础上落后于人,但一直保持着良好的势头，城乡虽有差异隔阂，按绝非难以打破；反观英国，这种因社会结构固化带来的城乡隔阂，在当今和未来，很可能成为阻碍国家进步的壁垒。

以上是我的一些细碎的所见、所闻、所感、所思。三周的学习虽然转瞬即逝，但这段经历使我对世界和国家、社会科学以及个人生活，都有了新的认识和思考。在伦敦政经学院的学习生活定会成为我的一段难忘经历与宝贵财富。

LSE 暑期课程回顾

胡卓炯（政治学、经济学与哲学专业）

2017 年 7 月 24 日至 8 月 11 日，我与同学在英国伦敦政治经济学院共同学习了 3 周。

第一周我们学习了有关谈判的技能，并在周五下午组织了一场模拟联合国的谈判。我们 21 人分组代表埃及、伊朗、以色列、卡塔尔、约旦、俄罗斯、沙特阿拉伯、阿联酋和美国一共 9 个国家，就中东无核区的问题进行谈判。我和其他两位同学代表的是以色列。这个国家的立场非常尴尬，它必须始终坚持"核模糊"的政策，即不能明说自己有也不能明说自己没有核武器。同时，我们的底线就是绝对不能就核武器问题做出任何让步。

为了帮助我们准备这场最终谈判，同时也为了教授我们一些谈判技巧，LSE 的教师们设置了很多场谈判训练来锻炼我们的能力，当然，也传授了一些基本的谈判理念。

最开始的训练是两人之间谈判：根据不同的条件如何均分 2 元钱。当然我们一开始还是会互相扯一些借口，但很快我们就明白要高效快速地完成谈判需要的是什么：不断撕咬对手的要求和不断探寻对手的底线，然后猜测谈判空间（可分配的资源减去各方诉求之合）和获利空间。至于借口如何，对那种程度的谈判来说毫无意义。

然后我们开始进行 3 人乃至多人谈判训练，类似于 3 个人如何分 2 元钱。在这一环节里最麻烦的问题是时间。伴随着人数的增加，谈判的效率大幅下滑，尤其是当谈判空间不存在的时候，谈判将非常困难，往往需要老师开始读秒，宣告时间不足，才会有一个或者几个人率先做出让步，然后完成谈判。不过，大约也是在这个阶段，同学中已经有人学会了如何编造自己不存在的底线（即假装自己的最低要求就非常高），然后依靠强硬的态度和高超的演技瞒过所有人，从而压榨谈判空间乃至侵夺他人的利益。不得不说此时他们对谈判技巧的了解和运用已经非常精当了。

最后当然是 21 人同堂大混战，进行一场 9 国间的大谈判了。因为要遵循国际的基本规则，所以谈判只能在互相承认的国家之间进行。对于以色列，就是美国、俄罗斯、约旦和埃及。因为和俄罗斯事实上是利益冲突的，所以我们全程没有和俄罗斯做过任何交流。本以为根据已有信息，伊核问题会是前半场谈判的焦点，以色列可以就此避过风头，并且通过打压伊朗来换取和部分阿拉伯国家的关系改善。当然事后看来无疑太天真。伊朗一方很快把他们的问题和我们捆绑，要求双方同时就核问题做出让步，将战火很快烧到我们这边，这令我们非常为难，因为对方已然借此把握主动，站了道德的制高点上。从那时开始我们表现得非常被动，直至谈判结束，各方没能达成共同决议（最后是 8 票对 1 票的结局否决了无核区的提案，当然那一票反对票是我们投的）。

事后进行反思，我们完全可以采取另一种行之有效的策略。尽管我们事实上不能就核问题做出让步，但我们可以假装允诺，但附之以他国无法让步的条件，比如和以色列建交。如此，我方可站在道德制高点上立于不败之地，并且可以基于此发表大通义正词严的演说以斥责各方。然而，这已经是谈判将要结束的时候才突然想到的战略，因筹措语言不及，所以已无力回天，颇为可惜。

不得不说，LSE 第一周以谈判为中心的学习非常有趣和实用，我对这一周的学习也感触最深。周中我们还兼带着游览了英国议会大厦（威斯敏斯特宫），其中繁华种种，自不必多表。

第二周我们进行的课程以学术论文写作为中心，论题是个人是否有权利追求自己的经济利益。这一阶段的课程就相对枯燥和无趣，传授的技巧也大多是我们已经在中文论文写作中常加运用的那些。总体来说第二周的课程并无太多新奇之处，但是写论文对英语写作水平倒确实是一个很大的锻炼。LSE 的老师非常负责任地帮我们挑出了其中某些不太合乎论文写作规范的地方，也就论文的整体逻辑给出意见。这种一对一的英语论文的点评非常难得。这周组织的游览地点是英格兰银行，也即英国的中央银行。这一行感觉一般，不过了解到不少关于英国银行的历史，还顺便体会了一把黄金的重量。

第三周我们的学习内容是小组展示。这也是我们在清华已经多次经历过的流程了。不过区别在于这次的议题"脱贫"和"公平"非常现实并且具有极大的辩证性。不过也多亏了在出国前我们 PPE 在国内农村做了一次调研，所以我个人对这个问题的理解有所深化，并能就此在 LSE 的舞台上有所阐释。我们小组的议题是"公平"，要求是通过联合国对"公平"问题的一些具体要求和做法倡议，找出一个我们觉得它没讲清楚或者仍有争议的点，并就此提出改进意见。经过一系列的讨论和选择，我们发觉就"移民问题"的各种相关做法有着诸多争议。联合国的要求中明确提出要促进移民。我们把它理解为这是为了保障"机会均等"。但现实是，这种移民自由化的倾向使大量的尖端人才和廉价劳动力从欠发达国家地区流向发达的国家地区，从而使得各个国家和地区之间的差距进一步拉大。我们列举了印度和希腊的人才流失以及中国的资本外流作为例子以论证这一点。总体来说这一周的课程还是比较寻常的，不过思考量确实较国内同类课程偏多。

这一周的集体出行比较特殊，是分组逛 LSE 的周边地区，体会这个当年全伦敦最贫穷地方的历史变迁。当然，我们需要在旅途过程中搜集信息，回答他们预设的问题，并且要找到该地区一些很特别的小景物。这也算是一场紧张刺激的冒险吧。

除过学院安排的课程和活动，我们也花了很多课余时间去游览英国的各个博物馆、画展和一些其他展览。印象最深的应该是伦敦帝国战争博物馆。本打算只花一下午的时间走马观花的，但一进其中的"一战"展览厅就不得不慢下脚步了。里面用了大量的第一人称叙述的方式，通过影像和声音，试图传达战争中每个个体所经历的苦难和辛酸，也试图传递战争不同时期的英国普通民众内心的冲动和抑郁。身在其中你会愿意相信它说的一切都是真实的，而会转而思考，所谓"一战"和"二战"的区别，到底在哪里？

以上是我整个海外研修所大致经历和体会到的东西。相比于所学到的，我以为所见到的东西也许对我的人生有着更长远的意义。

关于一次旅程

肖子燕（心理学专业）

2017年7月24日至8月11日，我在伦敦度过了愉快的三周学习时光。第一次来到遥远的英国，这次经历绝对称得上令人难忘。不管是在学校的学习还是对城市的探索，都是一次充满趣味也收获颇多的经历。

在伦敦政治经济学院的学习与国内有着很大的不同，虽然并不能简单判断孰优孰劣，但是对新的教学方式的尝试和探索既是一种富有新意的体验，也是对国内的学习参与过程的反思。从课上的大量讨论到有趣又发人思考的小游戏，再到老师们的一步步引导和以鼓励为主的评价，在看到和比较不同的同时，我们也对自己之前在国内的学习方式和过程有了新的感悟。在学校的三周学习主要涉及谈判、市场、贫穷与不平等三个大话题，每周的课程都包含讲座授课、讨论课、一次集体出游和一个大作业。课程覆盖了最贴近生活的一些方面，包含政治学、经济学、伦理学等许多方面的知识，能够很好地引发我们对于身边事物的思考。虽然课程的强度和深度并没有太大，但是给我们带来的是全面而详细的思考能力和对经济学政治学等的一个初步的入门了解。英文的材料、授课和讨论对所有人的英文能力都是一次很好的锻炼，在听说读写四个方面都能得到一定的提高。在课上讨论时，同学们的思维碰撞引发出了许多有趣的观点，老师们的指导也给我们带来了许多新的启发。

多国关于无核区的谈判，一篇关于市场是否应该有调控的文章，一次关于贫困或者不平等的展示，三次任务在与同学们的合作和自己的思考中给我们带来的不光是能力的提升，也是对于政治和经济等问题更为深入和全面的理解。在议会大厦对英国的政治体系的参观和了解，在英国银行对宏观经济和关于钱币的历史等的科普，带着地图走遍伦敦的大街小巷答题和拍照的寻宝游戏，三次充满趣味却也有着知识和历史感的出游让我们对伦敦和英国都有了更全面的认识。广泛的阅读材料让我们在排列并不紧密的课程间隙有了更加深入探索上课讨论的话题的条件和机会。在这样的一个大家庭当中，有着最友好和乐于助人的老师和助教，有着善于思考的同学们，更重要的是，有着所有人处在伦敦这样的一个美好的城市和LSE这样的优秀学校当中的绝佳而难得的环境。LSE就在街边，有着弥漫一片最贴近城市的校园。

图书馆中充满了认真学习和讨论的学生和老师，楼门口有着友好而敬业的警卫工作人员，在十几平米大的小书店里挤满了几千本或新或旧的书，人们行走匆匆，却并不吝惜向来往的人们点头微笑的善意。

由于每天的课业压力并不是非常大，学习之余我们也有探索和了解伦敦的时间和机会。伦敦的美丽是令人震撼的。每天走路上学和放学的路上，看到街道边的电话亭、街上的红色公交车，从不起眼却别有韵味的小楼到随处可见的雕塑、铭牌、剧院，甚至是古老而充满历史气息的地铁，伦敦充满着一种沉甸甸的美，饱藏浓郁的历史感。更不要提最著名的大本钟、圣保罗大教堂、国家美术馆和众多的博物馆，小小的伦敦将太多的事物融合起来，汇聚成一种城市的气质。伦敦的阴雨和阳光，黑压压的云彩或是碧蓝的天空，各式各样的建筑，夜晚的河边，新鲜的生蚝，剧院演出后的舞台门，冰淇淋车和街头涂鸦，博物馆关于国宝级乐队的一整个展览，美术馆中在一幅画前停留半小时之久的流泪女子，伦敦有太多太多打动人心的细节。有些细节可以用粗浅的语言描述，更多的场景只有身处其中才能有感触。然而记忆带给人们最美好的事情也就在于，当有一次触及灵魂的体验真的发生了，简单的回想也能将你带回那时那刻。

更有趣的是城市中各式各样的人。从西装革履拎着棕色小牛皮包的男人到在寒冷天气依然洋溢着热情的活泼姑娘，再到每两年换一个城市居住的博物馆讲解员，操纵电动轮椅在人行道上缓慢移动的残疾人，还有街头的吉他手和坐在广场前写生的流浪画家，中心的伦敦充满了电影般的浪漫气质和艺术情怀。往城市的边缘走，伦敦转瞬间又有了特殊的安逸和清静。这样一个多样而厚重的城市，是值得用一整个月甚至更多的时间去探索的。这段研修经历也许最有意义的事情，也许在于它引发的一些对人生和社会更深入的思考。当在伦敦看到人们脱离了常规固定化的生活模式，每个人都在活着自己的生命而不是千篇一律地重复做着"对的"事，让我意识到原来生命除了我脚下的未经完整思考的生活之外，原来还有如此多而丰富的活法，生命本应可以如此丰富激烈和充满诗意。然而人还是要回到地上安稳平静的生活中，以至于在从英国回国后的很长一段时间中我都生活在恍惚中。当在一个特定的生活模式中被禁锢了太久之后，人们往往会忘记生活本身的多样性，甚至会丧失对生活的质疑能力。跳出生活的禁锢看到更广阔的世界，这样一个城市带给人的思考是深刻且疼痛的，却是必要而珍贵的。

所以我想，在 LSE 的三周绝对不只是一组单纯的课程或是在伦敦一次走马观花的旅行，而是一种更为综合而全面的旅程。其中有深入的学习，有纯粹的快乐，也有对生命和生活方式的思考。我十分感激这样的机会，也对未来不论在何处的旅程充满了期待与向往。

Report for Oversea Study in LSE Program

Deng Jiayi (Major in CDIE)

It's no exaggeration to say that the 3-week course during my 21-day stay in LSE has been the most unforgettable journey I have ever experienced in my life.

Looking back at the whole process relating to this oversea study program, not a single part cannot be said to be both challenging and rewarding. First came the visa application and course registration where I stumbled against relentlessly emerging setbacks. Then the difficulties of the course with too many professional terms and unfamiliar conceptions engulfed me. In the end of every week during the course, completing the assignment resembled an arduous journey through the mountains. However exhausting this journey was, it always had happiness and surprises in store.

I would like to first introduce this prestigious university. LSE, short for the London School of Economics and Political Science, is undoubtedly a world leading social science institution. The whole course was conducted in the LSE LIFE inside the LSE Library which is also renowned as the British Library of Economics and Political Science. With some precious collection of cultural heritage, the library is more like a museum than a normal library. Even during the summer holiday, there were still many students working hard day and night in the library, impressing us with rigorous scholarship. Furthermore, this tailored course for us is largely made up of several core courses in LSE100, which is a LSE's flagship interdisciplinary course for undergraduate students. It is designed to broaden and deepen students' engagement with social scientific analysis by using pressing social issues as case studies for exploration of how different theories, methods and evidence can shape our understanding of events and phenomena.

Now I am excited to review this great journey both in class and in mind. The three-week course was divided into three topics which have been pressing social issues.

The first week, the problem, why is collective security so difficult to achieve, was mostly politics-oriented. And the main topic is collective security. We had several lectures introducing theories of collective security, game theory and negotiation skills. The conception learning started with the definition of power in today's world, then the categories of power, and what influence power conduction exerts on the main issues of the world. In the meantime, in seminars we discussed a lot about the interaction among power, security and non-state actors. It's the first time I went through all these political issues so carefully and thoughtfully. The most interesting part of the seminars was that we immersed ourselves into interesting and educative games with classic scenarios to test those theories by ourselves, allowing us to experience the twists and turns in negotiations and political gambling games. In the end of the week, we tried to apply the knowledge we had learned in the past several days into the Brexit problem which is happening right now and will change the whole political history. It really brought us into the core cause and effects of Brexit.

In this week, the final assignment was a simulated negotiation on a proposed Nuclear Weapon Free Zone, in which we represented the key countries involved in this issue as delegate members. In advance, we read the general background and national goals briefing paper, and prepared for our diplomatic strategy possibly used. Two other students and I represented Saudi Arabia in this United Nation's conference. A lot of different goals were listed on our briefing paper, including keeping the leader status in the Middle East, promoting the NWFZ and also continuing the sanction on Iran, etc. In the actual operation, not only the conflict of interests but also the interaction using power put this negotiation under a difficult circumstance. The fierce back-and-forth battle forced us to coordinate hard power, smart power with smart power. Unfortunately, the negotiation failed at last. But at least we had a rough idea of why collective security is so hard to achieve through this challenging assignment.

In the second week, we turned to economical field, discussing whether markets should be constrained or unleashed. Some lectures first filled us in with the basic theory of marketisation, the contradictions between markets and regulations. Then came the eye-catching topic of social and ethical impacts on markets. On that topic, we did case study on certain issues related, and cultivated critical thinking on things we used to take for granted. Then we also had these theories tested by participating in some scenario-simulating games which I think were really enlightening and worth learning from by integrating fun into education. One of the games resembled the prevailing board role-playing games, seeming to be simple but in fact containing all main aspects of the markets and regulation. From where I stood, the design idea also coincided with the basic idea of modelling in physics research.

As for the essay assigned in this week, the question was whether individual should be free to pursue their economic interests. After some previous lectures about tips of essay writing, we had a chance to compare the ways of essay writing at home and abroad, finding out the fundamental academic principles. In addition, with associating this question with what I had learned in the last semester from moral philosophy principle discussion, I managed to fulfill the crosses and integration between subjects. And I found it so different and novel that we were asked to write the essay within an hour in class. With limited time, the requirement for our familiarity of the conceptions and the maturity of our own arguments was raised sharply. So, after meticulous preparation, I successfully accomplished the task in class and won high affirmation by the professor. Most importantly, through this task, I had been trained to view one general question from perspectives of totally different disciplines.

The final week was a lot more concerned with people from all walks of life, how we should address poverty and inequality. These two conceptions are both listed in the United Nation sustainable development goals. The week began with an unusual activity of treasure hunting using a map drawn by a sociologist named Booth who categorized every street of London with its degree of poverty. In this game, we were enabled to learn a lot of secluded history of London streets and how the layout of this city had been changing over hundreds of years.

With lectures gradually unfolding the connotations of these two conceptions, we enjoyed touring on the mind map from definition to the measuring, from unity to contradiction, from causes to consequences, from embeddedness to intersectionality. These two daily concerned issues were placed in a totally different scenario allowing us to think in different related parties' shoes.

In the end of the week, we were asked to comprehensively evaluate the detailed rules and regulations in the sustainable development goals set by the United Nations, and the feasibility and rationality of its measuring parameters. A presentation was required to demonstrate our ideas. As for the reduced inequality problem, our team chose to use a specific topic on behalf of the whole inequality problem. Considering the recent refugee crisis in Europe and "the Muslim Ban" proposed by the former president Trump, we decided, on the inequality issue, we would explore migrants' problems. The five of us cooperated to present a clear display of our perceptions on this issue, pinpointing the drawbacks and overlooked points in UN's formulaic definition of this goal.

Other than what have been listed above, even more experiences have been gained from extracurricular activities.

Every day my footprints were placed on every little alleyway in central London, which beyond doubt made me closer to this city. What's more, reading introduction board in every block and park gave me the impression that London has been shedding its skin but its bones always stay the same. Unlike the orderly and tidy city Beijing after modernization, London is more like a hotchpotch of planning based on various, sometimes even contradictory design ideas. However, its true character lies in its chaotic and unplanning nature. It's been a lesson on urban culture for me to see different departments of city jumbled together, treading upon each other meanwhile creating a breathtaking landscape.

Besides the city itself, the beliefs that Londoners hold for hundreds of years have always transfixed me as well. After a trip to Windsor Castle and the House of Parliament and watching the shifting of guards at Buckingham Palace, it brought home to me the solemn dignity. But something else allowed me to notice the flip side of the coin. Only when I strayed away from its grand and facades thoroughfares could I really caught a smell of toil and sweat of London, which has always been the back side of this crowning glory. And by coincidence, the 20th anniversary of the death of Princess Diana was coming soon during our stay. Huge amount of coverage and tons of public voices gave us a chance to peek into the secluded and ambivalent feelings of this royal belief among Londoners nowadays. However ambiguous and implausible this belief may seem, it remains the mainstay in the solid faith of generations of Londoner.

Regarding to my own major CDIE, I have found this trip to London extremely fruitful for me. Most notably, the Victoria & Albert Museum, lead of the greatest museums of art and design, had offered me a panorama of both classic art and the most cutting-edge designs, which I believe will become one of my main springs of inspirations. Apart from all these splendid museums and galleries, the distinctive side-street architecture also struck a chord with what I have learned in my courses back in Tsinghua. The typical Roman-style architecture we saw on St. Paul Cathedral and the bank junction served as an imprint of the attempts to rival the glory of Rome. Comparable to those magnificent sceneries, every little nook is equally thought-provoking. Take a small pub as an example. The pub named Ye Olde Cheshire Cheese on Fleet Street is one of buildings after the great fire in 1666. Creating the unique gloomy charm, the indoor design brought me back into the scenario in the painting *The Last Supper*. All these experiences mentioned above deepened my understanding of what I had learned in class and read in books previously.

Last but not least, I visited Cambridge and Oxford University to gain insights of the leading examples of western residential colleges, and to get a glimpse of world-class universities which for a long period have existed in my less tangible imagination. I have to admit that the atmosphere there thick with passion for academics did impress me most profoundly, with the breathtaking view on campus fascinating me in the meantime.

Honestly, I would love to say I had a whale of a time in London during both courses and tours. This unforgettable experience is bound to put a stamp on my whole academic career and also serves as a memorable life lesson.

一场未曾预期的艺术启蒙

郑智（智能工程与创意设计专业）

作为一名理工男，经济、政治等文科恐怕是我最为薄弱的科目，此次游学一趟，我一直期望着能够弥补我这方面知识与思维的不足。在 LSE 学习期间，我尽力跟紧课程内容，可无奈能力抑或兴趣所限，虽有收获，却并不深刻。然而，这次伦敦之旅最令我难以忘怀的则是徘徊在各大美术馆中，虔诚地欣赏前代名画与现代艺术；这次游学，也实是一场未曾预期的艺术启蒙。

前往伦敦之前，我对艺术也所知甚少，仅是有幸通过李睦老师"艺术的启示"一课听说了一点印象主义、了解了一点莫奈，培养了一点审美能力。于是在伦敦起初也并未有太多参观美术馆的打算，直到跟着同学一起逛了逛泰特现代艺术馆之后，开始一发不可收拾，几乎是马不停蹄地把其他空闲时间都用来参观各大美术馆。考陶尔德画廊、泰特美术馆、维多利亚和阿尔伯特博物馆，去了三次的英国伦敦皇家美术学院，四次的国家美术馆……宿舍旁边的泰特现代艺术馆更是看了不知多少次，直到逛尽最后一个角落。

在参观过程中，我对近代艺术的发展脉络有了一个较为清晰的认识，感觉到印象主义如何打破学院派的桎梏，引向现代艺术的百花齐放百家争鸣，也感受到艺术家们一生中如何不断突破自我，创造出更加个人、更令人震撼的作品。我看到特纳从古典主义中走来，在对光的执着追求中，形成了他极具个人风格的浪漫主义，乃至晚年创作出更加汪洋恣肆的作品，似乎为印象主义的诞生做着铺垫。

我看到莫奈彻底突破学院派的约束，用饱满的色彩、粗放的笔触形成强烈的感情冲击，甚至在一天中不同时刻表现同一个主题，给人以截然不同的感受，颇有"朝而往，暮而归，四时之景不同，而乐亦无穷也"的意味。我看到修拉对光线的表现、色彩的运用苦心孤诣，发展出魅力十足的"点彩法"。

乃至高更，其晦涩而原始的画作让我难以体察到它的美……而印象主义之后，摆脱了桎梏的艺术其发展快得难以想象，各种各样的风格百花齐放，整个艺术的面貌焕然一新。在皇家艺术学院的 250 周年夏展中，千余件学生作品异彩纷呈，不断冲击着我的固有认知，让我不禁感慨现代艺术的伟大。

在伦敦的最后一晚，我终于等到了泰特现代艺术馆的一个木偶展出修复完毕。遍体鳞伤的人偶在铁链的支配下一次次吊起又重重摔在地上，不断翻滚又呈现出种种扭曲的姿态，我竟感觉自己与这个人偶产生了情感共鸣，感受到了强烈而克制的悲痛。当最后震耳欲聋的背景音乐"When a Man Loves a Woman"响起，我竟几欲痛哭。

就在不久前，我重又捧起校长赠书《艺术的故事》兴致勃勃地读了起来，回想起入学之初翻看此书几页便难以忍受其枯燥的自己，感慨良多。前有李睦老师"艺术的启示"对我的艺术启发，后有CDIE更加深入的绘画和设计的学习，这次伦敦之旅始料未及地成为我艺术启蒙中的重要一课，而整个的艺术启蒙绝对是新雅带给我最珍贵的收获之一。

悠远神思
——LSE 与伦敦之行

付正（计算机科学与技术专业）

我们在 LSE 的学生卡设计十分简朴，左上角印着 LSE 的红色 logo，其他区域白底黑字，写了证明学生身份的几行关键信息，一行写着"Valid Until 21/07/2018"。

那是 7 月 21 号的夜晚，我和最要好的朋友来到维多利亚与阿尔伯特博物馆（简称 V&A），V&A 以优秀的设计艺术品著名。我们坐在中央广场池塘边的靠椅上，头顶厚重的云层已经俨然变成深蓝色，高耸的古典建筑将整个广场围绕起来，大大小小的圆拱形窗口内陷进去，每个窗口里面都斜向上放置了照明灯，在阴郁的夜空下，窗口的外延与内侧的光亮呈现出鲜明的对比。就在那明暗的交界处，仔细观察可以看到石制建筑上精细的纹路，这精细不仅局限于一处，而是遍布整个视野，就好像眼前的一切都耐人寻味，反而使得我不知所措，只好随意盯着一处发呆，用想象和回忆去感受那遍布的美感。

建筑顶端锥形区域内的壁画描绘了各国向维多利亚女王臣服的景象，各国的使臣下面书写着国家的名字，没有照明灯指向它们，在愈发暗淡的夜晚，它们逐渐隐去，难以分辨。与 V&A 中的一切道别后，我们一路走回住所：经过海德公园，经过特拉法加广场，经过 LSE，又绕路来到圣保罗教堂，途径泰特现代艺术馆后回到熟悉的 Bankside House，这才意识到，这些熟悉的地方，我们从未在夜晚向他们打过招呼，然而此次深夜的相遇，同时也是长久的告别。

一、LSE Summer School

在经过 LSE 的时候，我们走进那个再熟悉不过的图书馆，7 月 21 号夜晚 11 点左右，我们的学生卡已经无法打开图书馆的门禁了，我们只好坐在门禁外的 Escape 区域，就好比键盘左上角的 Esc 按键位于键盘左上角那样，Escape 区域位于图书馆的角落，按一下 Esc，就可以让人们暂时脱离工作或学习状态，享受片刻的清闲。在 Escape 区域，LSE 的学生们谈笑、吃喝，深夜的我们在空无一人的 Escape 里坐下，透过玻璃向图书馆内望去，心里便只剩下了回忆。

三个星期的暑期课程给我们留下很多愉快的回忆，课程内容由市场、全球安全和民主危机构成，各部分都以普及的方式向大家做简要的介绍，在不带来太大学习压力的同时，也尽量通过批判性的授课内容和课后研讨的方式促进大家的思考，并在每星期结束时布置形式各样的任务供大家完成，给大家应用知识的机会。简而言之，LSE 暑校内容丰富有趣，学习轻松愉快。

总体来说，LSE 暑校的学习体验十分优秀，很多优点值得清华大学的教学借鉴。首先，LSE 暑校的教学十分注重辩证思维。出行前，家长看过 LSE 学习内容安排之后，十分担心课程有关市场、民主等内容是对我们进行西方知识的灌输，实际上真正在 LSE 学习过程中，优秀的讲师和助教们完全没有试图去"灌输"任何思想，而是在提出一种理论或思想之后，试图带领我们对它进行批判。以"民主的瓦解"一部分为例，课前阅读材料中提出民主的权威性在西方世界中受到了长期且逐渐增强的挑战，民粹主义的呼声愈发强烈，站在这样的视角下，老师向我们讲述的民主的缺点及其表现形式，解释民粹主义兴起的原因；次日，老师深入讲解了民族主义和民粹主概念，又对它们进行的一番批判。这样的讲述方式，避免了学生在真正了解某个概念之前就对它产生不恰当的倾向，同时训练了学生批判性思维的习惯，而不局限于用"什么是什么"或"什么不是什么"的方式去理解和分析社会上呈现出的复杂概念。也许，我们本就不具备明确解决社会问题的能力，因为作为个体的人本身就是不明确的。

第二，LSE 的教学方式非常丰富，能够有效调动我们的积极性。有一天的课程是这么安排的：上午在教室中介绍钻石市场的形成过程，强调了商人对商品价值和社会需求的构建，最终形成了具有完善评价体系和出产－营销系统的钻石市场，下午老师就直接带大家来到伦敦的钻石销售中心游览，并沿途介绍各个地点的历史背景，联系课堂内容对钻石市场进行进一步讲解。这样的授课因地制宜，在我们看来也别出心裁。最令人印象深刻的是在第三周的寻宝活动（Treasure Hunt），其本质是一个以伦敦市区标志性文化建筑为目标的定向越野活动，各个标志点被分为帝国、君主制、女权、市民、法治等多个主题，并设计了许多小问题，而且问题的答案必须由你亲自跑到标志点位置才可能得到解答，有如"当你面朝圣马丁教堂时，向左侧看去，你将会的看到 Chandos 酒吧门前有一座人形雕像，请问他手里握着什么"，这样的问题不仅让我们兴致勃勃地奔波于各个标志点，使得我们对伦敦更加熟悉，在面临刁钻的问题时，也使得我们不得不询问过路人，提高了我们即兴说英语的自信，当然标志点本身所代表的文化内涵也在游戏过程中进入了我们的脑海。值得一提的是，Treasure Hunt 的游戏形式十分完善，各个文化标志点分类明确，游戏得分机制丰富合理，在小组分工和游戏策略上带来了很多变化性，游戏性极强。可想而知，这样优秀而完善的活动形式想必是在长期的教学过程中积累下来的，LSE 丰富的教学经验和想象力让每一个在 LSE 短暂停留的暑校学生印象深刻、难以忘怀。

二、伦敦深度游

实际上，三个星期内的暑校课程，并不是构成我们伦敦之行的主体，但是暑校轻松愉快的课程安排，给我们的时间安排和行程安排建立起一个框架，让我们在随意安排其他行程的同时，不至于陷入堕落的作息时间中，因而三周的时间被我们分配得十分充实。

伦敦得幸于大英帝国长期的统治实力，各个博物馆、艺术馆都能拥有丰富而珍贵的馆藏。在我们耳中最为闻名的大英博物馆只是众多博物馆的一员，前一节提到的 V&A，我们住宿地点 Bankside House 邻近的泰特现代美术馆，以近现代绘画为主的泰特美术馆，以及坐落于特拉法加广场的国家美术馆等都值得我们花上数天的时间进行游览。

伦敦的绿化也让人印象深刻。即使在最繁华的市区，也零零散散分布着众多小公园，如大英博物馆附近的罗素广场，向东南方向再走几百米，又有一个王后广场公园，即使面积不大，也可以给往来的行人和附近的工作者和居民带来安逸和闲适的环境。市区中以海德公园为代表的大型公园也让人十分向往，那里鸥鸟群飞，湖光倒影，极其贴近自然。

值得强调的是，伦敦让我们向往的景点分布得十分密集，仅靠步行可以把很多景点串联起来，即便距离稍远，凭借伦敦复杂而完善的地铁网络，我们也可以轻松到达目的地。我认为，漫步在城市中的体验是十分难得的，很难有机会在忙碌的城市中拥有随意行走的闲情逸致，很难有机会能够凭借行走在各个目的地之间穿梭，很难有机会能够找到同行的伙伴相伴出行，就是这样珍贵的行走体验，让我们一次次贴近这个城市的大街小巷，在西敏桥驻足凝视伦敦之眼的运转，观察大本钟的装修绿布，与游行队伍随行感受民众的愤怒和热情，又可以穿梭于车辆无法通过的楼间缝隙，深入观察城市的韵味。是行走，让我们心中留下了对伦敦之行的深刻回忆，对那种旅行方式的怀念至今没有一丝消减。回到北京后，夜不能寐，我便在小雨的凌晨走出家门，探索着最熟悉的家周边十分陌生的狭小街道，在那里我看到了铁路旁小路的凌乱，通惠河河水的激荡，以及凌晨北京的寂静。我想，我用行走的方式，点亮了伦敦旅行者的故乡，也终于真正回到北京的家。

A Summary of LSE 100 Program

Chen Yiheng (Major in Economics and Finance)

Past July has seen us Xinya students progress from hesitation to fascination. From the first lecture in the library of LSE to the farewell ceremony on 20 July, we were ever amazed by the diverse forms of education and student-teacher communication, and deeply moved by both humor and wisdom conveyed by all of their teachers. More importantly, our English skills have evidently improved in nearly every aspect. In this summary of LSE 100 program, I would try to reproduce the original scene in LSE and the city of London, and explain what I have learned as clearly and thoroughly as possible.

1. Lectures and Seminars—In Real Context

Our summer semester could be divided into three weeks. Each week would be roughly divided into two parts. The first part started from Monday morning to Wednesday noon, mainly consisting of lectures and seminars. The second part occupied the rest of the week and mainly consisted of the application and practice of what we had learned earlier in the week.

Unlike lectures in Tsinghua, LSE's lectures were far more relaxing and student-centered. We were free to move our chairs and desks around in order to obtain the best sight of the screen and form smaller groups for in-class discussion. LSE teachers believed a good lecture requires students' full participation and active response, so they put in a lot of work in order to arouse our interest in the topic given and garner our attention in class. For example, some lecturers like Chris Blunt would walk around and stop at some crucial points in order to make himself more clearly heard and understood. They frequently gave us a lot of questions and patiently guided us till we came up with reasonable answers. Some lecturers would also invite us to write down our thoughts and opinions on the white board during lectures.

From my personal view, lectures in LSE are more like seminars in Tsinghua University, while seminars in LSE are more target specific than those in Tsinghua. Teachers would give each of us a handout at the beginning of a seminar. On the handout were all the questions and tasks that needed to be discussed and finished in class. The seminar was strictly centered on this handout, and teachers would expect us to finish the handout as much as we can. In this sense, no one can ever escape and everyone would be engaged in numerous challenges. Besides, teachers would keep an eye on us and invite those who were not active enough to talk about the issue, thus our participation in the discussion was greatly improved.

Teachers in LSE wouldn't set standard answers, but encouraged our own discussions and looked forward to different opinions. Although that was probably because all three topics of our summer course were general and controversial, thus left us impossible to produce any answer which is absolutely right, the spirit of critical thinking still got deeply rooted in every lecture and seminar we took. Take the seminar on global security for example, Teacher Rahoul mentioned private security companies (PSCs) and directed us to discuss whether it was a good idea to employ PSC in turbulent districts for peace keeping. As students from a country firmly rejected any form of military intervention, the discussion soon became a fierce debate. Through out this process, Rahoul did not claim that any idea is right or wrong, but simply interrupted us when the debate was too violent and hard to carry on. Meanwhile, he would intellectualize us and give us more hints for further discussion. In this way, topics were fully discussed and criticized. Our understandings in economics and politics were also improved.

After soaking in real English context of lectures and seminars, not only did we learn a good deal of knowledge, but our English skills were also improved. Then it was time for real combats.

2. Application and Practice—Negotiation and Cooperation

Lectures and seminars were followed by application and practice on Thursday and Friday. The idea of this education form is that knowledge practiced is knowledge understood, and the sooner knowledge being practiced, the better. Following a clear mind structure, our first practice was writing an essay about whether people are free to pursue their personal interest, while our practices for the second and third week were conducting a negotiation and giving a presentation on policy making. Throughout these events, we made further exploration in the academy world.

It was the first time for us to write an essay in British style. This kind of essays is totally different from compositions, but more like academic papers to some extent. We were expected to give clear thesis statements and provide proofs and references. A rigid structure would be favoured, while redundant but beautiful words were excluded. The expected length of the essay was between 800 and 1200 words, which became a huge challenge for us. Considering that we only had one or two nights to prepare for the essay, while the normal preparation time for a British student is about a week, it was hard for us to look for many references. Even so, we managed to produce quite fine essays. Teachers in LSE were highly efficient and gave us their feedback almost immediately. As for me, Teacher Rahoul wrote in his feedback: "This is a well written, thoughtful essay with a clearly worded thesis statement and many relevant examples that strengthen the rigour and overall flow of the essay." He gave me a distinction grade for my essay, which was a great affirmation for the work I had done.

As practice for negotiation skills, we were appointed as different state or non-state actors such as USA and Central African Development Organization to deal with an imaginary crisis in the country of Katanga. We took the form of a UN conference and negotiated in pursue of each actor's own interest. Time given to talk was merely a morning and we had the whole afternoon to discuss and pass the resolutions. The meeting was fruitful. Many resolutions were passed and finally we reached a result which everyone was content with. Our group played the role of Central African Development Organization. Interestingly, as a non-state actor, we managed to dominant the process of the conference and achieved every goal, both recommended and not recommended. Teacher Chris Blunt evaluated us to be the most successful actor in the conference, which became a pride for every member of us.

The most challenging task for us was to prepare for a presentation on Thursday and present it to everyone on Friday. We were asked to choose a political or economical problem in Britain and make our own policies. Obviously, time was pressing, thus our group cooperation skills were urgently required. I worked with Shen Yingsha and another girl from Fudan University efficiently. In about an afternoon's time, we managed to formulate our set of policies in response to the problem of British people's low participation in politics. To our delight, with a clear structure and humorous style of our presentation, along with the fluent expression of all three of us, we successfully impressed all teachers and students. It felt great to hear those sincere cheers and compliments in a foreign university!

Generally speaking, these tasks tested and improved our skills in many aspects and fulfilled our experiences in academic world. Along with lectures and seminars, application and practice deepened our understanding in what we learned and widened our insight in a global context.

3. Activities After Class—The Very Best Part of London

Every week, we would be all organized by LSE teachers to take part in sightseeing activities, during which we went to the best parts of London and experienced the beauty of this city. More importantly, these activities were tightly connected to the content of our summer courses.

In the first week, we went to London's financial district and visited the local diamond market. This trip was organized in order to deepen our understanding of modern business and help us realize the way market runs. London's diamond market used to be world's largest diamond market, now surpassed by China and Japan. Even so, diamond trade still has large market share locally. During the trip, teachers introduced to us the industry chain of producing diamonds, along with some dramatic stories happened in its management. Realizing that diamond trade is a highly exclusive business, I immediately related it to the knowledge I learned in LSE and the Social Network Analysis course back in Tsinghua. Based on their accounts, I found it possible to apply what I had learned to this market. Basic economical laws may not work out here, but by constructing a highly cohesive intercommunication network, we would carve out our way to success and maximize interest. In my opinion, the meaning of this field visit was probably greater than 10 lectures taken in the university.

The trip to Imperial War Museum in the second week also gave us an impression of the real scene in World War I. Those stories and nightmares on history book pages became vivid videos and objects right in front of us. Those brightly shined uniforms, blazed bayonets and terrifying rifles, firmly stood in the museum, like cruellest soldiers without a soul. Following the order of the exhibition, we saw how the war degenerated from a chivalrous duel to a merciless massacre. In this light, we treasured peace more than ever before and became more aware of the importance of seeking ways to ensure global security.

The third week's treasure hunt in the City of Westminster was a truly unforgettable experience. We were divided into six groups in search of questions and "treasures" scattered all over the city. The more "treasures" you find and more questions you answer correctly, the higher scores you will get. Needless to say, this activity became the best test of team unification and group cooperation. I was lucky again to be working with the most excellent and cooperative teammates, thus enjoyed a most fruitful and well-organized treasure hunt. Finally, our group got the highest score in sweat, surpassing other groups with huge gaps. However, the success in this match was nothing in comparison with the splendid scenery we saw and the most secret British history we learned throughout the activity. We tried to hunt all historical and cultural treasures in this city, but it turned out that our hearts were hunted by this city full of splendor.

In all, by taking these activities after class, we came to see the very best part of London, which helped us learn more knowledge than we ever could in class.

4. Self-Organized Tours and Trips—An In-depth Look into Britannia

The reason for using the term "Britannia" is that we stepped beyond London and even beyond England. We travelled to some remote areas where the British Empire used to exist. During these self-organized tours and trips, we came to meet local people and experienced their cultural life.

Back in London, I visited all famous tourist attractions just like every tourist would do. I went to the Big Ben, the Parliament square and the London Bridge. Not to mention all royal parks downtown, such as the Regent's Park and the Green park. On the lawn of St James' Garden, I came across a talkative old black man from Guinea who talked about China with me for a long time. He sincerely thanked China for helping Africa and happily recognized me as his friend. In local bars, I cheered with some craziest British young men for their victory against Columbia and had a taste of their fantastic black beer. On a breezing summer night, I went to queen's theatre for Les Miserables and Folstaff, where I laughed and sighed with local British people. All these memories, they are just too precious to forget.

The British Museum and the National Gallery were especially fascinating. I spent a whole day wandering around in the British Museum, appreciating objects from Chinese jade to Roman legionary soldiers' armor. In the National Gallery, I was entirely soaked in Monet's mysterious colors. These two places have magical power, which can lure someone into the realm of forgetting himself.

On weekends and after the summer course, I went to Welsh and Ireland. Strange Celtic languages still survived in these areas, and left distinct influence there. I went to castles and cathedrals, mountains and beaches. I saw medieval stone walls standing beside modern skyscrapers, and nineteen century guardians wandering around with policemen carrying submachine guns. In the National Gallery of Ireland, I appreciated Yeats' paintings; in the Guinness Storehouse, I toasted to U2 with the finest guinness beer. And finally I enjoyed Ireland's national treasure—the River Dance. In the sound of tick-tock, I totally understood Irish people's optimism and vitality.

I can easily list many more examples, but what I mentioned above must be already enough. We spent a most joyful month with welcoming and warm-hearted British, Welsh and Irish people. We sincerely appreciated their help in subways, tourist attractions and streets. From our own experiences, we felt the intercultural tolerance all over Britannia, and saw the hope of building global friendship.

5. Conclusion

Our study in this summer course stretched from in-class lectures, seminars and other activities to self-organized trips all over Britannia. During these unforgettable weeks, we learned important ideas in economics and politics, and got to experience British culture in real context. Meanwhile, communication between Chinese people and British people was also promoted. LSE 100 program really offered me a chance to improve my skills and broadened my horizons. In the near future, I look forward to becoming a real talent and serving for promoting Sino-UK communication.

LSE100 Summer Programme: The Course and Beyond

Lin Pengxiang (Major in Economics and Finance)

The summer programme we attended lasted 19 days since 2nd July. During this period, we had lectures, seminars, workshops and tours, gaining understanding about economics and politics as well as the country and the city. The former was the main goal, but the latter was no less valuable. This report will consist of two parts: a record of our activities and my opinions formed by that.

I arrived at London Heathrow Airport via Paris with Air France on 29th June. I intended to save money by choosing this connection flight instead of a direct one, but Air France and Charles de Gaulle airport gave me a surprise with their satisfying air services and comfortable connection lounge. The arrival at London had nothing unusual. The queue at the border control kept us for an hour or so; luggage claim took another half an hour. Leaving the airport, we saw the sky of Britain for the second time—through the window of a Piccadilly line train. At dusk, we finally arrived at LSE Bankside House, located in the Southwark district of London, where we would stay during the following three weeks.

The weekend before the course started was about exploration and discovery. I wandered around, first on foot but soon by bike when I noticed I could use ofo bikes there, finding out what to eat, where to shop, etc. What surprised me most was the density of museums and galleries around London—there must be dozens of them within the walking range of Bankside House. What's more, the majority of them were free, supported by foundations and donation. I can imagine the huge influence of them on ordinary people, especially students, enabling them to admire and enjoy art pieces, which obviously make a great difference in their spiritual life. This is where we are left far behind, leading to a much lower average understanding of art and music amongst the whole population. During our stay, most of us caught the chance and visited many of them, which has been one of our major gains of the trip.

The course formaly began on Monday, 2nd July. After registering at the language centre, each of us got our ID card, mailbox, and eID, just like every LSE student does. We could gain access to all online resources, all buildings and most classrooms thanks to that. Then we had a small tour around the campus guided by the teachers who will lead our discussion in seminars and activities. At 12 pm, we were ready for the first actual course of the summer program: a lecture themed the efficiency of markets.

The first week's topic was: Should markets be constrained or unleashed? The course consisted of lectures, seminars, workshops and tours, and we were required to demonstrate what we learned during the week with an essay. Teachers gave us one-to-one feedback on our essay in the second week. Under this topic, we learned about and discussed economics, politics, sociology, anthropology and even philosophy. The lectures were rather brief ones, mainly aiming at giving us basic information. The seminar, in my point of view, was the core of the course. On each of them, we had to utilize the material we were supposed to go through in advance and discuss several controversial questions. That wasn't easy, especially when we had to do everything in English. But that was also very beneficial, as we got a chance to speak English a lot, as well as forcing us to think in English instead of forming a paragraph in our brain in Chinese and translating it as we speak or write.

For me, the most inviting part was always outdoor activities. During the first week there were two of them: One was a trip to the diamond market zone, the other was to the financial district or City of London. To be honest, the former was a rather dull one. We just walked around, listened to some introduction that had nothing different from what we could hear from a lecture, and that's it. The latter one was much better. Thanks to the well-organized path, we were able to make up a picture of how London developed into the one we see today from a small castle. The different layers of roads from different eras showed in a chapel was really impressive, giving us a direct image of the city's history. Another landmark we visited was the St. Paul's Cathedral, which dated back to the origin of the City of London. Though burnt down in the fire of London, it was rebuilt later, making it even more immense and outstanding.

There was a special event on Saturday: a session with CLCB students (Chinese Language and Culture in Business) about core Chinese values. They came from large corporations or government departments and are learning Chinese. During the session, we had a nice conversation, sharing our understanding of Chinese values and asking questions about career and future developments. Some of us even became friends with them.

Week Two's topic was: Is there a path to global security? We discussed war, military intervention, private military and security company or PMC, and up to date examples. The output of this week was a simulated UNSC special council about a crisis in Katanga, in which we were supposed to negotiate and find out a resolution to deal with the crisis. We were given a whole afternoon to prepare for that, when we first worked within groups and then across them, exchanging ideas and needs. As a representative of CAEC or Central Africa Economic Council, I believe I did a really good job, and so did my fellows, as we reached everything we willed in the final resolution.

This week's trip was to Imperial War Museum. It was largely an autonomous one, as we dismissed on arrival and had the rest afternoon free. The largest section of the museum was about

WWI, which I had much less understanding than WWII. After this visit, for the first time I realized why they would call it a World War, though there was only a small part of the world taking part: what's special is in the war, every nation used up not only every penny available but also every penny they could possibly get in the future by borrowing money from banks and selling war bond. In the past, the goal of war was benefits; this time, it's just victory. No one would ever want to repeat that if he saw how the civilians suffered displayed here at the IWM. An even more depressing exhibition was about the Jews' disaster in WWII. More than ever I was aware of the potential harm of science and technology when I witnessed how efficient and easy killing people could be with the help of scientists and engineers. Different from the cruel or cold-blooded killers in other massacres, Nazi Germany gave us an impression of indifference to other people's lives, which is even more chilling.

In Week Three we came to an almost purely political topic: Is western democracy in crisis? This was what I believe most valuable part of this course because where and with whom we talked about it made a huge difference. With direct conversation with those who deeply believe in the western democracy system and feeling how it works on site, I gained a more complete picture of it. Using Brexit and Trump's election as examples of failures of western democracy, we studied how they viewed the threats to it and why. The presentation which marked our gain in this week was directly against these problems, as we were asked to give a policy advise to deal with some of them.

The treasure hunt in the City of Westminster was absolutely my favourite and best-done part of the course. With this activity aiming at visiting meaningful locations and learning about them, our group divided into parts and completed almost every destination. As a result, we got a significantly higher point than the second place group, and I believe, a better time.

Besides these organised trips, I also visited many tourist attractions, museums and galleries, either alone or with a small group of friends. That included Tate Modern, the British Museum, the National Gallery, HMS Belfast, Hyde Park, the Science Museum, the Museum of Natural History, the Somerset House, the Borough Market, the Tower Bridge, the Tower of London, and the Transport Museum of London. Most were free while the rest were paid, often very expensive. But above all, I think all worth the money and time I spent.

When we finished the presentation and sat down for the certification ceremony, everyone knew the course, as well as our stay in the UK, was coming to an end. I really had a good time: studied, travelled, and made friends, and I think so did each of us. When we set off at 2 in the morning of Saturday, we were still chewing the joyful three weeks. Our return trip was not so smooth as we caught the wrong bus after leaving the underground, but fortunately, nothing really went bad and some 18 hours later we were back China again. I will probably not visit the UK again in a long time, and I will miss this visit and look forward to the next.

The three weeks we had, in my opinion, is just enough to get the first taste of a foreign land. I learned a little about everything: the underground, buses, ferries, and trains; food, shops, drinks, fruits, their tastes and prices; the structure of the city, landmarks, parks, and tourist attractions; how people make money, commute, shop, go on vacation, spend their leisure time, and do sports; and, how to help myself eat well, sleep well, play well and study well. This is definitely a treasurable experience. For the first time, I was able to dig deeper into how people on the other side of the world live their life. This is really helpful, if not the most helpful way, to promote cross-cultural understanding: When we try to stand in the other's shoes, we have to know how to do so.

The numerous museums and galleries also brought me a lot. It coordinates well with the class we had in the autumn semester: the enlightenment of art. I often find our life hard or boring: there is such little to enjoy but so much to suffer. Art is where I believe could solve this problem. And the most direct way to learn art is to admire, admire lots of them. I admired those ancient art, those Medieval art, Renaissance art, modern art at several different galleries. I have rarely had a chance to visit that many galleries in such a short period. The museums bring a different type of experience. Witnessing how the world developed itself is a pleasure.

The course was the main goal of our visit to the UK, but I benefited such a lot from the visits to museums and galleries and the stay itself, that the course seemed less important. But in fact, I believe the course itself is worthy enough. When we talk about cultural differences, the difference in basic belief is not ignorable. This time through the course and discussion with the teachers, I found several important differences.

The knowledge itself is less important compared to the differences, as discovering difference enhances the possibility of understanding each other. Though we have disagreements, an agreement is possible to reach when we learn where our conflict lies.

Insights in London

Wang Zihang (Major in Economics and Finance)

The past three weeks in London was a great time, during which I learned more about economics and politics, had communications with local people, as well as enjoyed myself in the tourists' attractions, scenery and culture of London.

The study in LSE gave me a more profound insight of economics and politics in Britain. Although the LSE100 Program, including its lectures and seminars, seemed not to have a tight relevance with academic research, it at least told me what LSE wants its every undergraduate to learn about the basic. What was most worthy was that I got a glimpse of left-wing British values of economics and politics through the lectures and seminars, which could be found on almost every lecturer and their materials.

The most helpful part of the LSE Program, from my point of view, was skill practicing, including essay writing, negotiation, and presentation.

The lecturers gave very useful instructions of writing an essay, as well as detailed feedback later. The negotiation was neither like a meeting of the United Nations nor a multilateral negotiation of temporary emergency, which meant its rules of procedures often tended to present its confusion rather than order, especially in deliberations of the draft resolutions and amendments, and the voting procedure. However, it still gave me a great chance to practice my negotiating skills, learn to exchange interests and make compromise with others, and maximum my achievements. It was not easy but you might get a sense of accomplishment after nailing it. Those skills of giving a presentation was helpful, too. I have got a better command of how to attract my audience and make myself convincing.

When I was rambling on the campus of LSE, if it can be called campus, looking at the beautiful buildings and passing through the shelves of books in library, a sense of appreciation and admiration came to my mind. Although I was not able to fully understand what LSE is about in the aspects of history, culture, politics and academy, I had gained an elementary comprehension of LSE. It's a great school and I have been yearning for the opportunity to study in LSE for my doctoral degree.

Besides the life on campus, I also enjoyed myself in London. By visiting museums, galleries, parks, historical interests and many other tourist attractions, watching musicals and concerts, conversing with local people, I experienced the British style of life.

LSE Bankside House, where we stayed, is on the bank of Thames River and in City of London, which is the financial centre of the Great London and the UK, with City of Westminster, the political centre, next to it. There are so many places to visit in City of London and City of Westminster, that I was always busy touring every weekday after class and every weekend.

Tate Modern is a famous modern art gallery just next to Bankside House. I visited Tate Modern twice, and saw nearly all its exhibits. Modern art is difficult for me to understand, and usually I had to read through the introduction to find out what an exhibit means. However, as I tried to understand the exhibits, I gradually discovered the special beauty of these abstract and elusive works and learned to enjoy them.

Nation Gallery and Courtauld Gallery are also great places to appreciate art. The galleries gave me a brief yet comprehensive view of Western art, from Middle Age to modern time.

In British Museum and the Museum of London, exquisite treasures of history made me forget to leave. The exhibitions in Tower of London reminded me of Shakespeare and his historical plays. While visiting Highgate Cemetery, I gave my respect to the great mentor of communism, Karl Marx.

On a Thursday afternoon after class, I went to the Parliament House to watch the debate of the Parliament. The debate was far from what I imagined before. I had expected debates in the Parliament to be very serious. However, the actual scene seemed to be the opposite. The members (or lords) behaved in a casual way, with many of them chatting or looking at their mobile phones while one was giving his/her speech. Some even shouted to show disagreement, whether in the House of Commons or the House of Lords. I still can't believe that politicians are making important decisions of the UK in such a way! Probably that is a feature of British style.

One day when passing by Downing Street, I saw a troop of men holding slogans and handing out leaflets about communism. Out of curiosity, I approached them and chatted. Turned out that they were from the New Communism Party of Britain, which was split out from the former Communism Party of Great Britain. After a nice talk, they invited me and other comrades to visit their headquarters. By the way, it was the first time that I had been called "comrade"! That weekend, two friends and I went to their headquarters and had a good evening. Their offices were very old and plain from the outside to the inside. It seemed to me that they were short of funds for the party. Even in such a difficult situation, they still hold the faith that communism would finally win all over the world. On that evening, we talked about International Communist Movement, communism in the Soviet Union and China, the Labour Party and Jeremy Corbyn, and Trump. It was really a magic experience to communicate with comrades on the other side of the ocean.

When Trump came to Britain for his visit, protests and demonstrations were evoked all over London. That was an unusual Friday. In the morning, a political organization against Trump flied a huge Trump Baby ballon on Parliament Square. The demonstration began at noon from Portland Square, arrived on Trafalgar Square in the evening, then the rally began. Many organizations and citizens were holding slogans and handing out leaflets, which were all against Trump. That was the second demonstration on that week, the one before was the famous Pride of London, urging for the rights of LGBT. That was an interesting demonstration, too, in the way that slogans and dresses of participants were full of creativity and were truly impressive.

Enjoying an evening at the pub besides Bankside House, I watched the semi-final of the World Cup with England football fans, and cheered for the England Team together. Although England was eventually defeated, it was a nice evening, drinking Rum and experiencing the charm of football with so many enthusiastic fans.

Concerts, musicals and operas also took some of my evening time in London. I went to Royal Albert Hall to listen to the BBC Symphony Orchestra, watched a Falstaff different from Shakespeare at Royal Opera House, and enjoyed brilliant musicals such as *The Phantom of the Opera* and *Les Miserables* at West End Theaters. These halls and theaters were very different from those in China, as they were traditionally decorated, in the same way I had read in novels. Besides, I watched the famous British Summer Time at Hyde Park, during which Bruno Mars and Paul Simon gave their performances. That was the first time I took part in a musical festival. Although British food, including those on the musical festival, was faintly unbearable to me, those singers and their songs were pretty touching.

At St.Paul's Cathedral and Westminster Abbey, I watched the whole evensong ceremony. I didn't pray with the believers together for that was not my belief, but I respected and admired their devotion to their God. Both St.Paul's Cathedral and Westminster Abbey were magnificent and resplendently decorated, accentuating the tininess of human beings.

One Sunday I went to Hyde Park Corner to experience the tradition of British democracy. Many people crowded into different groups to talk and argue on different topics. Almost all the topics were about those most sensitive problems of politics, for instance, races, immigrants, Brexit, Metoo Campaign, religions, and so on. However, I got the impression that when debating on these sensitive topics, people can hardly brush away the influence that his/her position or identification poses to his/her opinions. Thus these arguments usually fell into chaos, not in bodies but in words, and no one would succeed in persuading the other.

知行伦敦

张楚衣（经济与金融专业）

二十天的时间对于整个人生来说实在是相当短暂。即使是将它置于我目前为止经历过的岁月之中，它也显得有些微不足道。但是人的思绪如此神奇，它的密度变化使大脑的时间超越了宇宙的时间，让某些哪怕即为短暂的时刻也可以在时间的长河中熠熠生辉。这次访学之旅对我来说正是如此。在这段旅程之中，接连而至的刺激使我的神经始终处于兴奋状态，从而创造出了这段极其丰富的记忆。

一、课堂：在现实中实践

与在清华迄今为止上过的课相比较，LSE 的课程更加贴合现实，给人一种"我们在试图寻找当下那些大问题的解决方案"的感觉，当然这些"问题"与典型的西方现代资本主义国家联系更紧密。在清华学习经济、社会、国家等相关课程时，老师多是敦促我们阅读经典，如霍布斯的《利维坦》、洛克的《政府论》、卢梭的《社会契约论》等，会从思想起源和思想内核等角度来理解西方社会。但 LSE 的课程则更偏向于从现象中概括、理解问题，从而得出一些核心结论。一个非常鲜明的例证就是我们的阅读材料中总是出现时事新闻报道。

如果要概括这次课程的特色，我认为可以用"实践"二字来表达。课程设置总是"讲座+讨论"的模式，在对每个话题进行了高度精练的小讲座之后，总会有一个可以运用讲座中涉及的理论的主题讨论，而这通常是围绕当下的社会问题。在这些比较典型的上课模式之外，课程还设置了论文写作、模联和课堂报告，也是高度应用化。除了室内课堂，我们有时还会以伦敦城为课堂，比如探索钻石市场、伦敦金融区之游、西敏寺"寻宝"。这些看上去像观光的活动其实完全不是观光，老师们用各种方式促使我们从目之所及的蛛丝马迹中寻找这些现象的经济或社会意义。这是一项非常繁重的脑力劳动。

在这三周的三个话题中，我对偏向经济的主题最感兴趣。除了努力理解老师们教给我们的理论，我着重观察了他们对各种经济现象的认识方式。平常与我们相处较多的主要有五位老师，每位都有自己的侧重方向，比如里安老师倾向于从社会学的角度去认识现象，而艾利克斯则主要从历史的角度。社会发展到现在，现象越来越复杂，各方面的因素都交织在一起令人费解，无从下手。老师们给了我启发，在接下来的学习中我会选择另外一个与经济有关联的方向去深入研究，既能让我更好地理解问题，又不会使我立刻陷入混乱之中。

由于 LSE100 课程偏重于实践和多角度的特性，这些课程对我来说非常快节奏。首先老师们会从多方面解读现象，但我前期准备相关知识不足，对被提出的现象也不熟悉，新的知识汇成一股大洪流向我涌来，导致我时常理解、记忆困难；而在学习了新的知识之后，我们又被鼓励马上运用它们，这让我感到有些无所适从。但是至少，每一次讨论中我努力尝试着去发言、去解释，在这个内外双向的激励下，受益良多。我不敢说在短短二十天内我记住了非常多的理论，但我从之前更多是埋头于书本中的状态走了出来，对"当下的世界"有了更多更深入的了解，我开始学着去关心"人类的处境"而不仅仅是自己的发展。而老师们希望教给我们的那些前人智慧，我会在回来之后的反刍中慢慢消化。

二、交流：他们的思维模式与生活方式

坦白说，平时在学校我与人交流得并不多，时间一长，我甚至会产生自己学习、自己活动就够了这样的想法。这次项目有许多"必须与人交流"的场合，包括与项目老师的交流、与同学们的交流，甚至在采访时与陌生人的交流。在这些经历中，我重新打开自我，去正视身为"社会动物"的乐趣；同时，我也学着跳出自我，了解到世界上有这么多种不同的思维模式和生活方式。

这首先是在与"伦敦人"交流的过程中感受到的。我想"伦敦人"也许不能完全被称为"英国人"，因为我认为的"伦敦人"其实来自各个地方、各个国家，即使他们自己并不认为自己是真正的伦敦人，但在我这个外来客眼中，他们共同构成了伦敦气质。接触最多的当然是给我们上课的老师们，我对他们最深刻的印象是——宽容。也许因为我们只是短期学生所以对我们要求没那么高（但是可以感受到老师们还是非常认真地准备了课程的），也许更多的是老师们了解中国学生（比如我）不够自信的特点，他们的话总让人感到备受鼓舞。在向老师咨询问题时，他们常常沿着学生原来的想法，给出一些进一步探索的思路，而不会直接否定。在这过程中我感受到了思考的愉快，而这种愉快又能很大地激起学习的兴趣。

虽然一度为采访的任务心烦，但最后的体验出人意料地不错。我们在采访一位大叔时，其实他没有时间接受采访，但他耐心听完了我们一大段的描述才完全不让人尴尬地表示无法接受采访。我们提问的对象，无论是否接受采访，都让我们感受到了尊重与耐心。虽然也许是因为我们没有和"伦敦人们"长期交往过，但他们说话的方式会令人愉悦。也正是因为这样的交流体验，我的沟通勇气增加了。

这次的学习之旅，除了课堂之外，最大的收获来自于与同学们的交流。此次参加 LSE 项目的除了新雅同学，还有来自外文系、经管、美院、计算机系等院系的清华同学，以及来自复旦大学的同学们。不同的院系背景，使我们对彼此都非常好奇。复旦大学的同学们多数来自国际政治、经济、哲学等专业，对比我们所学，他们的专业会划分地更加细致；同时，复旦大学的同学们又多数为大二、大三、大四学生，比起我们也有更多学习经验。因此借着与复旦大学的同学一起完成任务或者一起吃饭的机会，我们了解了一些专业在复旦大学的学习进程设置，也从中获得了有助于后期学习的启发。

与新雅同学的交流，则会更为深入，常常涉及未来与理想。在学校时我们虽常常见面，但多是忙着自己的学习，而这次同游伦敦给了我们许多可用于聊天的闲暇。因为这样频繁的交

流，我了解到我与周围这群人的处境是那么不同又那么相似。对我们来说，现阶段最大的问题来源基本都是专业分流。不同专业的同学面临着非常不一样的问题，相同的是每个人都有迷茫、焦虑，都不是百分百确定"这就是我想要的"，但同时，每个人都对未来怀着一种奇异的激情，这种激情常常不只是因为畅想自己的光明前途而产生，还因为我们相信自己将与社会、将与世界紧密相连。还记得一位同学说，想到三十年之后这个世界将会由我们这群人来建设就感到未来有希望。这句话带给我的感动延续到现在，相信也将一直延续下去。

三、行走：人，自然，艺术，社会

有一位同学评价伦敦："这是一个实现梦想的地方。"确实，伦敦的构成元素那样丰富，以至于几乎每个人都可以从中获得自己的乐趣，每个人心中都会有一个不一样的伦敦。对我来说，伦敦是"自然＋艺术"的胜地。人的一生不应该让自然和艺术缺席，而伦敦这个城市很好地诠释了这一点。随处可见的公园、美术馆、博物馆、剧院……当然，我们会发现中国的大城市也有不少这样的场所，但是伦敦拥有更多、分布更广，而且这些场所更加能融入城市的日常生活。在北京，你会觉得逛博物馆、去公园、看剧是一种周末才能做的事；但是在伦敦，这好像就是下班或者放学路上可以顺便做的事。实际上，我们发现伦敦人确实很会"忙里偷闲"。

伦敦人非常忙碌。每天，在工作时间你会看到街上满是行色匆匆的人们，甚至红绿灯在赶路的伦敦人眼里都并不是那么权威，很少有人会在没有车辆通过时耐心地等待红灯结束。但是到下午三点左右，就会出现一个有趣的现象——街上的小酒馆外站满了西装革履、手拿啤酒聊天的人们，男男女女，脸上都是轻松惬意，一扫路上的行色匆匆。

比起国内，伦敦的工作时间战线确实短得多。我不知道这样对国家对社会算不算是好事情，但是人们身上溢出的幸福感肉眼可见，至少我在这二十天中是这样感觉的。这种幸福隐含了一种对生活的热爱，那是人们在投身自然、享受艺术、挥霍闲暇时光中一滴一点累积起来的。

还有纪念碑与墓碑。伦敦城内有许多纪念碑和有特殊意义的墓碑。它们并不是每个都被安置在像威斯特敏斯特大教堂一样宏伟的地方。比如我们在海德公园遇到的纪念 2005 年国王十字车站恐怖袭击死者的纪念碑，它坐落在海德公园一处岔路的尽头，石柱林立，僻静无声，但在每一个石柱之下，我们都看到了一朵娇艳新鲜的白玫瑰。我想，这个城市在努力地记忆。

伦敦同时表现出了一种历史的沧桑和新时代的时尚，我很喜欢它的这两种特质，但有的时候我不知道伦敦人是否很好地将他们融合了。想起我们与德语老师讨论德国人看待历史的态度，她说，正是因为德国人非常严肃地正视历史、正视错误、承认错误，现在德国的年轻人才从他们的历史中学到了许多，未来将不会再犯同样的错误。但英国的年轻人似乎还没有真正能够从历史中学习，所以才会有现在伦敦的状态（我们在伦敦时当地爆发了多次游行，又正值英国换首相，人们似乎对新首相不是那么满意，总之一切并没有想象中的井然有序）。

在写这篇报告的时候，我曾经想过是否应该只针对LSE100项目课程内容写一篇比较学术化的文章，考虑很久后觉得，虽然在课堂上收获也很大，但它确实只是我整个旅程中的一部分。这趟旅程的每分每秒都在为我创造意义。也许以后我会经常去伦敦、牛津，或者其他对现在的我来说还比较新鲜的地方，但"第一次"给我带来的冲击并不会因为新鲜感的消退而失去它的踪迹与意义。

教育的国际化与中国化

刘梦（政治学、经济学与哲学）

我本想就着此次 LSE100 暑期课程的学习体验写写我的感受，但思来想去，始终不知该如何落笔。我既不想一味地夸赞，以至于给人崇洋媚外之感，也不想就碰到的问题大批特批，好似只有这样才能体现中国人的风骨。

事实上，在伦敦政治经济学院的三周，具体学到什么并不是那么重要。这趟访学之旅，是旅行，是体验，是远离故土感受异域风情，也是反思自我的绝好机会。当人完全跳出熟悉的环境，置身于一个完全陌生的地方，站在陌生之处远眺熟悉之景，大概率会有新的感悟——原来认为重要的东西变得渺小，原来认为无意义的东西越发重要，原来忽视的东西变得突出，原来认为理所当然的事情变得怪异。

一、国际化进程与文化差异

当我站在异国他乡，生活中的所有事物都换了模样，楼房不再是熟悉的楼房，饮食不再是习惯的中餐，阳光不再是北京七小时前的阳光，风是从大西洋吹来的风，甚至连那片天仿佛也不再是以前看见的那片天了。一瞬间，孤独感汹涌而出。这种孤独不是肉体的孤独，也远非肉体的陪伴可以释怀，这是心灵的漂泊。当我飞了十多个小时抵达伦敦时，我落地了，心却从未落地，仍旧在天空中飘荡。

我一个人走在伦敦街头，看着周围人陌生的面容，行色匆匆，世界与我仿佛隔了一层膜。我想要融入其中，却发现总是艰难。是因为外表的差异吗？可是放眼望去，来自各个国家的人都有，为何我未曾感受到他们彼此之间明显的隔离？是因为语言的差异吗？可能。由于语言水平问题，我一直难有足够的勇气开口，表达自己的想法。偶尔冲动发言，结束之后也不住地思考自己哪里表达得不太准确。然而语言似乎不足以解释这个问题。哪怕我英语掌握得再好，我依旧不喜欢英国的饮食，依旧不能从身到心与西方人几乎无差异地生活。

或许是文化吧。因为文化基因的不同，我与英国社会，与英国文化之间总有着隔阂。尽管有人能够打破这个隔阂，成功做到真正融入其中，享受其中，但毕竟是少数，并且往往只有那些从小生活在国外的人才能做到。他们像当地人一样用英语表达自己的想法，他们用西方人的思维方式思考问题；他们鲜有接受中国文化的熏陶，他们对于中文的感知薄弱，他们喜爱西方诗歌胜于中国唐诗，喜爱莎士比亚胜于汤显祖，追求民主自由而忽视儒家的仁义礼智。他们能够接受、理解并认同西方文化，他们在国外生活得自在且舒适，回国之后反倒不能适应——不仅仅是基础设施、规章制度上的差异带来的不适应，还有对于文化渗透下的中国社会的不适应。在融入西方社会的同时，他们也脱离了原生社会。

我们是否需要努力地融入英国社会呢？是否需要因为与他们格格不入而焦虑不安，以至于抛弃自我呢？为什么我们一定要融入进去，消弭中西之间的差异呢？为什么我们不能够在深入了解西方文化的基础上平等交流，尊重并保留差异呢？每个文化都是独立的个体，彼此之间也无高下之分，又何必要因为不能融入其中而难以释怀？"和而不同"是我们所一直追求的。或者说，我们应该看到或者承认，中国文化因其显著的特异性，不被西方文化所理解、接纳是自然而然的。我们希望中西文化荟萃一堂，却并不是西方文化坐中央，中国文化坐堂下。而这首先需要文化自信。作为从小生活在中国，成长在儒家文化之下的中国人，我们能够从内心深处真正认同中国文化才是更加重要的。

尤其是，当我们以一种历史的眼光来看待这一切的时候，就应该明白，企图让西方文化接纳、认同中国文化几近于天方夜谭，除非中国文化被他们同化。为何美国只谈"中国威胁"而不谈"印度威胁"？"灭人之国，必先去其史；隳人之枋，败人之纲纪，必先去其史；绝人之材，湮塞人之教，必先去其史；夷人之祖宗，必先去其史。"他们可以接纳印度，因为印度在英国的几百年殖民统治之下，已"先去其史"。印度在美国的扶持下崛起，从一开始就站在了"民主"阵营之中，他们信奉西方标准，将英语定为官方语言。

印度也好，其他地区也罢，如果没有自己的文化作为根基，在与国际接轨时便容易迷失自我，成为西方世界的附庸。由此可见文脉之重要。但是当下国内高等教育，却总是讲外国文化的多，讲中国文化的少；鼓励英文授课的多，提倡文言文学习的少；重视国际化水平的多，强调文化传承的少。

二、高等教育的国际化

在高等教育层面，学术标准是西方制定的，大学评价体系是西方制定的，高等教育是他们先发展的。在高等教育这一块，我们该如何追赶？国家提出"建设世界一流大学和一流学科"，清华要"建设世界一流大学，为实现中华民族伟大复兴而努力奋斗"。我们努力缩小与西方的差距，努力跻身于世界顶尖高校之列。一方面，我们必须承认中国高等教育的不足之处，清北距离世界顶级名校尚有一段距离。另一方面，我们仍处于西方评价体系的框架之下，在它们制定的游戏规则里玩它们已经非常熟练的游戏。我们仍然是试图融入它们，让西方接纳我们。我们一边想要超越西方，一边又希望得到西方的认可，这不是自相矛盾吗——当西方既是裁判又是运动员时，它如何会判定自己输呢？

我们不清楚他们规则背后的历史背景，不了解制度之下的种种情理，而试图直接在这一制度之下，前进前进再前进。这难免走上歧路，将一些不适合中国国情的制度搬到中国，以至于"水土不服"。这一点在高等教育国家化上较为突出。

作为国际教育研究开拓者之一，拉宾德拉纳特·泰戈尔（Rabindranath Tagore）认为，只有通过发展国际化教育才能有效促进各族人民及不同文化间的相互理解，从而达到促成学生个体和社会有机结合，并意识到个体和人类统一的重要性的教育目的。但在国际化教育发展过程中，却容易忽略教育的目的，而只关注一系列的指标。

美国高校在招生过程中考虑学生种族的多样化，要求国际学生比例达到一定数额，比如哈佛大学国际生占比12%，耶鲁大学占比11%，斯坦福占比9%。于是说我们不够国际化，国际学生太少。但是国际学生人数或比例不是问题的关键，关键在于我们为什么需要更多的国际学生。诚然，高等教育国际化既是经济全球化的必然结果，又是高等教育自身发展的内在逻辑，大学国际认证现象的出现本身具有客观必然性。但是，目前中国高校乃至于世界许多高校都正在积极寻求美国大学认证。这不能不引起我们的深思，也不能不令我们进一步追问：高等教育国际化难道就是"美国化"，或者说"西方化"？美国模式难道就是世界高等教育的范式？西方国家大学的标准难道就是世界各国大学的标准？

事实上，在建设世界一流大学时，我们不能照搬美国模式，硬套美国标准；评价大学和学科是否具有一流水平，也不能只看论文发表数量，而必须关注大学能否吸引来自世界各地的一流生源。何时申请进入中国大陆大学，和申请进入哈佛、牛津一样难时，我们才可以理直气壮地宣布已建成具有世界竞争力的一流大学。

三、"更国际"的清华

我曾有幸聆听过邱勇校长的讲话，言辞朴素却很实在，看似简单却掷地有声。他对于清华的历史风貌、发展目标、过往改革与变迁娓娓道来，对于清华的明天有着宏伟的规划与十足的自信。

清华强调全球胜任力，强调全球视野，国际担当。清华有足够的能力将学生送往世界，帮助他们成长。无论是暑期海外研修，还是各种各样的海外实践，或是校级院系级的交换项目，都在帮助学生与国际接轨。我们在与世界接触的同时，提升英语能力，在跨文化环境中自信得体地表达观点；了解世界历史、地理、经济与社会发展的知识，理解不同国家的政治和文化差异，关注全球议题；保持好奇和开放的心态，尊重文化差异，培养跨文化同理心；与此同时，深刻认识自己的文化根源与价值观，理解文化对个体思维和行为方式的影响——这是全球胜任力对学生的要求与期望。

四、新雅PPE的国际化

新雅书院开设PPE项目，想要"培养具有中国主体意识和广阔国际视野，适应并引领现代化与全球化，具备高尚人格品质和领导力、严谨创新的思维方式、扎实的哲学、政治学和经济学以及其他人文社科领域的专业知识与素养，以及完备的工作实践技能的领袖精英人才"。但是其中却有几个问题仍需讨论。

第一，PPE想要培养具有广阔国际视野的人才，但是其培养方案设计却使得学生很难在本科阶段出国交换。尝试出国交换的学长学姐都建议同学慎重出国。既然如此，如何能让一个本科阶段从未在国外深入学习过的学生在毕业时具有广阔的国际视野呢？

第二，现行培养方案中，与中国文化相关课程总体偏少，如此应该如何培养学生的中国主体意识？诚然经济学、政治学和哲学都不是源自中国的学科，在学习过程中多是西方理论体系也实属正常。国内各高校学生在这三门学科学习过程中，基本上也是使用西方的语言符号。哪怕是对于中国哲学的分析，也是运用西方分析的逻辑体系。中西结合，取长补短，无可非议。但作为国内 PPE 的旗帜之一，新雅 PPE 是否可以尝试将经济、政治和哲学与中国历史、文化和现状更好地融合起来呢？当下学生的培养，中国元素不是过多，恰恰是太少。

  第三，PPE 培养出来的学生无论是在国内读研，还是出国留学，如果想要回校在 PPE 任教，是否具有更强的竞争力？尤其是在国内读研并未出国的学生，是否能够在新雅书院任教呢？清华在"更国际"的道路上，努力推动师资国际化，偏好海归博士。胡适曾讲过，"留学当以不留学为目的"，"使后来学子可不必留学，而可收留学之效"。但现在却是留学风潮日盛。许多国内高校更加青睐海归博士，而不是自己本土培养的学生。由此可见，中国高等教育的国际化道路上还面临着诸多挑战。

行与思之间
——伦敦政经学院访学报告

张晨慧（政治学、经济学与哲学）

准确地定义伦敦政经学院的校园范围并非易事，然而与伦敦政经学院的故事，大约可以认为是从进入这道街边的铁门开始的。

伦敦政经学院的建筑与伦敦城融为一体，市区的图书馆颇有一番闹中取静的韵味。图书馆中心有一个从地下到顶层旋转上升的楼梯，让人联想到书籍是人类进步的阶梯，一级一级从楼梯走上顶层甚至能体会到在象牙塔攀登的豪迈感。图书馆内并非全是静音区，有许多讨论区可供使用。地下一层的睡垫更是人性化，在极度舒适的睡垫上小睡一会儿就能扫除疲惫继续战斗。图书馆毕竟不是用来睡觉的地方，根据我的观察，大多数人在睡垫上并不会停留很久，但睡垫上总是有人。对于我而言，作为一个暑期学校的学生，最为关心的还是如何充分挖掘图书馆这座宝库。短期的学生卡也有借书权限，但是借期不长。有的书实在读不完了，我就一页一页拍下来读。直到有一天惊喜地发现，伦敦政经学院提供免费扫描服务，而且扫描后会拥有一个账户，通过这个账户可以下载伦敦政经图书馆的所有电子资料！图书馆资源就这样敞开在每一个来访的学生面前！

在伦敦政经学院的三周学习分为三个不同的主题，分别是：市场应当被约束还是放开，是否有通向全球安全的路径，以及西方的民主是否处于危机之中。老师们对每一个话题的介绍简明扼要，通过对基本概念的解释和案例的分析来使探讨的问题变得明晰，却不在这个过程中强加观点于学生。开放式的话题设计带来了充分的讨论空间，研讨课则将讨论的价值发挥到极致。课堂中的一些疑问与感想都可以在讨论课上得到表达，在讨论的同时又会发现一些新的问题，由此兼具深度和广度。

三个课题之中，关于自由市场的讨论给我留下了最深刻的印象。当探讨我们的社会组织时，必须考虑自由市场的经济模式。社会的个人追求自己的私利，然后社会福利出现。然而，个人在追求自身利益时并不总是和平相处。他们不可避免地有利益冲突。个人应有权追求其经济利益，但如果没有整个社会的考虑，他们不应完全自由。

个人追求自身利益不应超越社会伦理。市场并非没有道德限制。本瑟姆的功利主义表明，市场上的个人希望最大化自己的幸福，尽量减少痛苦。然而最大化一个人的幸福将会造成另一个人的痛苦，根据康德的学说对此进行细化之后，一个具有普遍性的新的原则将是"最大限度的幸福，在尊重权利的范围内减少痛苦"。尊重他人追求幸福、避免损失的能力已成为每个人的共识。在这种共识下，虽然利益之争将发生，但每个人争取利益的力量都受到保护。

在道德限度内，一个人人最大限度地发挥自身效用的社会仍然可能导致原子化的结果。原子化的概念首先由乔治·西梅尔提出，汉娜·阿伦特在《极权主义的起源》一书中深化了这一概念，并将现代社会中的人们描述为"原子化的个人"。原子化的人往往孤独，沉浸在物质享受中，完全个性化，彼此之间缺乏牢固的纽带。这种情况不能简单地归因于经济因素，而无约束的经济利益的追求确实会导致经济市场的原子化。

完全的利己性和合理性条件，是市场效率中理想的代理环境。个人追求效用最大化，他们有一致的偏好，并做出一致的决定。"理性人假说"面临着行为经济学的挑战。"理性人假说"是自由市场的一个简单假说，但它简化了分析，而忽略了人性的一些复杂而深刻的方面。最大化个人利益是决策时的考虑因素，但不是全部。"理性人假说"忽视了人们的利他行为，或者认为利他因素对决策的影响较小。然而，行为社会学指出，这种影响是不容忽视的。个人利益最大化的假设与人们的真实行为模式相悖。在某种程度上，这可被视为对宗教和文化背景等因素的侵犯。当人们强调追求个人利益最大化时，他们显然不考虑他们所生活的社会。

尽管每个人都在寻求自己的最佳选择，这可以被视为局部最佳解决方案，但局部最佳解决方案可能不是全局最佳解决方案。"局部最优解不一定是全局最优解"是一个在算法上能够被证实的命题。当个人追求自己的利益时，他们不考虑整个社会的利益。追求个人利益最大化的过程使人们无法形成密切的社会关系，不同个人之间的利益冲突是不可避免的。在这种情况下，甚至不是每个人都能实现局部最佳解决方案。也许社会最期待的，是反映整体利益的全局最优解决方案。个人有权追求个人利益，但他们无权侵犯他人和集体的利益。

追求自身利益的自由对于自由市场至关重要。考虑整个社会并不扼杀自由精神，它只保证大多数个人的自由，自由市场上的自由人从来不是任性的人。如果每个人都能够考虑他人的利益和集体的利益，社会将获得更大的自由。虽然追求个人利益最大化并非在各方面都是万无一失的假设，但我们必须坚定地承认，每个人都应该被赋予追求个人利益的权力。这种权力不仅是以个人为中心的现实，也是一种更深层次的社会基础。每个人都有不同的效用函数，但并不是每个人都在追求效用最大化时成为彼此的敌人。我们还应考虑我们的一些共同利益。对个人在自由市场中自由追求经济利益施加的限制不是由于扼杀自由，而是为了维护共同利益。

在理论课程之外，伦敦政经学院还安排了探索伦敦的环节。在漫步金融街的环节中，我们有机会置身于伦敦的金融氛围中，实地感受这个金融之城的风采。无论是在街头行色匆匆还是在酒馆把酒言欢，无论是玻璃幕墙还是古堡风格，都毫无违和感地一起构成伦敦的整体。

探索伦敦一个惊艳的环节就是探索伦敦的钻石市场。伦敦街头的珠宝商们背后其实有着复杂的运营和交易规则，钻石市场也并非一个单纯意义上的商品市场。钻石商人们在购买钻石的时候并不能按个挑选他们喜欢的钻石，而是只能从卖钻石的人手中成箱成箱地买。一箱钻石的大小成色各不相同，钻石商人需要根据不同的钻石特征来安排后续加工。从价值角度而言，钻石与黄金的区别在于，黄金一分为二之后可以按其原有价值的一半而作为货币流通，然而钻石在一分为二之后价值损失远大于原有价值的二分之一。这也是为什么黄金可以作为货币而钻石不能。任何切削打磨都会使钻石变得更小，规则的剔透的切面带来的闪耀的光学效果却可以使钻石看起来更大。钻石加工工艺是另一个注重技术的话题，侧重交易本身的探讨中并没有过多涉及如何加工钻石，只是提出了很有趣的一点，就是真正很大的钻石切割反而比较简略，这种处理也是因为考虑到保持美丽的同时尽可能少地消耗钻石。

消费者从钻石商人手中挑选钻石的过程同样复杂。如果一个客人和第一位钻石商人说想要一个钻石，而这颗钻石在第二位钻石商人手中，那么第一位钻石商人只需告诉第二位商人这件事，然后两人握个手，第一位钻石商人就可以从第二位钻石商人手中接过钻石，给客人看。期间客人无须交任何保证金，第一位商人也无需向第二位商人交押金。如果交易成立，那么客人付钱并带走钻石；如果交易不成立，第一位商人只需把钻石还给第二位商人即可。钻石商人之间的信任是很惊人的，仅仅用道德水平来解释这件事情并不充分，更大的因素在于钻石市场是一个封闭而排外的市场，入行的商人一旦发生失信的行为，会立刻被整个行业排除在外，并且终身不能入行，没有人愿意冒如此风险断送一生的事业。面向普通消费者的商业化的钻石市场在钻石销售方面又是不同的景象。高端的大钻石数量不多，而普通的小钻石数量巨大，非专业的普通消费者挑选起来很难判断钻石的优劣，也很难理解钻石定价的差异。于是钻石鉴定机构应运而生，机构通过专业仪器测量一些指标，并根据这些指标来衡量钻石的价值。钻石鉴定机构与销售商合作，权威的证明使得销售商的定价变得容易理解，同时显而易见的数据提高了消费者的信任感。第一个创建鉴定机构的人赚得盆赢钵满，后来者通过缩短鉴定周期、上门服务等优惠来争夺鉴定市场。销售钻石的街边店铺人气并不旺盛，店内甚至有自己的武装力量。长时间盯着店内钻石看很容易被认为是不怀好意的，会被店家驱逐。在钻石被赋予了永恒的爱情等象征之后，拥有一颗属于自己的钻石成为一句强力广告语，煽动了千千万万颗心。人们期待遇到属于自己的那个人，然后拥有属于自己的那颗钻石作为见证。从前我理解中的资本市场是没有人情与感情的冷冰冰的套路，直到发现了伦敦的钻石市场，我才意识到原来还可以有如此活泼可爱的模样。

课程学习之外，在伦敦三周的生活也很值得一提。我们的住处旁边是泰特现代艺术馆，对面就是圣保罗大教堂。站在泰特现代的观景台上对着玻璃拍照，就能和泰晤士河对岸的圣保罗大教堂同框。

上学路上经过的舰队街也是一条历史悠久的街道，飞龙雕像、英雄雕像、纪念碑赫然立在路中央，提醒着人们，也提醒着这座城市。不只是舰队街，英国街头巷尾处处可见纪念性的物件，大概是因为他们有太多需要被铭记的故事，也有一群不愿意忘记这些故事的人。

同样是上学路上会经过的法庭很繁忙，我们常常看到西装革履的律师在法庭前的长椅上翻着卷宗。金融才俊和律政精英的装束都十分体面，很符合我来之前对伦敦的幻想。不过这只是职业的一个小小缩影，并不能代表在伦敦的所有生活，伦敦也有街头艺人弹唱耍宝的活泼之处。我们真切地体会到游行示威在英国人的生活中有多重要，作为路人看到的游行就有民间环保组织游行，以及反鲍里斯游行。游行示威者有时会堵塞交通，警察在一旁围起来，但是只是旁观，并不驱赶示威者。我并不认为游行是一种解决问题的好方法，但不得不承认是一种让观点更广泛传达的好方法。

这次伦敦之行还有一项活动——"华为在英国"实践。我们采访了路人从而了解其对华为手机的看法。受访者对华为智能手机的看法大相径庭。他们中的一些人从未听说过华为，但有些人甚至认识华为用户。报纸和其他媒体促进了人们对华为品牌的理解，但与此同时，一些负面新闻也让人们担心华为。华为是重要的 5G 供应商，正在努力拓展在欧美的销售市场。这对最初的智能手机品牌有很大的影响。在采访中，华为手机的评价主要集中在价格和摄像头功能上。对华为手机的担忧主要集中在隐私问题上。一些受访者个人认为，华为不能拒绝中国政府对用户隐私信息的要求，这将危及其信息安全。这种观点的存在，仍然可以解释一些舆论问题。华为在海外市场的立足点不仅取决于产品本身，还取决于潜在用户的担忧。总之，受访者大多表示，如果有机会的话，他们愿意尝试华为手机。我们还是可以展望华为手机的未来的。

伦敦政经的老师在实践的方法论层面上给予了我们许多指导。一个宏大背景下的选题如果想要通过调查得到可靠的结果，那么在最开始就要努力把问题缩小缩小再缩小，只有在一个具体的细致的问题上，数据发挥的影响才是可靠的。在老师们的指导下，选题从宏观的中国制造细化为华为手机在英国，大大提高了实践的可操作性。

在伦敦政经学院学习的三周是短暂而充实的，我相信这三周是人生的一次宝贵经历，也期待在未来的某一时刻获得对这次经历更深刻的感悟。最后，感谢清华，感谢新雅，感谢老师们的付出与同学们的帮助！

堂内外，处处都是实践

达韶华（经济与金融专业）

起初在 LSE 项目从单纯的暑校拓展成暑期实践的时候，我是迷茫而担忧的。短暂的准备时间恰好撞上了忙碌的期末考试周，在这所"残酷的理工科院校"，没有一个人在期末周还能从接二连三的考试和一篇又一篇的论文中抽身。但是，办法总比困难多。在队长天煜的带领下，我们从考试周挤出了时间，跨越了空间的阻隔，顺利完成了前期的准备工作。LSE 作为一所老牌名校，又在政治和经济方面颇有建树，因此与整个英帝国的历史关系紧密。行前阅读的《帝国》一书让我对于英国历史有了初步的了解。回顾历史，方可展望未来。英国的发家史与当时的"贸易合作"有着密不可分的联系。尽管如今的贸易合作不论从形式、内容还是手段上都与当时有了极大的差别，但是当时贸易所带来的地区发展不平衡、外来入侵对于当地文化的侵蚀以及政商关系混乱等等问题仍然值得重视。同时，尽管英国在殖民这一发展手段上饱受诟病，但是英国殖民及开荒带来的"积极副作用"不可忽视，我们或许可以以更和平、共赢的方式合理利用欠发达地区闲置的人力、物力资源，协助整个地球的可持续发展。此外，商业贸易的往来难以避免随之相伴的信仰、文化、意识形态上的矛盾甚至冲突，软实力的提升在我国硬实力发展已经颇具成果后显得尤为重要。

在阅读之外，我们还共同完成了问卷制定等多方面的行前调研，为这次的英伦之旅做好了充分的准备。有了这份底气，以及大一寒假牛津访学的经验，尽管此次我们独自从国内出发，但是会合的过程还算顺利，为接下来三周的学习和生活开了个好头。

上课的每一天早晨都从一顿丰盛的英式早餐开始，悠闲地踱过黑衣修士桥，穿过街道中央的小广场，和路过的鸽子与海鸥道个早，我们便开始了一天的课程。

虽然上课与实践听起来是割裂的两种体验，但是上课本身也是实践的一个部分。在课堂上，LSE 专业背景各不相同的老师通过讲座和研讨课两种形式带领我们思考一个又一个与生活息息相关的"大问题"。市场应该是自由的吗？个人应该随心所欲地追逐利益吗？西方民主是否陷入了危机？这些问题听起来过于高深莫测，岂是我们这些刚刚踏入大学的学生可以解决的？然而 LSE 的教育模式却告诉我，不要害怕问题，也不要低估自己。每天的研讨课都会分成三到五个小版块，每一个版块下又会有几个小问题，这些小问题都十分容易回答，或是关于名词的定义，或是用自己遇到的例子来阐释概念。

每到下课时，重新梳理一次密密麻麻的笔记，就会发现，对于之前提到的一个个"大问题"，我也有了自己的"小思考"，也许这些回答并不成熟也并不全面，但是迈出了解决问题的第一步，总比对问题敬而远之来得好得多。

尽管这次的实践主题乍看之下也是大得吓人，华为这样一家在国际社会饱受争议又受到国家重点关注的企业，在英国这样一个人生地不熟的地方究竟发展的如何？也许这个问题，我们并不能给出一个令人满意的答案，但是探索答案的过程本身便是意义非凡的。

除了将在LSE的课上学到的运用到实践中，LSE的课程还给了我将清华这一年的所学所想运用到实践的灵感。经济学原理贯穿了我大一一年的专业课，但是之前我对其中知识的理解仅限于做作业和考试中。在研讨课上，讨论滴滴出行的国外版"Uber"是否该接受政府监管的问题时，我方才意识到，经济学原理中抽象的供需曲线、外部性等概念在分析现实问题时十分实用，原来平时对于许多社会问题的看法在不经意间已经运用到了经济学的思维，只是术语将它们凝练得更为通用。经济学原理并不是要将简单的生活复杂化，而是要将多变的分析方法普适化。

在专业课之外，通识课更是我大一一年的主旋律。大一上的"古希腊文明"中，通过大量阅读古希腊文学及后世相关文献，我对于民主的概念有了初步的了解，对于直接民主的局限性也有了一定认识。在英国的这次实践绕不开脱欧这个话题，而脱欧公投本身便是对于民主的一次挑战。尽管难以对于公投做出专业的评论，但是在看到街上脱欧派与留欧派的对立时，我的脑海中总会浮现出雅典的演讲台。大一下的"科技发展与人类文明"一课，从科技的角度出发，却不止于讨论科技，科技发展至今确实已然需要更多的人文关怀来给予冷冰冰的科学技术以温度。我们此次实践关注的重点正是一家科技企业。一方面，科技作为近些年来的热点，对于一国乃至一个地区的发展有着重要的助推作用，可以说科技发展的高度限制着一个国家的上限，因此科技产品的出口与进口相比传统商品来说更要加以管控。从中国"制造"走向中国"智造"，其中关键的一环便是对于中国原创科技的大力发展，以及将中国的输出品从制造业产物转向智能创造产品。另一方面，硬件之外牵涉的5G等通信技术也是华为最近正在重点研发的科技之一。通信技术的推广相比手机本身只会更加艰难。在焦点小组的讨论中，各个专业背景的受访者在通信安全这一问题上达成了共识，他们宁愿不用，也不愿意将掌握自己个人信息的通信技术轻易交给他人。当意识到华为的"走出去"之路代表的不仅仅是一部手机之后，我才跳脱了一个大学生的视角，从更为宏观的角度去审视华为在英国的发展所遇到的问题。结合科技发展与人类文明课上的阅读，我对于讨论中常常被提到的"全球化"提出了自己独特的观点。我们常说全球化带来的是更多的选择，但是我们是否曾经感受到全球化带来的单一化呢？从前不同地区的人们在饭桌上有着不同的用餐习俗，如今在饭桌上却都是低着头看着自己的手机，全球化对于独特的地方文化的侵蚀已经相当明显了。受访者对于我提出的观点表示感同身受，低头族使得人们更加活在自己的小世界之中，在路上行色匆匆的人难以抬起头注意到身边是否有一位身怀六甲的母亲需要让座。但也有受访者提示我辩证地看待问题，全球化确实也是地方性文化发展与传播的一个机遇，现代技术使得传统能够更加容易地被保存下来。

在课堂之外，我走上了伦敦街头，与各行各业的人打交道，完成了街头采访的任务。街头采访是一种非常有趣的调研方式，在开始之前我也好奇过：在这个通信技术发达的年代，还有什么必要进行这种原始的面对面访谈呢？一秒钟之内即可发送数百封邮件，只需要动动手指就可以回收大量的数据，而访谈则是一种相对高成本、低效率的手段。但是在真正面对面采访的过程中，我渐渐发现了这种调研方式的魅力。

刚开始采访的时候，我还比较紧张，只敢把自己提纲中的问题，一个一个按部就班地抛出，得到回答后便丢下一句"Thank you"匆匆离开，生怕多说一句就会暴露自己口语不好的问题。然而经过一次又一次的采访，以及每天一日三餐、出行购物等对话的磨炼后，说英语似乎没有那么难了，采访也从单纯的完成任务变成了真正接近当地生活的聊天。采访一位技术方面颇有研究的英国哥哥时，问完了采访提纲上罗列的基本问题后，我又拖着他聊了一会儿，问了他一个我非常好奇的问题，伦敦地铁没信号他们不难受吗？他说他也会难受，因为听歌都听不了了，但是其实每次到站都会有站台的无线网络可以用，并且地铁从建成起就一直没信号，可能已经习惯了。这种共同的体验让我和他的距离拉近了许多，相比刻板的采访，更像是朋友之间的日常交流。他的回答也激发了我的思考，地铁网络的架设是否会成为华为的新机遇，这与上文中对于通信技术的安全探讨不谋而合，也许人们在不同的地点说着不同的语言，但是人们关心的却总是相似的。

面对面的采访更能够细致地观察到采访对象的态度、语气、表情等语言之外的信息，综合来看我也观察到了不同人对于手机的不同观念，收入拮据的人更在乎价格，研究科技的人在乎信息安全，更年迈一些的人选择更保守。尽管在采访前我也通过邮件的形式对于LSE的老师进行了采访，翔实的回答和更专业的知识给我很多启示，但是在谈话过程中与采访对象相互启发，层层深入，从手机聊到国际关系、大国外交等问题令我收获更多。除了采访留下的录音与照片等资料，采访本身就是一段珍贵的体验。借由采访的机会，我与社会的方方面面近距离地接触，除了递牛奶和找零不会多说话的收银员，除了点单与结账不曾打交道的服务员，除了忘记带卡请求帮忙不会注意到的图书馆保安，这些形形色色的人背后代表的是一个个迥异而又共生共存的群体。更难得的是，采访结束并不是我们之间联系的终点，而是新的起点。下班后保安小哥偶遇放学的我，拉着我又聊了好一会儿中国手机的流行状况。"我还知道一加呢！"我忘不了他说这句话时骄傲的神情；在上学路上碰到忙着开张的咖啡馆小姐姐，年龄相仿的她也总会探出头对我热情地招手。采访的机会还是体验风土人情异同的天赐良机。我们的传统讲究"食不言，寝不语"，但是外国人却正喜爱在饭桌上热烈交流，这可让我犯了难，在吃饭的时候采访总会让我产生打扰到别人的抱歉之情，更何况吃饭和说话二者对于一张嘴来说确实超负荷了。我探索出了在酒吧中寻找采访对象的方法。酒吧本身就是一个相对轻松的环境，搭讪也不容易打扰到忙碌的通勤者或是享受安静的独处者。同时，在酒吧中自斟自酌的人多半都在低头看手机，那么手机开场更是再合适不过的聊天选择了，与其说是借酒吧采访，不如说是在酒吧文化中与人谈天说地，顺便完成了采访这个"任务"。

真正的全球胜任力不仅仅是走出国门，完成任务这么简单。依我之见，全球胜任力，是一种在他国文化与自身的文化背景中求同存异的力量。既不是固守自己的矜持与距离感，停留在自己的井底战战兢兢地向外看，更不是放下一切习俗一味地攀附甚至是讨好外国友人，而是寻求中外文化的交集，找到一个自己与他人都能够享受的平衡点。全球胜任力首先要立足中国，这就意味着我们必须先以自己的祖国为骄傲。在一位受访者对于中国商品仍然强调价格低廉质量粗糙的固有印象时，我礼貌地向他介绍了我国的自有技术与新兴科研成果。全球胜任力更是要与全球对话，在这个讲故事的时代，在世界讲好中国故事不仅仅是有一个好故事这么简单，怎么讲更是大问题。实践方能出真知，要学会怎么向世界人民讲故事，最简单易行的方法便是听听他们是怎么讲的，言传身教带来的进步也许不易被发现，但却能造成潜移默化的改变。

一座美丽的城，一堂有趣的课

王天煜（政治学、经济学与哲学方向）

2019年7月，我和24名同学一道来到伦敦，来到伦敦政治经济学院（LSE）参加了为期三周的LSE100课程。今年的课程分为三个不同的主题：自由市场、全球安全以及民主的危机。从不同主题之间的区别和联系中，我学习到了很多，也收获了很多。今年的特别之处还在于我们课程之外的实践，从中我也得到了不少宝贵的经验。

一、伦敦——一座美丽而独特的城市

伦敦是英国的首都，是世界重要的金融中心之一，是一座很重要的城市。在出发之前，我对这座陌生而又充满魅力的城市满怀期待，而它也没让我失望。

从到达机场的那一刻开始，我就感受到伦敦的友好。从海关人员的亲切问候，到机场大巴服务员的耐心指导，伦敦的友好瞬间缩短了我们和这座城市的距离，也给我们带来了不错的最初印象。在机场大巴上，我贪婪地观察着身边的景物，想尽快熟悉这座城市的风格。不出所料，伦敦的城市建筑风格，深深地俘获了我的心。街边的典型的欧式建筑，干净整洁而又错落有致，一眼望去给人一种十分和谐而舒适的感觉。这一切给了我更强的想要探索这一座城市和动力。

接下来说说在伦敦的吃，在这一点上，伦敦很好地展现了它的多元性。在伦敦街头，看到最多的不是英国的经典菜——炸鱼薯条，反而是各式各样的日本料理和快餐。这对我来说莫不是一个很大的惊喜。在出发之前我对英国的食物完全不抱希望，以为每天都会重复无趣而难吃的炸鱼薯条。

在伦敦的街上漫步是一件十分惬意的乐事。不像英吉利海峡对面的巴黎，伦敦是一个治安相对好的城市，走在街上基本不需要担心潜在的危险，这使得我们能够在伦敦的街头放松下来而全身心地体会和感受它。每日从住所到LSE校区，由于我会尝试不同的线路和不同的交通方式，使得这一段上学路变得丰富多彩。路线花样百出，我因此走遍了伦敦市中心的几乎每一座横跨泰晤士河的桥梁：Golden Jubilee，Waterloo，Blackfriars，Millennium，Southwark，London 和 Tower。每走一条新路，都会发现不同的精彩，看到不同的风景。不过在这么多路线中，我最喜欢的还是从千禧桥跨过泰晤士河。这座桥的地理位置十分优越，东西两侧分别能看到伦敦最精华的风景，同时它还直达圣保罗大教堂，从桥上看也是绝美的风景。每到落日的时候，伦敦的天空总是分外好看，洁白的云彩、火红的夕阳搭配伦敦的景致，好似油画一般，令人沉醉。

伦敦的公共交通也是这座城市的独特名片。伦敦有着发达的地铁系统，数十条地铁线路如蛛网般铺开在伦敦的地下，十分方便快捷，其标志性的 Underground 的路牌也十分引人注目，成为伦敦的代表。当然，说到交通肯定不能忽略伦敦的经典双层红色巴士，其体验也是一流的。不想走路的时候，坐在第二层的第一排，看伦敦的景物从你脚下和身旁飞驰而过，也是一种独特的体验。同时，伦敦也是一个自行车十分发达的城市，在这一点上完全不输北京。伦敦有自己的城市共享单车品牌，也有摩拜单车随机地停放在路边。在伦敦骑行的感觉十分奇妙。同样是看着景物从身旁掠过，在自行车上看，不知怎的，却更加有一种梦幻感。

总而言之，伦敦是我去过的所有城市当中体验最好的一座城市。它温润，包容，多元，魅力无穷。看似很长的三周时间，实际上远远不够探索这座城市，却足以使其在我的心中留下美好的印象和记忆。

二、打开全新视角的 LSE100 课程

LSE 为我们开设的 LSE100 课程是我们这三个星期的中心和主题，也是我们的主要任务。三周的课程分为三个不同的主题，分别在一周内完成：自由市场、全球安全以及民主的危机。每日的课程一般分为早上的讲座和之后的讨论，偶尔还会有其他有趣的安排，劳逸结合。在不同老师的讲座以及他们的引导下，这三周的课程变得十分有趣。

第一周的主题是自由市场。我们系统而较为深入地检视了自由市场的诸多问题。市场是应该被限制，还是应该放任自流？为了回答这个问题，我们在一周的时间内，对各个方面进行了学习。例如，我们对市场中的理性人这一概念进行了学习，通过之后的讨论和游戏，得知理性人是市场发挥作用的重要因素。我们又对市场的道德限制进行了学习，得知并不是所有的东西都能够在市场中随意交易而无政府干涉，如人体器官的交易等。同时我们还对经济自由这一概念做了探讨。

在学习了上述的不同视角之后，在第一周结束时，我们需要写一篇小论文，回答"个体应该自由地追求经济利益吗"这一问题。我个人的看法是，个体可以在一定的限制范围之内自由地追求自己的经济利益。这里的限制，首先包括了不能对他人造成伤害，这是约翰·穆勒的著名的伤害原则（Harm Principle）所表达的内容。其次，个体一定需要在知情的情况下追求自己的利益而不能在无知状态下盲目行动，因为后者在亚里士多德的眼里是一种非自愿的行为。这样，在较为简短的篇幅中，我简要回答了这个问题，而这在第二周的一对一反馈中也得到了教授的肯定。

第二周的学习是这三周中最为有趣的，主题是全球安全。在这一周的前半部分我们深入地学习了许多有关全球安全与治理的知识，通过案例分析了解了联合国的维和部队的情况，同时也对存在于全球各地的私人军火公司和安保公司的情况进行了分析和学习。第二周的后半部分，我们进行了一个类似于模拟联合国的活动。老师们在确实存在的历史上虚构了一个不存在的危机：加丹加危机。这是一个存在于中非的国家，其内有一个少数民族有被种族屠杀的危险。同学们被分配到了不同的国家，作为代表解决这一危机。我们需要在周五开一个联合国会议，通过一个方案以解决该危机。

于是，从周三开始，我们便如火如荼地展开了国家之间的博弈和合作。我作为一个英国代

表，深刻地体会到了国家间的利益纷争和勾心斗角。英国作为一个在该地区无太多相关利益的国家，却在这次危机的解决中起到了举足轻重的作用。老师们特意在该地区设置了一个美国开采的铀矿，而英国却是一个核不扩散组织的主席国，这在本来就扑朔迷离的危机中又埋下了一颗定时炸弹。在短短的两天时间内，各个国家的代表之间进行了无数次正式或非正式的谈判和协商，有时候甚至会争吵起来。最后的提案审议环节也十分不顺利，其间各种矛盾与不和交替出现，最后通过的提案实属来之不易。

这一切虽然只是模拟，但是仅仅从这简单的模拟之中，国家间的争斗与博弈，以及世界安全的危机却一览无遗。英国作为一个联合国安理会常任理事国，在自己没有国家利益的地区却也要横插一脚，与美国一起保护铀矿的利益。中俄定然不会坐视不管，进而与美国争夺铀矿的利益。我从此深刻地体会到了利益在一个国家的外交中所起的决定性作用：在一个本应该以解决种族屠杀问题为主题的危机中，几个大国却一直在为铀矿争得不可开交，而对真正的种族屠杀危机不闻不问。在谈判过程中，我也体会到了"弱国无外交"这一箴言背后的意义：几乎每一个国家都会率先来找美国和英国询问他们的态度，在最后的投票环节，无论区域国家如刚果等如何反对，只要五常都选择通过，那他的激烈抗议最后也毫无意义。模拟的背后都是真真切切地存在于国际政治舞台上的事实，这样的以小见大，不得不说是十分深刻的。

在最后一周的学习中，我们以民主为主题。当今的西方民主存在危机吗？在这个问题的引导下，结合英国脱欧、首相换届的大背景，我们首先学习了英国的政治制度。之后，联系世界的局势，我们也学习了许多关于民粹主义和右翼民主的内容。这些内容贴合实际而又不失深刻，同时也将西方民主面临的诸多挑战与危机暴露出来。因此，在这一周的最后，我们被分为了不同的小组，各小组需要解决一个或多个民主面临的问题，例如当下的年轻人越来越不愿意参与民主生活，以及右翼民主近年来的发展，等等。我所在的小组选择解决第一个问题。我们由国内的"学习强国"手机软件启发，结合英国的实际，想出了设计一个整合了党派宣传、政治新闻以及民主投票等多功能的手机软件，并给其命名为"Brevote"。在展示之后，老师们给予了我们较高的评价，但是也指出了其中存在的一些安全性问题。

回头总结这三周的课程，我发现这三周的课程把我从通识教育的古典阅读中暂时"解放"了一段时间，让我走出了经典和理论的世界，而直面这个当今世界所面临的诸多挑战和难题。这对我来说，不啻是一次全新的体验，也是一次全新的挑战。课程的多角度思考、全方位学习的特点也让我的视野更加广阔，思考的角度更加多元。很幸运我能拥有这次机会参加LSE100的课程，它给我带来了十足的收获。

三、实践活动与街头采访

今年LSE多了一个任务，那就是我们还需要在课程的基础上进行实践活动。在刚刚接到通知的时候，我毫无心理准备。不过在支队的努力下，我们在短短一周的时间内，克服许多困难而完成了策划。在出行前，我也为实践做了许多准备工作，包括前期的答辩以及分工等。不过真正的挑战是在伦敦的这三周。

由于我们每日都要在 LSE 上课，下课时间较晚，因此工作日无法有效地展开原计划的街头采访，于是我们将采访集中在第一周周末。然而由于前期的设想与实际情况有较大出入，我们在第一周周末所得到的采访成果不是十分理想，支队暂时陷入了困难中。

所幸，在第二周周一，LSE 方面准备了一个单独的环节帮助我们的实践和街头采访。在尼尔教授的指点下，我们在环节结束以后迅速地调整了我们策划的侧重和街头采访的策略，困难得以有效地克服。

第二周周末，重整旗鼓的支队同学们再次踏上了街头采访的征途。这一次效果好了许多，同学们人均成功地采访到了四名左右的路人，得到了真实可靠的信息，这为支队之后的行动打下了坚实的基础。

之后，支队先后与在伦敦学习中文的企业高管，以及 LSE 的教授展开了对话和访谈，分别从不同的角度与深度探讨了华为在英国乃至整个世界上的发展。从这两次对话中，支队获得了丰富的信息，同时视野也被极大地扩展。从他们的视角里，我们看到了作为一个普通消费者和使用者所看不到的更深层次的问题。

在整个实践中，作为队长，我承担了不小的责任和任务。这对于大一的我是一次极大的挑战，也是一次极大的锻炼。我相信在一切都结束之后回看这一段时光，留下的是在辛苦和繁忙中露出的点滴美好时光。

四、总结

为期三周的伦敦 LSE 之旅，不仅仅是一次简单的旅行。三周的居住让我深入伦敦这座美丽而独特的城市；三周的课程让我接触到了在当今的现实世界处理国际政治和经济时存在的一系列矛盾与问题；三周的实践也让我了解到了华为这家中国的代表性企业在英国的发展情况，看到了更多更深的东西。我十分庆幸报名了 LSE 项目，这是一次让我收获满满而永生难忘的经历。

一手新闻二手书：我的伦敦之行

谭亦琳（政治学、经济学与哲学专业）

LSE100 的夏校在短短三周内就结束了，让我在愉快的同时也为时间太短感到非常遗憾。在这三周内，我们和复旦大学来自各个专业的同学们一起探索了全球经济、国际政治和民主三个大板块的内容，课程内容相当丰富又充实，让我在三周内对这几个话题有了很多全新的认识。不过让我感触最大的，可能就是在新雅读了一年的我，来到 LSE 后总有种自己是个古代人的感觉。

当然这是一个夸张的说法。在新雅的这一年，我阅读了很多古典著作，从古希腊的神话、戏剧、对话篇再到启蒙时期的哲学、宗教、政治方面的著作，我们的课程有非常强烈的古典学传统，本世纪的书基本上没有在课上涉猎过多少。在新雅，通识教育的第一年在我看来强调的是"对重大问题的关怀"，我们在"古希腊文明"的课上思考战争是如何摧毁了文明社会，在"西方思想经典与现代社会"的课上思考人的自由意志和理智究竟是什么，在"主权与人权"课上思考国家和人是以什么样的关系交互着的……这些自然都是关乎我们每一个人生活和思考的重大问题，而在不断的品味经典中寻找答案是新雅教给我们的一种学习方式。而令我感到非常有意思的是，在西方拥有如此强大传统的、专攻社会科学的伦敦政治经济学院是以另一种方式来剖析这个世界的，这和新雅传统的西学古典学的取向有很大的区别。

LSE 的整个教学方针都强调对现代国际社会有着非常大的关怀，时刻关注时事和了解国际政治可能是 LSE 每个学生的基本素养。例如在第一周我们所接触的"市场应该在多大程度上受到来自政府的限制"就是一个典型西方社会正在争论的问题。大多数资本主义国家都认为自由市场的利大于弊，但是他们也在开始反思在保护本地产业、确保外国劳动力人权是否也是政府或者跨国公司需要承担的责任和义务。而第三周的话题可能更加贴近这几年来全世界人民都在关注的事——民主体制在西方是否已经受到了冲击？在课上我们讨论了媒体造假、民粹主义、民主是否是最正当的政体……可以通过 LSE 的课程看到整个西方社会对于当代国际政治研究的缩影，他们在不停反思他们所奉行的自由市场、人道主义援助和民主政府在多大程度上来说是正当的、可行的、值得实践的，同时他们也在试图利用西方文化的影响来帮助改善世界。以 LSE 为首的学校对于当代社会的关怀程度明显超出了我的想象，并且他们始终在使用社会科学的统计方法、以及西式教育中视为精髓的批判性思维来剖析和反思当今的世界。这种尝试对于我这种在新雅读了一年的人来说是非常新颖的，尽管这么说来有些惭愧，但是我的确并没有像 LSE 的学生一样对当代社会发生的风吹草动有那么敏感，很多时候都投身于经典文本而忽略了现今所处的世界。

作为一名新雅的学生，我在思考 LSE100 课上提出来的这些问题时还是经常会回到我所熟悉的思路中。例如当讲到市场、贸易、买卖时我会想到亚当·斯密是如何通过"隐形的手"的理论将个人逐利的行为转化为对集体利益的贡献，同时还有黑格尔的市民社会是如何解释这种从"特殊性到普遍性"的转换的；在学习国际政治，进行模拟联合国谈判时，也会时常让我想起修昔底德笔下的城邦出于恐惧、利益和荣耀而落入了"修昔底德陷阱"。尽管在 LSE 的这种授课模式颇为陌生——每天一节讲座、一节讨论课再加上出游活动等等——我仍然觉得不同的跨学科模式在我的思维中同时展开着，使我联想到我阅读过的很多经典。但是 LSE 的学习方式也同样是有效的。尽管对于中国学生来说讨论课上与老师来回交流的形式略为陌生，在课上大家也因为语言或种种原因并没有非常积极地参与到讨论中，但是讨论的形式是值得肯定的。我在大一的学习经历中也充分地认识到，有些时候同龄人和自身的问题意识反而会更接近，也就是说，在某些问题上和身边的同学讨论反而会让我更加豁然开朗一些。而在 LSE 的讨论课上，和身边的同学讨论完了以后再和老师交流看法和意见，老师再给予适当的引导，对我来说是一种有效的学习方式。再加上同一桌的同学们都来自学校的各个专业，让我更加感觉到了跨学科的魅力，开阔了视野。两种不同的跨学科学习方式的交融让我感受到了新雅和 LSE 的教学方式上的差异，同时也给我带来了很多反思。在现代的西方综合性大学，可能对于经典的阅读略少，而更多的依赖的是现今的新闻报道或时事评论家的文章。我并不敢评判这种学习方式的利弊，只是许多错综复杂的问题最终回到的都是某一个核心的普遍问题，例如什么是自由、民主和教育的意义。在这个层面上，我个人觉得经典给予了我更多帮助，让我从这些原始问题开始剖析和思考会让我更能把握思路。不过在这种埋头苦读经典的学习中，一来到 LSE 我倒也不可避免地成为一个"古代人"。

　　伦敦本身是一座非常迷人的城市，让我感受到它传统底蕴的浓厚，同时也有现代化程度的先进。无论是艺术、历史、音乐、文学，这些似乎都能在伦敦的美术馆、博物馆、音乐厅和图书馆欣赏到。我认为来到伦敦学习本身就能使我深入西方传统中来探索英国的文化脉络。在英国的这段时间，我致力于探索这座城市本身所承载的历史有多少是我们现在还探寻得到痕迹的：例如原来出版商社林立的 Fleet Street，标明了 City of London 和 City of Westminster 的龙的雕塑，以及伦敦桥上的留下的被拆除了上面建筑的痕迹等等。令我感动的是，在课上老师曾跟我们说过，伦敦人在做城市规划时，会特地将新的房子也造成仿古建筑，以保护这个城市一直以来的样貌，而不让摩登的大楼打破了城市的这份历史厚重感。在伦敦，似乎走两步就能看到或是王尔德，或是伍尔芙留下的痕迹，让人感叹伦敦文化的魅力。在这座城市，被保护下来的文化是以某种艺术存在的，文化本身就体现出其独特的美感，无论是精美华丽的威斯敏斯特大教堂，还是庞大辉煌的大英博物馆。历史和文化遗产以永恒的美的姿态留存在了这座城市里，同时留在了人们的记忆中。而这座城市本身就是一座博物馆，向世人展示着它千年的历史。

　　同时伦敦又不止于此。在伦敦的这段时间，我还去探索了大大小小的书店，从艺术馆相关的特别书店，到英国出了名的 Blackstone，还有 LSE 和剑桥的书店我都仔细地去看了看。书店体现出人们平时的文化修养。我常常去光顾的 LSE 的二手书店虽然窄小到只能大概站下五六个人，里面却总是有很多有意思的书本可以翻看。书本上留着 LSE 学生曾经留下的痕迹，或是一条便签，或是一句话，或是一条高光。书店尽管小、卖的又是旧书，却仍然把整理分类做到了最好，让人感到温馨无比。同时通过书店，也可以看出 LSE 学生感兴趣的领域在哪里，他们又热衷于阅读什么样的书。书店门口放着一台流动书架，可以随便拿起来翻看再放回去，店长时常会在那里更新一些有意思的小书。每当想过同一本书被不同的人翻开过又留下了不同的痕迹，就会让我觉得知识和智慧在以我们可见的方式传播着。在游玩剑桥过后，我们也专门花了一个小时走访剑桥的书店，其中剑桥出版社的直营书店是全英国最古老的书店之一。从这家直营书店可以看出剑桥在学术界毫无疑问走在领先的位置上。书架上摆放着我们耳熟能详的由剑桥翻译的本本哲学和政治学的经典，这一套丛书在英译界都享有盛名，其中有一本黑格尔的《法哲学原理》我早已用电子版阅读了很久，这次终于可以买实体书回去而让我非常欣喜。另一方面，剑桥还出版了很多和美学、宗教学相关的书，在国内不易见到。我翻看了以后也了解了不少现在这方面的研究都大概针对一个什么方向。整个书店就是剑桥这一所大学和撑起它的无数学者给学术界所留下的最珍贵的宝藏，即便在中国我们仍然还会提到剑桥中国史、剑桥英译本……一个大学在学界应该肩负起什么样的责任，我想剑桥用这一所书店告诉了我们。

伦敦和 LSE 实在是丰富得无法言喻，而三周的时间也不仅仅只是让我打开了视野。伦敦以其特殊的方式展示着它悠久的历史和浓厚的文化底蕴，而 LSE 是走在当代社会最前沿的反思者和建构者，描绘着未来世界应有的图景。二者都让我对西方有了更深刻的切身认识，我也发掘了自身对于国际政治和国际关系的兴趣，而让我觉得这三个星期过去了很久也意犹未尽。

伦敦奏鸣曲

杨衍嘉（经济与金融专业）

随着东航的班机缓缓降落在大伦敦区南部的盖特维克机场，我又一次来到了英国伦敦。

本次 LSE 游学之行给我的总体感觉是"自由"。这份"自由"，一方面体现在行程安排的相对宽松上——每日三点半的准时下课以及周末的空闲时间给予了我们充足的时间进行实践调研和体验英伦文化；另外，LSE 浓郁的自由主义文化也在访学过程中伴随我们始终，在课上课下都留给我们深刻的印象。此外，相比于初探牛津时所感受到的那份长久矗立的古典与恒远，伦敦给我的感觉始终是古典与现代并存，错落有致而相得益彰。LSE 处于伦敦城（City of London）内部，横跨于泰晤士河上的各座桥梁上形象独特的龙雕塑时刻提醒着我们这里悠久的历史与曾经森严的行政管理。另一方面，它又毗邻伦敦金融城，那里无疑是世界上最有活力、最为繁忙的地区。每日上课途中经过的 JP Morgan，西装革履的上班族，耸立云霄的摩天大楼都已司空见惯，水泥森林与玻璃幕墙向我们展示着伦敦作为世界三大金融中心之一的忙碌与繁华。

一、访学篇

对于伦敦政经学院（London School of Economics and Political Science）的最初认识来源于"经济学原理"课程的一篇阅读材料《哈耶克大战凯恩斯》，诺贝尔经济学奖得主哈耶克正是 LSE 校友。而当我们在 LSE 学习经济方向的课程时，我明显地感知到 LSE 的老师们观察问题的角度与我们国内观察问题角度之间的差别。同样在叙述"最后通牒博弈"（ultimatum bargaining game）时，LSE 的老师们将其叙述为一个经典的道德困境，借此对于市场有效性的前提——理性人假设——进行发问。而我们的"经济学原理"课程在讲述此博弈游戏时，往往爱好引入数学模型，并将人们对于道德的考量量化为可以用金钱/收益衡量的指标。因此，若是带着"道德可量化"这般先入为主的一己之见参与讨论中，难免多少觉得自己偏了题。

而在另一节关于国际政治的讨论课上，五个小组展开类似于"囚徒困境"的博弈游戏，在讨论环节大家都试图达成协议以获取每一方面相同的收益最大化，即"沉默-沉默"。但是本着囚徒困境的优势策略是"揭发"，我毅然决然地说服了我们小组背叛协议，达成了"揭发-沉默"并在那一轮获取了收益最大化，并最终赢得了游戏。在最后的反思环节，身为小组代表的我向大部分同学阐释了我们组"背叛"协议的理由，并指出了优势策略与纳什均衡（也是优势策略均衡），坦言"每个人都有激励背叛协议"，从而完成了对所谓"背叛"的"正名"。不过，另一组同学则指出，其实他们也清楚此类游戏的优势策略，但是"只有经济理性的决定显得无聊，我们更愿意测试在初识的情况下，我们五个小组是否真的能形成合作"。这一番话使我顿生醍醐灌顶之感。

在这三周的多次讨论课上，深受经管各门课程影响的我，所提出的观点有时也会遇到其他专业同学的质疑或是反对。尽管一开始多少有些难以理解，但在一番讨论之后，也往往能接受不同立场的道理所在。这正是我所期待的、较为深入的跨专业交流。尽管我们面对的现实都是铁板一块，别无二致，但是不同学科、不同学派对于整个世界的规范性（normative）的描述却多少存在差别，甚至存在根本性的分歧。在LSE的三周时间内，我十分享受这种跨学科交流的过程，尽管存在分歧，但本着求同存异的精神，我也着实获益良多。那些独特有趣的角度是我本身专业方向所不能带给我的。

在英国期间，LSE的老师们听闻鲍里斯·约翰逊成为新一届英国首相，于是马不停蹄地在课后加入抗议游行大军中。不过令我惊奇的是，他们的抗议活动也并非义愤填膺或是摆出决一死战的态势，而是与朋友有说有笑，甚至有免费的食物和音乐巴士，偶尔才问候一下留着川普发型的英国新首相。此外，在英国议会外面对峙的脱欧派与留欧派也并非看上去有血海深仇一般，而是自行其是地贴标语和喊口号。这般有趣的政治生活图景是我在国内从未见过的，也是一件增长见识的事情。

二、实践篇

本次LSE实践支队的调研主题是英国民众对于中国商品的态度。在与LSE的教授讨论之后，我们将采访对象限定在英国伦敦的居民，而将中国商品限定在华为手机这一最近的热点话题上。在采访过程中，我们走遍了伦敦主要街区，采访了不同阶层的人们，也算半深入地了解了伦敦的社会百态。

首先，伦敦作为国际大都市，人口构成十分复杂，市中心的移民数量不可谓少。就我个人采访所及，移民群体普遍对于中国商品抱有好感，也更愿意尝试华为手机。这一方面是由于移民群体的开放心态所致，而且他们中许多人所从事的零售业也多与中国有贸易往来；另一方面，中国与许多发展中国家或第三世界国家广交朋友。例如，我碰到了一位来自黎巴嫩的纪念品商店店主，他笑着指着店里各类小纪念品，表示都是中国生产的。而LSE bankside附近的wagamama拉面馆里的波兰服务员小哥则对"一带一路"充满了期待，表示即使受到贸易战影响，也会坚定地支持中国商品，更愿意使用华为手机，最后不忘揶揄川普两句。

其次，伦敦的贫富差距较为明显，随处可见的流浪汉更是街头一景。伦敦街头的流浪汉多为本地人，由于受教育程度不高，或是家庭背景原因陷入贫穷无法找到工作，以至沦落街头。我不禁想起BBC纪录片《人生7年》所描绘的阶层固化的现象，这在我与一位流浪汉的交流中暴露无遗：他的父母都是工人阶级，他自幼并没有接受良好的教育，最后在劳动力市场上还竞争不过更为吃苦耐劳的新移民，只能流落街头。而在困难时期，是较为便宜的中国生产的衣物与食品让他度过一个又一个寒冬，因此他也形成了对于中国商品的天然好感度。

最后，个人感觉普遍对于中国商品存在忽视与反感的则是伦敦本地的中产家庭。我多次尝试采访一些市中心从事服务业的员工或是普通职员。但是他们大多表示拒绝接受采访，或是摇摇头表示对中国商品一无所知。唯一一位采访成功的服装售货员根本没听说过华为，对于将来是否尝试使用华为手机也持保留态度。他们偏好苹果产品，对于一个新的外国品牌不甚感冒。

此外，一个十分有趣的发现是，不少接受我们采访的英国人倾向于将华为视为与苹果同等价位与定位的"高端手机"，而真正走"成本路线"的便宜"中国造"手机应是小米。那是否是苹果在中国溢价过于严重呢？我们不得而知，权且当作笑话。

三、游历篇

得益于 LSE 课程较为宽松的安排，我们在完成学业和调研任务之外，仍能有一些空余时间对于伦敦这座城市进行深度探索。

作为一名地铁和轨交爱好者，我对于伦敦地铁深有兴趣。老式陈旧的铁皮车厢，湿润闷热的地铁站环境，加上时不时窜出的老鼠，无不散发着浓重的年代感。作为世界上历史最为悠久的地铁系统，伦敦地铁尽管几经修缮，但我仍能从中感受到维多利亚时代的大英帝国的气息。而另一方面，尽管伦敦市区面积不大，但是地铁线路之便利，令人啧啧称奇，甚至两个相邻的地铁站相距不过 5 分钟的路程。与悠久历史一致的是，伦敦的地铁仅有很少一部分班次安装了空调（目前唯一体验过的空调地铁是一班 circle line），而绝大部分没有空调的班次只能在每节车厢前后开一扇小窗以起到通风的作用，由此带来的噪声也难以避免。这也从另一方面解释了为何伦敦地铁内看书的乘客居多——毕竟没有信号不能刷手机，噪声太大不能听音乐也不能正常交谈，因而看书成为打发通勤时光的主流选择，也正与这座城市的"文化气息"相得益彰。

同时，作为一名博物馆爱好者，我们此次走访了伦敦市内绝大部分的博物馆和美术馆。面对浩如烟海的藏品，相比上次游学时因两天时限而带来的仓促，我们得以更细致地观察、欣赏，甚至不为了所谓"理解"而是纯粹地"观看"展品。正如我当时在 Tate Britain 记录下的，在美术馆对着画作、雕塑甚至穹顶，单纯地发呆，似乎也是可接受的决定。

由大英博物馆的一件藏品，联想到"西方古代宇宙论"课上提到的一些有趣的模型。

此外，我们还利用第二周周末的时间组织了前往南部小城布莱顿（Brighton）的自由行。搭乘火车来到布莱顿，再经由一小时颠簸的巴士车程，和三十分钟的乡村步行，我们来到了位于英格兰南海岸的白崖。带有些许腥味的海风，裹挟着壮美的景色扑面而来，使我们无不感叹于大自然的鬼斧神工。夕阳下在海边漫步显得悠闲而惬意，好似从伦敦金融城中抽离出来，时间凝固了，心生刹那即永恒之渴望。

总体来说，三周的伦敦时光，让我在提升知识水平与增长见闻的同时，较好地锻炼了学习自主解决各类事务的能力。同时，我也接触到英国伦敦社会的方方面面，结识并深入了解了一些新的朋友。楼下的酒局，10 元的拉面，泰晤士的风，LSE 的小巷，各类博物馆，还有最棒的 LSE 支队的各位同学们，为我 2019 年的暑假增添了一抹不平凡的色彩。

理性与生机
——伦敦访学报告

刘宇薇（政治学、经济学与哲学专业）

2019年7月8日至26日，我与二十多位清华同学一同赴伦敦政治经济学院学习和生活。期间诸多见闻与感动，甚至很多发生在我始料未及之处：一场游戏、几次谈话、雕塑、画、一座小小的故居……我认认真真地体会了三周在英的学习。而更令我欣慰的是，我能够有机会从容地走入这座动人的城市——不是游览或观赏，也不是赞美或指责，而是实实在在地走进它，它的街道、它拥挤的地铁和午后的花园、它的语言和年岁的空间。这是我过去从未有过的感受。

在学校的第一周里，我们主要对自由市场展开学习和讨论。课程并不难，但是启发性很强，有许多问题都为我们留下了巨大的思考空间。在 Lecture 中，老师们用 Derren Brown 的赌注解释了市场中可能存在的 Base Rate Fallacy，Rian 基于实地考察为我们做了钻石市场的案例分析，Alex 则从选票买卖、"好评"出售以及器官买卖详细地阐述了自由市场的道德准则与界限。在 Seminar 上，我们基于 Heritage Foundation 的数据对政府的宏观调控作了探讨，其中出现的与我们的印象产生偏差的数据，尤其引起了我们的注意（比如法国）；我们还对课堂上的器官买卖是否应该建立市场的问题进行了辩论，辩论不再局限于经济领域，而是回溯人的道德准则以及社会不平等的现状。在现代市民社会中，自由市场当然是必要的，但是这一周的课程更多地激发了我对市场的"边界"的思考，我觉得这是最有意义的。

初来伦敦，最喜欢的是这座城市里历史与现代的传承。伦敦城的街道几百年没有变过，但楼房却独具错落的美感。现代的玻璃建筑映衬着道路中间的"二战"纪念碑，泰特现代美术馆与圣保罗大教堂隔岸相望，大教堂背后又是人流穿行的金融街……在 LSE 的校园里，随处可见纪念二十世纪妇女运动的海报与小展柜；在美术馆中，策展人将罗斯科与莫奈、透纳放在同一个展厅，因为没有一个画派或画家是独立于影响他们的历史之外的，英国人总是看重传承的痕迹。同时伦敦也是国际化的。这里的国际化不是进出口指标这样的表面数据，而是一种内在的文化承载能力。不论是老师授课时对印度器官买卖案例的分析，现代艺术中对西班牙内战和叙利亚难民问题的直接关注，还是大英博物馆的原住民展厅里对疾病和世界医疗的重申，都时时刻刻展现着这座城市的力量——它已远不是属于英国的一座现代化城市，而是在历史的积淀中走来，在时间和空间上尽己所能去容纳、创造和改变的城市。

由于非常喜爱绘画艺术，我在伦敦的这些日子抓住一切机会逛了几个美术馆。国家美术馆是一大天堂。我花了整整一个周日的时间沉浸其中。我常常会想起在清华艺博上的"艺术的启示"第一课，李睦老师说："每个人都应该有机会去独立地、安静地面对一幅画。"我是笃信艺术的。艺术的直观能使人跳脱出日常的言语和思维搭建起的世界，抽身跃向另一个空间，用另一种触感亲近和抚摸这世界。

第二周的课程关注国际安全。国际安全是一个大话题，它不仅是一个军事问题，更是一个全方位的民生问题，囊括经济、粮食、健康、环境、社群、政治等。在这周的课程中，我们重新思考了主权与人权的关系，认识到"人权"在具体的政治博弈中所显现出来的复杂性；阅读了也门水资源危机、海地的震后重建的资料与朝鲜核试验的分析，切实体会到追求"安全"的重重阻碍；也对"私人武装力量（PMSCs）的兴起"进行了专题学习，军事市场兴起乃至泛化，却与国家的'强力'之间呈现出日益显著的张力。不过，这一周的学习带给我最深刻的影响的，其实是两场 seminar 上的小组游戏：一是模拟部落间水资源的竞争与合作，二是模拟国家之间的武装状态（arm/ disarm）。它们真正使我领悟到"协商"与"信誉"在国际规则运行之中的重要性。"人无信不立"，当一个"国家"擅自违背了合约，所有艰苦搭建起来的信任纽带会土崩瓦解，结果只能是"谁也不赢"。这是人性可悲一面的缩影。洛克曾经把国家与国家的关系比作"自然状态"中人与人的关系。但是，既然"联合国"作为国与国契约的象征，已经通过许许多多人们的努力和信念存在，我们就应该更坚定地去稳固"可能的和平"，而不是一次又一次拆解信任。

第二周期间我们也完成了与华为相关的中国商品在英调查。我们在 LSE 有幸接受教授的调研指导。在缩小调研范围、确定调研群体之后，我们走向伦敦街头进行采访，并在后续工作中与教授们作了进一步深入讨论。在采访前我们一度担心在这个生活节奏很快的城市里，拒访率会比较高；但当我和地铁上的上班族、大英博物馆前的年轻人开始聊天时，他们大都表现出友好甚至好奇的态度。我在对话中认识到，华为在英国的接受度是在上升的，但面对传统品牌的惯性营销，真正要打开海外市场还是得直面文化心理的障碍，这是单凭技术和营销手段创新所难以克服的。在 focus group 的访谈中，教授们提出了更为尖锐的问题，即华为作为外来品牌对于英国信息产业的安全问题，尤其是华为目前在研发的"物联网"产业。当然，这些怀疑是理性的，更迫切的忧虑还是如美国的贸易保护主义和民粹主义抬头趋势。

这一周里因为准备周五的模拟联合国大会，以及德语课程的学习难度在提高，除了周末以外我少有课余的时间游伦敦。好在伦敦无处不在的小公园和街边的雕塑，总能为我带来惊喜与闲适。每一天沿着泰晤士河往学校走，总会经过几桩肃穆的战争纪念碑，与轮船上闪着温黄灯光的 Wellington 遥相呼应。前往上坡的小路边，拐角便是花园。树影压低行人的脚步，长椅上的年轻姑娘与诗人 Foster 的青铜雕塑对望。还有一位接圣水的女孩儿，是为了纪念慈善家 Lady Henry Somerset。女孩儿的脚边生长着绿色的新叶，鸽子时常降临她的双臂。我有时会疑惑，为什么这坚硬而深沉的人造物，会如此这般成为自然的一部分？为什么每经过一尊雕塑，就像天使吻过我的面颊？这些可以被双手触摸的记忆，就这样与匆匆行人共生于伦敦城里。温柔地，不急不慢地，笃定地，诚恳地，庇护着这片土地。快到达 LSE 校园的时候，我们会穿过一条马路，马路中心坐落着小小的教堂和"二战"海军与陆军上将的雕塑。九点时教堂的钟声响起，我环绕着走过 Gladstone 首相的雕塑，四维写着：Education, Brotherhood, Courage and Aspiration，即肃穆且庄严。

此外，秉持着一直以来对女性主义的关注，行走在伦敦街头的我频频被触动。LSE 的图书馆入口处有一间对外开放的小房间，里面陈列着二十世纪妇女运动时的会旗，书写着伍尔芙对于 1919 年 Removal of Sex Disqualification Act 的评价。走过议会大厦，拐角的公园里立着 Emmeline Pankhurst 的雕像，这位妇女参政运动的伟大倡导者，以自信的姿态和坚定的目光矗立于此。国家美术馆门前 Humanity 的刻字之下是英国护士 Edith Cavell 的纪念碑，碑上写着："Patriotism is not enough. I must have no hatred or bitterness for anyone." 丘吉尔战时办公室里对女性秘书、长官和通信员的记录翔实而真切。LSE 组织的 Treasure Hunt 那天有一条路线就是 Women Suffrage。伦敦是一个以女性为骄傲的城市。至少作为一名女性，我在这里产生的"安若家居"的感受比我曾经到过的任何一座城市强烈。我能够深切地体会到，能让一个性别，或任何一个群体具有归属感的城市，绝不是去谄媚迎合，不是去虚伪照顾，而是使每一个人都受到公平的"人"的待遇，善良的被尊重，卑劣的被谴责，从而人们才能看到明亮的人性，对未来的路继续怀抱希望。

第三周谈民主。在 Boris Johnson 上位的时间节点上进入这个专题，是非常现实且有趣的。在上黄裕生老师的课时，我们曾经从理论的进路讨论过民主。从霍布斯的社会契约到卢梭的"公意"，西方民主以抽象的概念形式呈现在我们的脑海之中。而在 LSE 的课堂上，我们走了一条虽然更表象，但也很切实的进路。我们讨论"究竟什么使你成为一个国家的人民""究竟什么确认了你的身份"；同时解读了"民粹主义"和"后真相时代"的真实含义，探讨"人民"这个群体如何形成、由谁定义，专家如何才能成为"人民"的专家……在最后的展示上我们分享了对待民主的现实问题的解决方案。我们认为最根本的解决方案仍然是教育。正如苏格拉底的理想听众都是受过教育的人，理性民主的听众也必须是本身具有政治素养的人。或者不仅仅是政治素养，而是具有"为人"的素养的人。其他一切外在都是手段，唯有培养有责任心的、有知识的"人"，才是我们高谈一切民主的前提。

这次来英国学习对我来说是一次特别的体验。在新雅的一年里，我热衷于古典与经典文本的阅读。而来到嵌于城市之中的 LSE，像是从深海被一把拉到了水面上。曾经读过的修昔底德，如今演化成生动的人性，政客和外交官们在电视里的针锋相对，会使我回想起尼基阿斯合约，或伯拉西达的辉煌，只是少了些古希腊人的胆魄和气度。曾经读过的涂尔干论社会分工、黑格尔和马克思论市民社会，今天已经在伦敦发展成了何等繁荣的自由市场。但是问题仍然是存在的：社会的分层是否注定带来分化？所谓的普遍阶层（教师、官员）究竟能否起到教化的作用？市民社会必须要上升到国家才能实现人的伦理吗？那么现实的国家在精神上究竟又起了多大的作用呢？

离开伦敦前的最后一站，我去了济慈故居。坐上了地铁，晃晃悠悠到了郊区。这里有一座社区图书馆、一座小小的花园和济慈曾经住过的白色房子。放学后来到这里已经接近下班时间，推开门后我收到了亲切的问候。一位温和的男士坐在写字台前，带着笑意问："What brings you here？"我说自己曾读过些济慈的中译本，想来体会一下诗人曾经生活过的地方。说这些话时我们都坦诚，带着笑意，像相约来见老朋友。进门第一件展品是济慈面部雕塑的复制品。看到配字是"Please touch"的时候真实感觉自己心跳停止了两秒。济慈生病时躺的床上写着"sit here"，书房那幅画的椅子上写着"sit like Keats in the painting"。我很动情，甚至有流泪的冲动。整个小房子就是一场 invitation，诗歌在里面起舞。诗人曾经写道："A poet is a sage, a humanist, physician to all men."。而我感谢这个小小的故居，被许许多多仍然爱着诗人、爱着诗歌的人，以最温情的方式保存下来。这是"存在"最动人的一种方式。闭馆后我坐在小花园里读书，远处近处有几声鸟鸣相和，或许是夜莺，或许是天使的细语。

一路上走走停停，留下许多回忆。今日读到陈嘉映老师一段话说："很久以来，我就感觉着温暖和阳光（warmth and light）是人生中至关紧要的两种东西。而现在，这种体会更深……体会得到理性的阳光和生机的温暖相互融合的情态。"这两个词是普世的，而我擅自拿它们来印证自己的伦敦之旅——因这短短二十一天是如此独特，理性的迷人之处一以贯之，城市的生机也打动我至深。

希腊、意大利及其他卷

卷首语

本卷是新雅书院希腊项目、意大利学生自主项目和其他出国项目的组合。希腊雅典项目自2019年开始实施。该项目以甘阳教授开设的"古希腊文明"通识课程为基础,以探索古今希腊历史与文化为主题,同学们在阅读希罗多德的《历史》、修昔底德的《伯罗奔尼撒战争史》、埃斯库罗斯的《奥瑞斯提亚》三联剧、赫西俄德的《神谱》以及《古希腊政治、社会与文化史》的基础上,赴雅典和克里特岛探访历史遗迹,访问雅典大学,同时深入了解当代希腊社会文化特征,加深理解从古代文明到现代社会的发展和变迁,培养历史意识和当代视角。

2020年1月的意大利实践是新雅学生第一次自主立项的海外实践项目。13名新雅高年级同学组成的"雅心意行"小队,前往意大利罗马、佛罗伦萨、米兰三地进行研究和考察。不同专业同学的所学所见,背后都有着历史与现代共存、"让世界变得更好"等共同的理念。无论是米兰理工设计学院"从工业中来,到工业中去"的沿革,博物馆中所见的"未来主义"艺术品,还是罗马、佛罗伦萨、米兰三座城市的不同空间处理,都以意大利特有的方式勾连起某种历史情感,并促发种种指向未来的思考。

2019年12月,新雅书院CDIE6教学班的13位同学由徐迎庆、张雷、范寅良三位老师带队,前往德国慕尼黑及斯图加特进行了为期一周的海外实践,参观探访了宝马、奔驰、保时捷等著名汽车制造产业公司,结合专业所学考察德国工业设计的发展历程及趋势。实践内容丰富充实,同学们收获满满。更多的新雅学生在大学和书院的共同支持和帮助下,利用寒暑假到巴基斯坦、肯尼亚、印度、加拿大、美国、英国、德国等多个国家实习和访学,形成新雅书院国际化培养异彩纷呈的广阔图景。

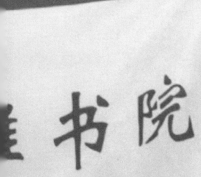

新雅师生在雅典大学（2019年）

新雅学生初到雅典（2019年）

新雅学生在卫城（2019年）

新雅师生在卫城实地研讨（2019年）

雅典大学副校长向新雅师生介绍雅典大学（2019年）

新雅2016级杨茂艺参加"印度南方文化浸润项目"（2018年）

新雅"雅心意行"支队在意大利（2019年）

新雅CDIE6师生参观德国辛德芬根工厂（2019年）

CDIE6师生在德国分享学习和参观心得（2019年）

CDIE6师生与奔驰创新研究中心Lab1886工作人员的合影（2019年）

新雅2017级王心语拍摄的温哥华景观（2019年）

新雅2017级高靖涵拍摄的肯尼亚风光（2019年）

书中的黄金时代，现世的游行示威
——希腊民主随感

雷邓渝瀚（政治学、经济学与哲学专业）

导言：希腊是民主的发祥地，也是近代西方民主的生动事例。从梭伦改革到伯利克里，从独立战争到希共成立，历经人事变迁，但雕栏玉砌仍存，经历思想碰撞，但民主依旧长存。从历史到现实，从文字到实践，民主在希腊，成为不可逃遁的主题。

初到希腊，低矮的房屋与狭窄的街道刷新了我们对"发达地区"的想象，那卫城的巍峨似乎是奇峰突起，生生地划开古代与近现代的希腊。而短短几天之后，当我们在电视上所看到的游行示威真切地发生于我们身边时，路边的政治招贴和街上全副武装的警察，似乎在向我们诉说现实中西方民主的某种最为激烈的表达。

小国寡民、城邦国家、海洋贸易，从初中就被我们熟稔的雅典民主政治成因，好似一些符号与标签，在不假思索的认同中，构成西方一些吸引我们的熠熠生辉的星星。而记述下这星星的希腊史诗与神话，就好似观测这些星星的望远镜，这望远镜告诉了我们多少事实？这熠熠生辉的历史，又是否照得进现实？

希腊神话，可以说是希腊文化的光辉时刻。法国社会学派神话研究者杜尔克姆说："不是自然，而是社会才是神话的原型。神话的所有基本主旨都是人的社会生活的投影。"[1]

神话中，混沌的卡俄斯、该亚，有力量的克诺索斯，力量与智谋结合的宙斯，三代神话中统治者的变迁，体现着在统治权力的建立中计谋与力量的互动关系。这与黑暗时代末期人们对政治秩序的追求有着一定关联，人们希望出现一个具有力量的领导者，带领着本民族重新走向英雄时代的美好生活。而在这之中民主与精英的张力，随着之后民主进程中所出现的陶片放逐和僭主统治，成为民主制度的一个重要命题。

而在这之中，民主究竟是什么？文字留下的总归是要由实物证实。

在雅典的古市集博物馆，雅典民主黄金时期抽取五百人议事会成员的抽签石盘静静陈列在展柜中，公民通过插入自己的"身份证"和观察每个槽中所留下的小球颜色决定自己是否需要参加会议。这种简单的随机抽签，固然是希腊文中"民主"统治归于人民的表示，但这里所说的"人民"仅仅是雅典总人口的一小部分，而在这之中也无法保证参与"民主决策"的人民的素质高低。有学者认为，雅典的民主仅仅是极少数"公民"享受的民主，是排斥大多数人的民主，雅典民主所谓的"多数人的统治"实际上是建立在奴隶制基础之上的。雅典奴隶制的发达也造就了其民主制度的兴盛[2]。

---

[1] 恩斯特·卡西尔. 人论. 上海：上海译文出版社，1985，第101页.
[2] 王绍光. 民主四讲. 北京：生活·读书·新知三联书店，2008，第4页.

这种判断，从收藏选举石盘的古市集博物馆外的神庙就可见一斑。这座神庙建于公元前460—415 年，以其多立克柱式而闻名，并一直留存至今。从这里眺望卫城，山门与帕特农神庙一览无余。而这些建筑无疑是雅典民主黄金时期强盛的代表。在《伯罗奔尼撒战争史》中，伯利克里在分析雅典开战时的经济实力说："此时，卫城里还有 6000 塔兰同的银币（总数一度高达 9700 塔兰同，从中开支修建了卫城的前门和其他建筑，以及出征波斯代亚）。"[1] 而当时一个熟练工匠一天可以挣 2 至 2.5 个德拉克马，一塔兰同等于 6000 德拉克马。可见民主制的经济基础。而与此相对应的是当时斯巴达对开战的判断："有了财力，武器装备才能发挥作用……首要的是想方设法弄到钱"[2]。同是奴隶制发达的城邦走上的两种不同政治道路，经济可谓一个重要因素。

神庙之下，雅典民主的核心之一，五百人议事会和堆放雅典当时法律及案卷的仓库遗址在露天中磨蚀。从这里出发，一路向南，连接着雅典卫城与公民大会的所在地普尼克斯山。也是在这条路上，祭祀宙斯等神的祭品来回穿梭。这种信仰的因素和公民大会所追求的正确的裁决，尤其是陪审法庭所依照的法律中产生着张力。柏拉图在《理想国》里说，要讲一种高贵的谎言：用不同的材料造不同的人的神话，让人们各安其位，确保城邦的安全[3]。施展在其书《枢纽》中指出，城邦内部结构稳定运作和持存形成的基于政治和社会实践的法律规范，定义了这个城邦[4]。这种法律规范在古市集出现，也显出了古希腊民主的物质基础。希腊最古老的成文法也正是在克里特岛的古市集被发现的。

沿古人的足迹上到普尼克斯山上，小路通向比雷埃夫斯港，开始着《理想国》的篇章。站在公民大会和陪审法庭在辉煌时期的遗址，能够想象伯利克里激情澎湃的演说和公民们在伯罗奔尼撒战争开始时的热情。消逝在时光里的，还有处死苏格拉底和流放客蒙的决定注释着的雅典民主的短板。在这辉煌的景色和深厚的历史面前，民主仿佛是一种一以贯之的线索。

亚里士多德在《政治学》里论述："组成一个城邦的分子必须是品类相异的人们，各以所能和所得，通工易事，互相补益。"[5] 这种"异质性群体"带来的，是"在某种暗示的影响下，他会因为难以抗拒的冲动而采取某种行动"。[6] 这种冲动是不理性的，因而也会在可控与不可控之间摇摆，造成雅典城邦的动荡。这也是在《伯罗奔尼撒战争史》中伯利克里与克勒翁形象不同的一个原因：伯利克里的统治是寡头政体，只是假借民主政治之名，而伯利克里之后的统治者则完全顺从民意。民主带来的是民众意愿的表达，但在群体中这种表达往往丧失理智。而雅典民主所带来的占用公民大量时间和对城邦事务事无巨细的规定中，也有着一种形

---

[1] 修昔底德. 伯罗奔尼撒战争史. 何元国译. 北京：中国社会科学出版社，2017，第 99 页.

[2] 同上，第 51 页.

[3] 柏拉图. 理想国. 郭斌和，张竹明译. 北京：商务印书馆，1986，第 127-129 页. 转引自施展. 枢纽. 桂林：广西师范大学出版社，2018，第 517 页.

[4] 施展. 枢纽. 桂林：广西师范大学出版社，2018，第 515 页.

[5] 亚里士多德. 政治学. 吴寿彭译. 北京：商务印书馆，1965，第 45 页. 转引自施展. 枢纽. 桂林：广西师范大学出版社，2018，第 515 页.

[6] 勒庞. 乌合之众：大众心理研究. 冯克利译. 北京：中央编译出版社，2000，第 21 页.

式正义和结果正义的分野。当时的雅典作为一个"帝国",是以扩张为基础的,而其人民意愿的满足,也是以自身物质精神文化生活需要的不断满足作为标尺的,因此也会造成短视等后果。

但或许也是因此,民主带来的"辉煌属于雅典",促进着文化与科学各领域的发展。公民大会的日晷,从正中看,夏至时太阳正好从战神山顶升起;卫城下的剧院,体现着狄奥尼索斯节的盛况;帕特农神庙的优雅,叙述着建筑史上的奇迹。

狄奥尼索斯剧场,作为世界上最早的剧场见证了雅典戏剧的兴起与衰落,也见证了雅典民主的沉浮。希腊化时期,公民大会在普尼克斯山的会场不能使用时也曾短暂被用作会址。狄奥尼索斯节上戏剧竞演的精彩,反映着从波斯战争到伯罗奔尼撒战争时期民主背景。与其通过柱廊相连的,建于161年的阿迪库斯剧场(Odeon of Herodes Atticus),直到现代都是夏季雅典音乐节的演出场地。

文物古迹之处,现已成政治宣示之地。收藏选举石盘的古市集博物馆外的长廊,是二十世纪人们对罗马人所带来的商业辉煌的怀念,勾连着两个不同时期的民主实践。2003年,欧盟十个新成员的入盟签字仪式就在这里举行。公民大会举行的普尼克斯山,成为法国领导人上任后第一站出访发表演讲的背景。这些或许可以说是雅典古代民主在现代的回照,但从罗马人过后的哥特人的劫掠和斯拉夫人、弗拉奇人的殖民潮所造成的"民族稀释",已经使希腊再不是之前的希腊。希腊民主的价值,在文艺复兴之中重新被发现,并称为近现代希腊追求独立过程中一条重要线索。

十九世纪,随着资本主义的发展与民族主义的影响,在俄罗斯的希腊人成立了友谊社。1821年3月25日,在友谊社的号召下,帕特雷大主教日尔马诺在伯罗奔尼撒的帕特雷市中心的圣乔治广场宣布起义,从而拉开了希腊独立战争的序幕。此后,每年的3月25日成为全希腊的独立日。

但在起义取得初步胜利之后,希腊人并没有去巩固胜利果实,而是过早地陷入了派系斗争,同时又掺杂了大国因素:1830年,俄、英、法迫使土耳其签署伦敦协议书,正式承认希腊的独立。著名诗人拜伦就是在这段时期中来到希腊,对希腊历史进程产生了重要影响,并最终因病死在希腊。

之后,希腊在列强的夹缝和国内的起义声中发展。发展经济、建立民族认同与收复领土一起构成当时希腊国内错综复杂的社会矛盾。希腊的国体几经变化,仅二十世纪就发生了六次关于国体的公投,直到1974年12月,希腊第三共和国成立才告一段落。君主、总理与议会之间的关系,深刻影响了近代希腊的民主进程,同样为我们分析西方民主的演变提供了一个激变式的窗口。政变、兵变、宪政贯穿政治进程,宪制逐渐深入人心。

1844年3月,希腊第一部宪法生效,标志着君主立宪制的诞生。宪法规定,希腊设立两院制的立法机构,特别规定实行全民投票。下议院和君主以及参议院同时享有立法权。下议院议员通过全国25岁以上有资产的男性选举直接产生。但由于广泛存在的无知、有限的沟通、山匪和警察的残暴和对人民的迫害，广泛代表制难以贯彻。并且由于在公民权的认定中将根据出生决定国籍和根据血统决定国籍两个原则结合，造成了公民权的宽泛。如果"不纳税不得拥有选举权的原则"是代议制政府的基本原则之一，那么非纳税者的代表权就导致代表们代表另一国家的纳税公民这一现象，因此也违反了民主原则。这种公民权不但将自称希腊后裔的外国臣民或公民纳入希腊政治实体中，同时也将那些居于希腊境内、但不符合"民族意识"要求的人，排除在希腊政治实体之外，例如吉普赛人、游牧的牧羊人和共产主义者等[1]。民主所要求的理性与民族主义的热情之间，天平在一开始牢牢地倒向了后者。而在选举权之外，国王在这一民主制度中的重要地位，也使得当时的民主成为"任人打扮的小姑娘"。

十九世纪后期，希腊的民主政治进一步发展。1862年，希腊发生革命，推翻奥托王朝的统治。1864年，第二届希腊人国民议会制定了新宪法，君主民主制正式确立。1874年宪法中加入"公开信任"（manifest confidence）原则，这才避免了奥托时期君王无视宪法的专制做法。近乎单一的种族和宗教信仰是这种民主制度的一种特殊的力量来源。但在实行民主的初期希腊的政治并非一帆风顺：不论是奥托国王对宪法的无视，还是从1864到1910年短短几十间更迭的70届政府和组织的21次大选，抑或从政党政治回归纯粹个人的政治，都体现着民主并非解决社会问题和稳定社会局势的灵丹妙药[2]。直到1911年宪法中，对人权和法治的强调才成为主要议题，如有效保护人身安全、税负平等、公民有集会的权利、住所不可侵犯。值得注意的是，这部宪法中第一次提出为所有公民提供义务性的免费教育。

教育与文化可谓近代希腊的明珠。1837年雅典大学成立，它是东南欧和中东地区建立的第一所大学。完整的教育体制粗具雏形，与此同时，图书和报纸出版业发展迅速。这些都为民主制的发展提供了源源不断的人才与思想基础。

在近现代的风云变化中，民主制度磕磕绊绊地在希腊建立。而自希腊独立以来，领土问题始终是希腊民主政治的一个重要因素，也是最容易激发民众情绪的问题之一。希腊人自独立以来对领土一直有一个"伟大理想"：希腊人不仅仅是生活在这个希腊王国中的人，更是那些生活在约阿尼纳、萨洛尼卡、赛瑞斯、阿德里安堡、君士坦丁堡、士麦纳特拉布宗、克里特岛、萨摩斯岛，以及所有与希腊历史或希腊种族相关联的土地上的人……希腊文化有两个中心：一是雅典，希腊王国的首都……还有一个是所有希腊人的梦想和希望之所在的"那座城"——君士坦丁堡。也因此，从克里木战争到希土战争，再到巴尔干战争和"一战"，这一梦想一直萦绕在希腊人的脑海中，直到1923年《洛桑条约》的签订标志着希腊在小亚细亚地区存在的终结才告一段落。也因此在理解伊奥尼亚的历史中，用现代政治版图看问题的我们并不能理解其在雅典民主和历史中的作用。以马其顿问题为例，自19世纪末开始，其一直是希腊边界的一个重要问题，希腊、保加利亚以及塞尔维亚等国都企图将马其顿占为己有，

---

[1] 约翰·科里奥普罗斯，萨诺斯·维莱米斯. 希腊的现代进程：1821年至今. 上海：上海人民出版社，2008，第52-54页.
[2] 杨公素. 希腊近代史. 北京：商务印书馆，1997，第135页.

1908年，土耳其新政权提出将马其顿问题交由大国处理，马其顿与希腊的民族情感联系逐渐加强。

领土问题引发了希腊的经济问题，1893年，面对外债高筑的局面，特里库皮斯被迫宣布国家破产，并在西方列强的坚持下，成立国际金融委员会，以接管希腊庞大的外债。同年，农业危机接踵而至。法国宣布向希腊出口的农产品征收保护性关税。再加上政府提高的土地税，使农民收入锐减。经济的衰败引发了大规模的移民潮。1890—1914年，估计有35万希腊人移民海外，大约占总人口的1/7。其中多数为希腊农民，主要移居美国。也正是从这时起，移民从国外汇来的款项成为希腊主要的外汇收入。《洛桑条约》签订后，难民的涌入，使国家不堪重负。土地分配、就业机会更为紧张，社会内部矛盾剧增，而这次人口的交换，明显地改变了希腊的种族比例。希腊由此成为巴尔干国家中种族单一性最高的国家。民族情绪对民主实践影响日益显著。而在这历史之中，也不难发现着希腊债务危机的一些影子。

不景气的经济与高教育水平的民众，让希腊境内的思想空前活跃。1918年，希腊共产党成立，并在"二战"中声名鹊起，以至于成为美苏冷战的直接原因。时至今日，其仍在议会中有一席之地。并且在如今希腊经济不景气的现实中，其激发民族情感和力主改革的政策往往能调动群众的政治参与热情。

这些，也构成了我们在希腊见证的"现代西方民主实践"的背景。在飞机上我们就看到了宪法广场对希腊议会支持马其顿更名决定的万人示威游行。两天后，希腊议会讨论进入投票阶段，在工作日的那一天，一场数千人的大游行由希腊共产党组织，在雅典市中心上演。原本平静的宪法广场上，蓝白相间的国旗招展，间或打出金黄色的双头鹰旗，那种自发，那种热情，群众的力量让人对希腊的"民主"感受加上了现实的色彩。

大街上的车流逐渐变得稀少，警察四处瞭望着街上的行人。道路已经陆续开始封闭，在雅典的暮光之中，在狼山脚下，空气里的气氛已经开始骤然紧张。游览完周边的一个博物馆，街上的人更为稀少。路边的公交站仍然兢兢业业地播报着永远不会到来的公交车信息——唯一有用的信息大概是宪法广场站在今明两天都会关闭。结伴回到酒店的路上，武装直升机在街区上空轰鸣清晰可辨。不由得让人回忆起博物馆里的由历史而来的一种荣光般的温暖：藏品平静的叙述着一段历史，没有隐藏，没有多言，曾经的光荣与热血，曾经在投票权上走在前列的一个国家，如今正在民主的漩涡中泅渡。我尝试询问一些人对历史的看法，集中在文化与文字传承的回答隐藏的是对现实的无奈。

"民主"在之前的两千年，都没有被认为是好东西，而政党制度刚开始时，也受到了人们的广泛质疑[1]。"国家是不得不存在的恶"，在民主制度下，我们看到了民众意愿的强烈表达，但也看到了如《民主的细节》中所叙述的"选谁都一样"的困局，也能够看到民主与民粹的一线之隔。民主保障的是每个人的自由，但每个人的自由却不是无限度的。极端的自由一定

---

[1] 王绍光.民主四讲.北京：生活·读书·新知三联书店，2008，第10页.

游走于文明之间

会造成派系斗争。当个人与集体相隔,当少数与多数相隔,被撕裂的国家,多层次的追求,应该如何找到最大公约数?

民主就是这样从历史照进了现实,就像在雅典游览时随处可见的涂鸦与标语。

知行希腊

王钰坤（建筑学专业）

希腊之行由"古希腊文明"这门课而来，前期的大量阅读和交流学习为这次游学活动"学"的部分打下良好的基础。但是我更想感谢的是"大学之道"这门课，它让我用全新的视角（通识教育应该获得什么能力）反思这次活动的收获。我想说的主要从以下四个方面出发：文化知识（学会思考）、艺术审美、实际能力、情感与成长。

一、文化知识

先读万卷书，再行万里路。自己的前期阅读中出现的事物、产生的思考、提出的问题——亲身在当地——验证书中所述、——解答矛盾疑问，是一种惊喜。

在雅典大学，第一次见证两校友好建交，对彼此的文化与学术研究表现钦慕并用自己文化的视角解读对方的文脉。在两所学校的交流中，能细细品出东西两个横亘千百年时光的文化之源头的传承人，在全球化的时代对传承与更新的所思所为。

雅典大学副校长为我们讲解大学外墙上的壁画。在雅典国家考古博物馆，雅典大学的教授讲解古希腊的天文、机械。我们在基克拉泽斯博物馆沉思人类艺术与文明，在贝纳基博物馆观想古希腊的生活，在卫城博物馆静坐看光影扫过出土新生的雕塑，在克里特岛伊拉克利翁的博物馆描绘海洋文明的遗迹，在雷西姆农博物馆细品这里的海以及这条依海而生的文脉。

我们接受并爱上了参观博物馆新方式——画。用笔触观看陈列橱窗里静静躺着的时光，一笔一笔的温柔描摹，就像是触摸爱人的脸颊，那是用眼睛观看所不能带来的细致而深情的体验。这种记录，成为轻轻雕刻在潜意识的认知与审美中的记忆，成为我们到过这片土地的留影，也是这片土地对我们的倾诉。从希腊回到家，紧接着看了博物馆的埃及文明展，用同样的笔、同样的本、同样细致而绵长的时间细细打磨，得到的却是完全不同的情景感受。昏暗的布展灯下，黝黑的立面之间，暗哑低沉的埃及仿佛不是被画在我的本上，而是自传在莎草纸上，呈递到我的面前。我的本上，我得到的那些感动，是我的埃及、我的希腊，一切文明以艺术的结果在我的脑中重新彩排上映，那是带着我的视角与我的解读的东西，可以这么说：因此，雅典是我的，而非我是雅典的。

短期内大量参观博物馆，让我甚至对策展产生了兴趣。我也在对比不同博物馆的时候发现不同的展览是有各自不同的叙事方式的，有各自的重点和角度。同时，也发现，对于不同空间和展览位置、顺序的安排，有不同的表现力和策展人的个人认知思考。这又是通过内容逐渐进入某一领域的过程。我们经常在诚实与隐藏中，接近彼此的观点，某些不经意地流露出的情感与回望，使得我们逐渐步入对方的认知中，感受不同的思考方式的结果，彼此宽容也彼此学习。就是在这些与每个人的对比与思考交流中，盼能体会什么是"古希腊"，为什么它是西方文明之源。让我最惊喜的改变：会认真地和同学展开"学术讨论"，尽管没有那么专业，但大家坐在一起关于某一话题畅所欲言，又有相同的基本共识和讨论重点，是非常有意思的。又因为是在希腊这个西方哲学缘起的地方，所以我们讨论的部分内容也是柏拉图曾经讨论过的内容。在机场、在酒店，巴士车上，随时随地的讨论中，我发现了与自己过往认知迥异的世界观，每个人对相同事物的看法很不同，我学到了很多，比如说人性、理性、人生追求、人为何存在、理想的意义、爱情、友谊等很多的话题，和同学的交流让我改变了很多，也反思了很多。对以后的人生何去何从有了更多思考和把握。我们去了很多遗址，卫城、米诺斯王宫、罗马时期的墓地、柏拉图学院、比雷埃夫斯港……断壁残垣之中，或是生长出根植于地脉的新生体，或是流露出历史的沧桑感，每一片墙都企图给来此参拜的人传播一些感动和震撼。实地观看与在网络看图片的感受最大的不同是什么——想了这个问题——我想是场所里的阳光、气味、湿润或是干燥的感受，这些都是让我们产生朝圣感的内容，那种"今天的太阳曾在千年中升起过"的暗示，实际上在我们的潜意识里呼唤对于古往今来流变不居之物的透视——鞭策我们朝向永恒凝视人类的彼岸狂奔而去。游览时，周边人们的眼中倒影的古迹，仿佛那里的古迹是会流泪、会凝望的。走之前读了游记，书的作者开着游艇去爱琴海，在海上读奥德修斯。而相似地，我也在深夜翻开《伯罗奔尼撒战争史》。这种此情此景的感觉真的非常特殊，就像文化上的一场朝圣。站在古希腊人曾经站立过的土地上，白天目睹希腊遗迹和文物，晚上读那时人的思想智慧和历史记录。整个人都被希腊包裹着，或许"浸入"才是最好的学习。

二、艺术审美

考古博物馆有一个特展就是专门探讨"什么是美"，基克拉泽斯博物馆今年六月还将把希腊古拙的艺术作品与毕加索的作品进行对比。希腊之行中，同学们通过绘画、摄影，最重要的是通过自己的双眼，真真切切地感受着希腊的艺术。我个人的审美就发生了很大的变化，还学会欣赏很多不同的美。与同学交流各自认为美的事物，很多次心灵的震撼。整个人进入一种很好的状态里，这个时候感受到的"快乐"是源于艺术的，这种状态下很容易发现美，视线之所及都能成为美的一部分。看见李睦老师画地上的石子路、让我注意卫城的地砖，恍然间发现处处是艺术，处处是灵感。

我经常思考一个问题：艺术有无答案？李睦老师在艺术的启示课程中，告诉我们艺术是没有答案的。但是我想，不同的人倘若在同一片土地上，心与这里的地面相互映衬，产生出相通的结果，或许那些纷杂着个人情感经历的作品中，指向的都是根植在此处的"乡愁"。希腊之于基克拉泽斯，巴西之于路易斯·巴拉干，荷兰之于雷曼·库哈斯，都是答案。此时此地此人就是将你留在此处之物的答案，这是一种哪怕洗去记忆重来一遍也会发生的东西，就像爱，也像命运。

三、实际能力

收获了很多技能点，最多的是人际交往能力，在遇到意见不合的时候该如何处理，学会了更多地换位思考和顾全大局，更有团队意识。相信每一个希腊队的人，在远在异国他乡的时候都会对我们这个团队有种 family 的归属感。此行，老师学姐、还有两位队长在生活方面给予我们很多帮助，在他们身上能学到很多与人沟通和随机应变的技巧，会发现交流也是一门学问，如何进退有度，如何行为说话，都是艺术。

行程中老师对我们的引导——说话时，看向展品的目光中流露出的情感与温柔，不说话时凝望的片刻，周身完全陷入环境与自我中的疏离气质，从彼此之间流动的空气中，我实际上也隐约感受到找到自我的方式——将自己交换给你面对、思考的东西，让自己在彼处欢呼雀跃或是潸然泪下——等回神的时候，你就又离自己进了一步。

四、情感与成长

在希腊度过了第一个与同学一起过的小年，大家在青年旅舍里煮了火锅。那一刻、那种氛围之下，让我感受到一种陌生的温暖，尽管环境是国外、相伴的人是认识只有半年的大学新同学，但是每个人笑起来的样子，就让我感觉像是回到了家。在希腊和同学互帮互助，收获到了很真挚的友情，这是我人生目前为止最难忘的集体生活回忆。大家都在一种暖洋洋的状态里，我也对"共同体"这三个字有了全新的认识。

过年回到家，爸妈说我长大了很多。这时候恍然回首，发现自己学到的很多东西，很多对未来的期待和规划，都源于这次希腊之行中和朋友们的思考交流辩论。若是有生之年重回希腊，我想先于这里的文脉以及城市观感而呈现在我脑海中的，可能是克里特的阴翳的薄暮中从海边并肩走过的初识半年的同学，那片咸湿的黄昏中船舶上的、次第亮起的灯火、散步时掠过面颊的晚风，那些都是我的希腊，是未来某日忽忆岁月悠长时，会落下的泪。想是，从今往后，雷西姆农的海可能不仅是一片蔚蓝，我脑海中的相片上还会有学姐一边画水彩，一边任由海风吹起碎发的背影。

五、总结

这次的希腊之行，无论是行前对于古希腊文明的学习，还是行中对于希腊文化文明的亲身感受，或是行后对于这场旅行的回味，都让大家获益颇多。出国游学是锻炼我们这群受通识教育的学生的好机会，也是一种实际的、三维的考试吧，看你到底是不是一个"理性"和"智性"人，有没有像 the whole man 一样行事和思考。

意大利与希腊之行：恐惧、地方感与共同体

张园（建筑学）

今年夏天我从清华毕业了，也结束了新雅辅导员的任期。2020 年不太平静，本应 9 月前去牛津念书，尚不知能否最终成行。在我入学的 2014 年，出国留学仍是许多学子的梦想。我也不例外，总想着出国看看，大约一半出于好奇，一半随波逐流。申请英国签证填表时发现，在清华读书的这几年，去过不少国家。不过，刚入校时对异国单纯的向往在几年间不断打磨，夹杂着对不确定性的恐惧、对"他者"的好奇、对"地方感"的敬畏、对共同体的眷恋。

第一次在异国感到恐惧是大三在米兰理工交换那年。刚到意大利，我和室友满怀雄心壮志坐上了前往那不勒斯的火车，从晴天走到雨天。刚出火车站撑起伞，忽然感到书包背面有异样的动静。一回头，一个高大的男子刚刚拉开拉锁。我大喊一声"快跑"，就箭一般窜了出去，跑了老远才想起张望室友在哪。自那以后，再也不敢把包背在身后。在租房中介的劝告下，再也没敢去过据说极乱的华人区，心心念念的粉条也就再没吃到过了。在米兰阴冷的冬天，走在湿滑荒凉的路上，我无数次心情沮丧，问自己为何不安安稳稳留在清华。有次在拥挤的公交车上无意中撞到一位女子，我连连用意大利语说抱歉，还是被厉声责骂且挨了几拳，忍不住滚下泪来。

一个城市总有许多侧面。从建筑史课幻灯片上看到的意大利总是像凝固的史书。的确，我见了无数不同年代的教堂，无数次带着皱巴巴的地图找寻课上学到的建筑。在罗马、佛罗伦萨与威尼斯走得脚酸腿软，仍然在教科书般的遗迹中流连忘返。但在城市中待得长久，才越发知道那些不美好的地方。米兰有个因犯罪高而闻名的地铁站，发臭的被褥挤满每个可以避雨的角落，潮乎乎的空气中悠悠飘来大麻的味道。平时出门我避之唯恐不及，但迫于建筑设计课的要求，不得不与这个地铁站共处十六周。作为旅行者，好奇的常常是文艺复兴与哥特时期留下的美好遗迹；而作为建筑设计者，却是寻找不美好更加紧要。仍然记得我的设计课老师 Pier Paolo Tamburell 教授强调，只有知道 24 小时中地铁站里的每一个人在干什么——哪怕是乞讨或吸毒——才有资格去做设计。在意大利，建筑师盖新房子的机会少于国内，城市更新也很慢，但也只有慢速之下才更能注意到设计所影响的每个人吧。

不过，南欧的治安让两年之后的我依然心有余悸。2018 年底与三位老师和十五名新雅 8 字班同学一起前去希腊，此前的出行总有学校"罩"着，这次要自己"罩"别人。临行筹划，我在各种小问题中逐渐焦虑，不知该分配多少任务给身处期末难关的学弟学妹，也不懂应以怎样的分寸协助带队老师，一度情绪十分低落。带领一群人面对陌生，比一个人面对陌生更加艰难。院里的老师们无数次强调注意安全，几天之间，我一遍遍清点人数，提醒大家小心小偷和卖花姑娘，盘算每一个同学的行踪。只有进入博物馆或美术馆，把书包放进柜子或铁笼子，约

定时间地点，然后解散的那一刻，我才感到安心。在国家考古博物馆，看到同学安静地描摹雕塑或绘画的背影，觉得有种莫名的欣慰。

透过博物馆里的作品，似乎能面见一个又一个创造者。仍然记得高瑾老师看着一个陶器上画的大眼睛小马说，这一定是个快活的工匠。刘未沫老师常常兴致勃勃地讲解罗盘、时钟的奥秘，精巧的设计结构我已记不清，但当时对古人智慧的叹服仍然印象深刻。克里特岛上伊拉克利翁考古博物馆里，我坐在冰凉的地上临摹了一幅米诺斯时代画，仿佛看到当时绘画者眼前徐徐走过的老牛，而那些看起来粗糙的花纹，一笔一笔也有无穷韵味。在李睦老师的带领下，同学们常常提笔作画，也常拿着各自的画说笑交流。一群伙伴共同的经验，大概比个体的知识鲜活得多。对我自己而言，也更加懂得如何与人交心、如何加入并且促进一个共同体的成长。

不过，远行海外，最深的触动往往不在封闭的博物馆，而在各种"地方"。在希腊的最后一天，我一个人爬上菲洛帕普山待了一上午。卫城就在山对面，远处小小的人们爬上爬下。一百多年前，柯布西耶发现了卫城与大海之间的轴线。居于山顶，面对海洋，俯瞰土地，这种地景（landscape）以及人与大地之间的联结，只有身处当地才能感知。在很长的时间里，山头上只有我一个人，看到脚下的城市和远方的港口，回想本科许多年间画过的神庙和读过的荷马、柏拉图，竟然莫名落泪。恰好一位微胖的中年妇人走来，她问我怎么样，过来抱了抱我。我说没什么，只是非常感慨。临别前举起一朵黄色小花，对着远处的帕提农神庙拍了张照。一方水土养一方人，遗迹的神韵、城市的杂乱与自然的宏阔都是雅典的一部分，而陌生带来的不确定感会随着时间逐渐稀薄，从恐惧走向理解。

在间歇的小雨中，我用铅笔淡彩勾勒神庙的光影，然后走到卫城尽端吹海风，石灰岩在雨后潮湿的质感，让我想起大一暑假，与另外两个新雅同学在牛津度过的时光。细雨打在石头上，留下潮湿的印记，偶尔有墨绿色的苔藓，两国居然有某种神妙的相似。不过，不少原属于希腊的石灰岩雕塑，也早被劫掠到大海那边的英国去了。

彼时的英国人意图在雅典寻找文明之根，而今天在外游走的中国学生，所处的位置更加复杂。在异国，经历不同的"地方感"，遇到陌生的"他者"，也在不断的自我观照中更明白新雅及其他共同体的意义，更加希望早日回家。

过去与生存空间
——意大利三城实践记录

李世豪（政治学、经济学与哲学专业）

在米兰理工大学，LG 教授接待了我们，并且给我们带来了一场小演讲。在结尾时他总结说："This is our philosophy"——philosophy 这个词在设计领域中不那么高门槛，其实就是指设计师脑子里的理念。教授这么说是想告诉我们，他刚才所说的就是他对设计本身的理解。

教授一开始是把设计定义为一种"形塑人造世界"的活动，但是所谓"人造世界"的含义又是含糊不清的。四五十年前，一张桌子就是人造的，但是现在，人造世界的含义变得很复杂，它的边界是模糊的。因此，在另一个表达中，他认为设计笼统来说是"让世界变得更好"的过程。从某种程度上说，他们似乎是怀有一个"这个世界上一切的东西都可以变得更好"的信念去做他们手中的设计；而这一信念背后，则是他们对于一个处处可变的、臣服于人的世界的想象。在 LG 教授的眼中，这种信念是基于工业发展带来的变革、生成、运动、进步：总之，人们要用新的东西来改变现存的世界；时间不是一条线，它是个圆圈。

如果要进一步地了解历史沿革，那么我们会发现：米兰理工的前身正是米兰城市里面一种类似手工业行会的组织，而大学的正式成立则是出于意大利王国发展国家工业的需要；设计学院的诞生还是后来的事情。笼统地来说，欧洲的设计产生于工业的发达。米兰理工大学内设置有意大利最顶尖的设计学院，本身也就表现了这种联系。中国当然也存在类似的情况，但如果要我们在脑海中把设计和工业联系在一起，则多多少少会有点奇怪。我们的各种设计学院当初并未遵循这样的发展路径。

我们在拜访米兰理工某校区时，看到了红蓝色的办公楼。实际上，这个校区改装自一家工厂，是米兰理工大学买下来一个废旧的工厂装修一下完成的。楼外墙上的涂漆有的本来就是工厂的涂漆，未经改动。内部也是工厂风格，虽然经过了一点改造。显而易见，米兰理工大学的设计学院把自己定位为"从工业中来，回到工业中去"，是为工业服务的一个职业培训院校——关于这一点，其官网上的学校简介可为明证。

LG 教授这篇小演讲实在让我联想到此前在米兰二十世纪博物馆里面看到的一件展品，不知我的解读对不对。二十世纪博物馆集中展出很多未来主义作品，馆里面对未来主义的描述是"他们的信念是，一切都处于变化、运动、冲突之中"。我们看维基百科上的评价，也是一致的。

诸多未来主义作品中，薄邱尼的雕塑"空间中连续性的独特形式（Unique Forms of Continuity in Space）"颇为显眼。雕塑灵感激发于赛场上奔跑的足球运动员。人物没有一个清晰的脸，而是做成了好像机器零部件一样的东西；没有手臂，且上半身比例很小，而双腿粗壮有力。腿部在后方做出一些波浪形的造型，表明速度很快，且有风的流动。这些处理凸显了运动的姿态，而其他元素（人的手臂、人的身份）都不重要。我在该雕塑原件所在博物馆的官网上查找到另一种解说：它使用了金属的材质，是希望能够通过工业来打击、消除意大利的旧传统。这个作者的结局也值得提一下：他参加了"一战"，并且认为"一战"能够帮助打破意大利的传统，后来死于战场。

总而言之，在我们进入米兰理工大学的时候，我们也就同时进入了西方工业设计诞生的某一个传统：人们追求新潮，拒斥旧物，试图反思并主动地重新构建自己的生存空间，而在这样的空间中，传统与过去没有必要继续在场。我不知道从艺术史的角度出发，这种信念同那些未来主义艺术家之间是否有什么联系，但在我看来，两者之间有某种一致，即两者都表达了对一切传统的深刻怀疑和对人类生存空间的彻底反思。

事实上，这种倾向在我们到达米兰后的第一天里就由米兰的城市空间明白地宣示了。同行的郭一川同学在他的报告中分析了我们所去的罗马、佛罗伦萨、米兰三个城市意象，我的观察同他基本一致。第一站罗马给我们最大震撼的地方是这个城市对自身空间的安排并不是划分出老城区、在新城区谋发展，而是从古罗马到教皇国到意大利，两千年来的建筑共存于此，以至于营造出一个其间的人同时活在过去两千年时间的感觉，就是所说的"历时性"的"共时性"表现：在人的生活中历史同时在场。人们所开设的店铺都在一楼，建筑本身的整体风貌不变，而起伏不平的砖石路时时刻刻提醒人们"七丘之城"的名不虚传。罗马人是在一个跨越了两千年的场所里开展着他们的现代生活，而且丝毫不觉得两者有任何冲突，仿佛一个古式的空间与他们之间不存在任何距离，反倒直接地是他们栖息的所在——对此，郭一川同学在他对城市意向的分析中说：罗马城层层叠叠，叠起的是千年的时间。

梵蒂冈博物馆的空间设置尤其能说明问题：古罗马的地板直接给人踩，拉奥孔们面前没有分隔视线的玻璃，古代的遗物站在那里好像仍然在执行它们执行了过去上千年的职能，即不仅给人观赏，甚至给人使用或者把玩，它并不构成我们这帮现代观者的彼岸世界。

一座赫尔墨斯像矗立在八角庭院的一边上，下午的阳光穿过天井笼罩住他，整座雕像都沐浴在暖黄色里。画面中没有游人，赫尔墨斯面无表情地维持着他数百年没有改变过的站姿，毫无遮挡地直接面对着我。在很大程度上，梵蒂冈博物馆并不像一个博物馆，其中的展品也还是保持着它们作为教皇收藏的姿态而非被收入橱窗中。当我们游人来此做客，我们直接闯入了一个真实存在的生活空间。

至少罗马和佛罗伦萨是这样的，它们是古代与现代之间没有界限的场所，这个场所里人与古老的年代共生。这当然是上千年财富积累的底气，这底气让我想到在伦敦看大英和国家美术馆的体验。但伦敦的空间很大程度上是帝国年代的空间，而这个年代并不远，并不让如今的中国人感到陌生；但除此以外的所有空间和时间都被封存在博物馆美术馆的橱窗里，很近，很多，但有不可跨越的距离，因为这些时间和空间对于今日的伦敦而言是一个他者。罗马和佛罗伦萨不一样，它们今天仍然活在过去，它们的过去就是它们自身。这两座城市就是这样处理它们的现在和它们的过去。

于是在我们到访的三座城市中，米兰显然是一个异数，米兰的城市空间完全是一个现代都市的城市空间。米兰大教堂周围不是一个历史街区，而是被现代建筑层层包围起来，甚至不远处就是一个样貌前卫的大楼，比大教堂更高、更显眼。因此，米兰城市空间体现出来的恰恰是同过去的割裂和现代的几乎完全不节制的突破。在此意义上，二十世纪博物馆里的未来主义展品和米兰理工大学都比大教堂更适合成为米兰的城市象征。

用 LG 教授的话来说，中国和意大利的差别比意大利和美国的差别小得多：同作为文明古国，中国和意大利都是文化人的地方，美国人就只知道技术。如果我们毫不谦虚地接受这个说法，那么至少在这个层面上，中国和意大利之间其实又存在着根本的区别：在过去的两个世纪，中国的历史经历了巨大的断裂，断裂之大，以至于当今中国最高学府曾是一所留美预备学校。

我们甚至可以说，断裂的时间观是当今中国人潜意识中难得的共识，因为它构成了今天中国式政治哲学的立身之本。当它出现在这类话语和思想之中，它的名字就叫作进步，对于青年学生而言尤甚。当这样的时间观在城市空间中延展开来，于是我们看到了大楼、高塔和宽然而拥挤的道路。写下这篇文章的时候，笔者刚结束一小段有关武夷山深处一个小县城的调研工作，看到曾经耕读传统浓厚的村庄里已经只剩下了老人，曾经书声朗朗的书院已经尘封多年无人居住。回想起半年以前在意大利所受到的触动，我希望这些旧空间老场所能够承载甚至塑造人们的新生活，而不是成为新一代人纷纷逃离的地方、成为博物馆中同人们隔了一层玻璃的死物。

壁画的间隙与神圣的在场

胡嘉乐（哲学专业）

  如果有人走进佛罗伦萨的圣马可修道院，登上楼梯到二楼，他（她）会遭遇到面前墙上一幅题为《天使报喜》的壁画，看到在开放着白色鲜花的花园前，天使加百列在柱廊下屈身面向童贞女马利亚，马利亚坐在凳子上交叉双手于胸前，作谦卑状。如果观察足够细致，他（她）还会看到画面下方，两个拱门下面的大理石地板上还有一行铭文，通过查阅资料，他（她）可以知道，这行拉丁语铭文的含义为"当你从贞洁圣母的画像前走过，请别忘了口诵'万福马利亚'"[1]。如果看更多资料，他（她）还可能知道，数世纪之前，当多明我会的安吉利科修士绘制这些壁画时，他本希望修道院中的修士在进入各自的小房间默想和祈祷之前，能够因看到圣母马利亚的画像而得到提醒，勿忘向圣母祷告。[2]

  那么，这幅画还意味着什么呢，我们现在知道，它所指涉的对象可能更复杂了，但或许依然仅此而已，图画可能依然只是告知人们神圣之存在的一种器具。不过，似乎我们不能像说路上有石头、手边有水杯那样将超出此世的绝对者也理解为现成的存在者。因为对绝对者的确信涉及人的承认与见证，而人不仅渴望知道绝对者的存在，更希望与其建立活生生的关系。我们也不能以为看到《天使报喜》而冥想圣母，与看到"圣母马利亚"的文字而想到圣母一样。因为观看者恰恰在观看壁画的行为之中进行冥思，图画并不仅仅是一个为了提醒某事某物之存在，并随着记忆的唤醒而退场的标记。换言之，至少在修道院还作为修道院而被修士居住，承载着修道生活之时，画作不仅是一个指示神性存在事实的通道；或许，恰在观看壁画的行为之中，神圣可能以某种方式在场了。

  黑格尔曾谈过超越者的自我显现如何可能由艺术表达——恰因为绝对者主动进入了此世，故而超越性也可以借助对此世的现实的描绘得到表达，"所以一般来说，只有在艺术里，神的随时消逝的实际显现才可以既持久而又永远更新。"[3]或许，在作品潜力得到实现的人去看画的行动中，在日常生活中隐而不彰的超越性已经悄然显露，绝对者在指涉其的通道中已然在场？理解现实的观看中可能出现的种种间隙，或许能帮助我们接近一点超越性如何发生的问题。

  绘画描绘着事物，却又并非真实的事物，观者看似接近了绘画，但和绘画总是间隔着距离。无论是绘画同所绘画者，还是观者同绘画之间，总是存在无法消除的间隙，并因间隙的存

---

[1] 吴琼. 柱子的隐喻：十五世纪意大利"圣母领报图"的神秘神学. 文艺研究, 2019 (10): 27.
[2] 关于安吉利科绘此壁画的最初用意, 参见：吴琼. 柱子的隐喻：十五世纪意大利"圣母领报图"的神秘神学. 文艺研究, 2019 (10): 27. 韦尔奇. 文艺复兴时期的意大利艺术. 郭红梅译. 上海：上海人民出版社, 2014, 第188页.
[3] 黑格尔.《美学》第二卷. 朱光潜译. 北京：商务印书馆, 1996, 第296页.

在而实现意义的跨越、传达和被理解的可能。当我们去看这幅《天使报喜》,会看到安吉利科运用了精湛的透视法,罗马式的柱廊的景深效果明显,天使和圣母富有立体感。研究者还会告诉我们,安吉利科图画的柱廊和修道院里的庭院的回廊相近,壁画特意用一层类似修道院二楼墙壁转角的石灰边框包围。[1] 似乎初看之下,安吉利科试图让我们在观看之中感受到,天使报喜的场景就在这修道院中当下真实发生,为我们所见证。但观者在观看中已知这种真实感是在图画不等于真实,看画不等于回到现场的前提下发生的。而真与非真却又并非对立,对当时的修士而言,圣母领报和圣灵感孕这样在历史上已经过去的瞬间依然对当下之人切实地产生着意义:谁不因基督的到来才可能得救,谁不愿向圣母祈祷?维系着已逝之事依然产生当下的真实作用的,则是超出此世的上帝和祂所引领的贯通世界始终的救赎计划。

如若我们细看图像,或许能看到,无论是画框还是圣母与天使间的柱子,都构成了从画中世界到现实世界的过渡,它们维系着画中世界和现实世界的联系,却又清清楚楚地让人感受到这两个世界的间距。[2] 有论者分析,石灰边框的没影点和画面的没影点的差距也同样暗示着这种画内的冥想空间和画外的现实世界的区别。[3] 我们也知道,尽管运用了透视法,画中从左向右照亮的冷光,圣母和马利亚优雅明晰的造型和柔和安宁的表情都让我们感到画中空间和生活的真实世界的差异。这件奇迹似乎就在修士们日夜生活的修道院发生,就在此可得见证,但所能看到的,恰恰已经和此世有无法逾越的鸿沟。但在两重世界的张力之间,从此世的生活出发,向神圣的迈进才成为可能,这旅途也才拥有了方向和路标。

而在画面中,安吉利科省略了传统的鸽子、上帝、和话语等标记,对象征符号的使用格外简洁,图画的叙事因素被减弱,人们的注意力得以更多集中在场景和人物上。我们看到光随天使从左面而来,照亮暗处中的马利亚。天使加百列柔和地屈身向马利亚,通过露出的侧脸,我们可以感觉到加百列的目光指向圣母,而圣母虽交叉双手于胸前,似在对前来报喜的加百列表示谦卑,但并没有直面含笑的加百列,她表情安宁,双目似乎越过了加百列,去寻找光源,去望向那差加百列来的。

画面本身中光影的交错、目光的交错,似乎暗示着,在这些间隙中,一种超出画面的有限空间,亦即超出此世的神圣因素介入了图画中的事件。而观看中所感知到的图画与真实的张力,画中世界和观者所处的现实世界的张力,也唯有通过对上帝和上帝之下的圣徒的信仰才能得到维系,并因信仰而具有指引道路的意义。如果我们想到,对绘画中形象的理解基于人们在日常生活中沉积的经验,那么绘画者所感到同画中神圣空间的距离,所看到的画面

---

[1] 高远. 意大利文艺复兴时期画面边框的功能与意义——以安吉利科修士《天使报喜》壁画为例. 艺术设计研究,2015(2):105,107.
[2] 关于对壁画中画框和柱子作用的研究,参见:高远. 意大利文艺复兴时期画面边框的功能与意义——以安吉利科修士《天使报喜》壁画为例. 艺术设计研究,2015(2):114. 吴琼. 柱子的隐喻:十五世纪意大利"圣母领报图"的神秘神学. 文艺研究,2019(10):28.
[3] 高远. 意大利文艺复兴时期画面边框的功能与意义——以安吉利科修士《天使报喜》壁画为例. 艺术设计研究,2015(2):112-114.

本身的间隙和向画外之神的指向，或许恰恰和生活中的某种转变相呼应：世界和生活的神圣源头本来无时不在活动，只是在世俗生活中处于被人遗忘之中。当日常生活之流为灾难的降临，为在宗教画前的停留，为他人的传授等等所中断，当生活本身让人感到间隙和不连贯，对世界的追问，向永恒的追求或许可能发生，过去和未来也可能被降临到宇宙的光明所照亮。而尽力将全部生活献予默观和宣道的多明我会修士的修道生活本身，或许也意味着一种从共同体中分别出来而又与之息息相关的间隙般的存在？尽管作者的分析确实浅薄，或许就在观看时发生的不同因缘的分别、交缠和间隙，向着神圣在场的可能，还有更多可思可想之处？在这古老的诸种神显经验多已萎缩和隐藏的今日，虔诚追问信仰和艺术的起源或许更有必要？

艺术的处所
——意大利行随笔

刘宇薇（政治学、经济学与哲学专业）

> 馆藏化的表象把一切都拉平到"展览"的千篇一律中。在这种展览中，只有展位，没有处所。这么一来，画画着，画出释蔽中的隐蔽的处所，作为如此这般的释蔽，画在场着。它的释放之方式是人出自于神这一渊源的婉转的显现。画的真理是它的美。
>
> ——海德格尔《关于圣坛画》（1955年）

我们在意大利的第一站，是罗马的博尔盖塞美术馆。那天早晨六点多下飞机，我们迎着朝霞小跑着来到了这间不大的白色建筑。整个艺术空间的主流风格是由贝尼尼的雕塑构建起来的：达芙妮即将变幻成树叶的手指，冥王陷入少女肌肤的掌心，每一个角度都是令人震撼的戏剧感与动态，所有巴洛克的华美在肉体交织绽出绝无仅有的力量，宏伟故事凝聚为神话的一瞬间。

天顶的壁画更令人叹绝。二层展厅中最大的一间，几乎使每一位步入的观众停下脚步倒吸一口气。粉色的云雾、天使与乐园，金色的玻璃吊灯与绚烂的油画，让人产生真实的眩晕感。一年前进入英国的国家美术馆时也曾感叹它的美，但是相比博尔盖塞美术馆，它反而成为端庄审慎的那一个。哪怕是那个用一半的黑色掩盖住人间画像的卡拉瓦乔，其展厅四周的壁画也被设计成乐舞的萨提尔和潘，在天蓝与粉红色的云雾里穿行。对比起来看，卡拉瓦乔的痛苦、他对肉身腐败的惋惜，似乎能够在这天堂般的国度里被过度轻易地消解。

博物馆面积小而紧凑，但营造出的近乎天堂而非人间。走出来看见蓝天海鸥与成片的罗马松，我被冲击的心情才逐渐平复。但是在罗马走得更多，看过四河喷泉、圣天使桥与许愿池后，你又会慢慢地习惯在这样一个城市里行走。大理石上刻下功勋与幻想，人类有意在此留存一种伟大。

两天后到了梵蒂冈，趁着早上人少，我们走进了西斯廷礼拜堂。贝尼尼的前辈、米开朗基罗创造了这里。讲解器中的人声说："米开朗基罗的画，是传递圣言的一种方式……"我从那时才开始意识到宗教画的独特性。后来也从书中读到：图像应该成为不识字的人的书籍。它告诉艺术家，他们的任务是，"依着上帝的仁慈，向那些不知如何阅读的无知者阐释圣经"。[1] 这是我实地理解宗教画的最初尝试，不过我在西斯廷礼拜堂时还没有从罗马与梵蒂冈的辉煌里缓过神来。它们确确实实把我镇住了——当我真正能够在宗教的情景里呼吸，能够睁开眼庄重地

---

[1] 韦尔奇·E·S. 文艺复兴时期的意大利艺术. 郭红梅译. 上海：上海人民出版社，2014，第150页.

艺术的处所——意大利行随笔·刘宇薇

凝望，已经是我来到佛罗伦萨之后了。

到佛罗伦萨的那一天几乎是我在整个旅途中最喜欢的一天。火车下错了站，结果拖着行李艰难地推过石子路，十几分钟就走到了预订的民宿。走在佛罗伦萨的街道上，冷冷的空气，一点点湿润，天是阴的。石头铺成的路和路边的房子，既破旧又古典，所以也分不清是破旧还是古典。路很窄，可能在某一个十字路口抬头，就会看到教堂的穹顶。

不急不慢地吃了中饭，快到傍晚时走进了新圣母大殿。这里比曾经走过的每一间教堂都更接近神圣与安宁。因为快到关门时间，人很少，很静，已经没有阳光穿透蓝色的玻璃窗。偌大的空间里，回声只停留在远处。看到马萨乔的《三位一体》时，被昏黄灯光下壁画的色彩打动得很深。在罗马总是觉得一切都太华美了，以至于推开每一间房间的门都会感到眩晕。回到佛罗伦萨，看到马萨乔和安吉立科，才终于又从幻想被拉回虔诚，能够安定地站立，不慌不忙地抬起头来看。

马萨乔的画当然因为透视法的开创而闻名，但当你真的看到它时，恐怕根本不会去想这些名词，它令人惊愕的恰恰是它的简单、真挚与浸入墙体的哀伤。贡布里奇写过马萨乔的《三位一体》："这幅壁画揭幕时好像是在墙上凿了一个洞，通过洞口人们可以窥视到里面的一座布鲁内莱斯基风格的新型葬仪礼拜堂，面对这种景象，佛罗伦萨人该是多么惊愕。"[1] 跟随透视法而来的不单是数学上的真实，而且是置身其境的宗教体验。优雅、精巧、繁饰，统统被抛弃，空阔背景中显形的是人的脸庞与肉身，悲哀压过了欣赏和崇拜。画面中唯一的动作是圣母指向被钉在十字架上的耶稣基督，余下的圣父、圣子、圣徒都静默，肃穆，让人远远看着，不忍心发出一言。站在湿壁画前，与我最近的是虚构的祭坛下方的坟墓，墓上写着："正若汝来，吾亦曾在；一如我去，你也将在。"死亡过后，人从时间性的存在进入非时间性的存在，但是现世的种种是人类必然的经历。为死亡做准备的同时，人也在为生命做准备。

意大利中世纪及文艺复兴的艺术还不是"为艺术而艺术"，那时候艺术是"神"的艺术，"主"的艺术。抛去现代人对万事万物充满怀疑的眼镜，那时的艺术意在为心灵寻找一处安放之地。技法是次要的，美恐怕也是次要的，唯一重要的是，在看到它的那一瞬间你感到时间的停滞与永恒其实共存，爱与善意回归到原始的状态。你被艺术品笼罩——它从更高处来，却告诉你你可以与它共存。

中世纪时，美学被视为神学中的个别部门，哲学家或神学家从宗教的角度把普洛丁的新柏拉图主义附会到基督教的神学上去。"上帝就是最高的美，是一切感性事物（包括自然和艺术）的美的最后根源。通过感性事物的美，人可以观照或体会到上帝的美。从有限美见出无限美，有限美只是无限美的阶梯，它本身没有独立的价值。"[2] 奥古斯丁吸取亚里士多德和西塞罗的思想，认为"美"是整一或和谐，物体美是各部分的适当比例，再加上悦目的颜色；而和谐之所以美，就因为它代表有限事物所能达到的最近于上帝的那种整一。阿奎纳则将善划作目的

---

1 贡布里希.艺术的故事.范景中译.北京：生活·读书·新知三联书店，1999，第229页.
2 朱光潜.西方美学史（上）.合肥：安徽教育出版社，1990，第148页.

因，将美划作形式因，以这样的形式在宗教哲学上将二者统合。乔托和马萨乔是最初将艺术从中世纪的圣光带回人间的画家，但是你去看更早的契马布埃或稍晚的马索利诺，尚未走向真实的人体，反而也带有信仰年代的原始和天真，陈丹青先生曾许多次将它们与我们的敦煌壁画相比较，落拓不羁，潇洒飞扬。当绘画与文艺复兴携手打破教会的秩序时，那些自由的笔法、造梦般的壁画、无邪的脸庞也被打破。人类揭开幕布，发现自己的悲苦中自有生命的力量。

我这一趟旅程很特别的感受在于，最动人的艺术作品未必在博物馆里，它们就在其原始的位置，这一位置合于艺术作品的"自然"。并不是说我们应该将博物馆中的藏品全部复原于大自然、石窟与教堂，而是我们需要重新回忆起艺术作品诞生的场域。在这一场域中，对于"艺术与真"的探讨才变得有意义，否则它将只是一种制作、以及视觉上的审美运动。韦尔奇的书中也这样谈论过意大利文艺复兴时期的艺术，称它必须被置于其独特的情境之中："像这样按照一定顺序排列的图像，连同伴随的音乐、唱赞美诗的声音、气味，以及符合宗教仪式的行为举止，所有这些因素曾经共同创造了一个独特的环境，人们是在这样的环境中观看艺术品的，这个环境与它们今天经常被悬挂其中的博物馆大不相同。"[1]

在即将离开佛罗伦萨的那个早晨，我和朋友拜访了圣马可修道院。我喜欢安吉利科，因此这是我一直心心念念去造访的地方。八点左右和两位朋友从民宿出发，走过晨间的石子路，一路上几乎没有人，阳光逐渐明朗。修道院前的小广场上种着白玫瑰。冬天里很少见到花，但这玫瑰独独开着，阳光下微风中摇晃。现在的修道院坐落在一个十二世纪修道院的遗址，它在1438年被授予了多明我会教徒。从1437年起，科西莫·迪·美第奇二世将修道院交给了米开罗佐重建整体庭院，而弗拉·安吉利科和他包括贝诺佐·戈佐利在内的助手，负责墙体的壁画工作。

圣马可的独特之处在于它的画作几乎保留在原来的位置。修道院的一楼设计成普通的展厅，二楼小幅的湿壁画就保留在每一间小禅房里。柔和、虔诚、没有矫饰。沿着楼梯走上通向二层的通道，你将站在最后一个阶梯上看到安吉利科的《天使报喜》。过去修士们会在这里跪拜，让他们在返回去祈祷、学习和沉思前，能对圣母玛利亚表示问候和敬意。我很早看过安吉利科的画，很早就喜欢它。他的绘画能让人安定，单纯而克制，格外适合佛罗伦萨。他的湿壁画是墙的一部分、空间的一部分、沉思的一部分，除此之外没有任何多余的喧嚣。

在佛罗伦萨我最后拜访了圣十字圣殿，发现它的许多湿壁画都有很明显的褪色。我读过介绍后知道这归咎于二十世纪六十年代的佛罗伦萨大洪水。这使我想起阿西西的圣方济各教堂。地震之后，阿西西圣方济各圣殿的天顶崩塌，意大利人用了八年时间将壁画恢复。佛罗伦萨的圣十字圣殿在洪水之后，也拼凑回了原本的样子。圣方济各的天顶仍像十三世纪末的辉煌，圣十字褪色的壁画，吞吐了苦难而留下安静的虔诚。有时候我们不得不像承受幸运一样承受灾难。灾难使我们正视自己的脆弱或过错，从而对人类和艺术的生命都抱有更加审慎和珍视的态度。

---

[1] 韦尔奇·E·S.文艺复兴时期的意大利艺术.郭红梅译.上海：上海人民出版社，2014，第225页.

我们的最后一站是米兰。下火车后便看到灯火通明的高楼大厦和墙面自由自在的涂鸦，处处在告诉我们这是一个与罗马和佛罗伦萨截然不同的城市。我们终于又步入了现代。

中世纪的艺术有它献祭的"主"，艺术的光明存在于它的神之中。但是文艺复兴之后，艺术从神退居于人之中，又在未来的世纪里进一步脱身于人、脱身于形。色彩、笔触、材料……统统声明，艺术可以建立自己的神。但据此并不证明，艺术全然沦为现代人的制作，或一场感官的游戏——海德格尔就曾从梵高的《农鞋》里听到"大地无声的召唤"，他写道："这器具归属于大地，它在农妇的世界里得到保护。正是在这被保护的归属中，这器具本身才得以居于自身。"[1]

在二十世纪一组车站告别的画里，我也找到了这样一种原初的冲动。一切流变的事物都几近不可识别，唯有两人拉扯住手臂的力量，使观者进入时间的持存之中。唯在这一联系里，人仍然是有依靠的，仍然有归家的希望。

在米兰走过了米兰大教堂、二十世纪美术馆、现代美术馆、三年设计展……美丽的艺术品太多了，可我最欣喜的却是看到行人在步履匆匆中停下来的那一瞬间：在美术馆一位女士匆忙地走过飘落花瓣的油画又转过头来，在教堂里一位严肃的老人突然在一面墙的湿壁画前驻足。还有在大教堂门口匆匆过路的行人，全都在和铁环一起舞蹈的男孩前停下了脚步。

所有这些都是人回归婴儿的时刻。除了流泪的冲动，其他一切的冲动都消失了。

奥古斯丁说音乐是过去、现在与未来的合一。时间的延续构成乐章。我想在艺术中持存的时间也许真的构成了人类对永恒的模仿。

他的《忏悔录》中有这样一段："听到你的圣堂中一片和平温厚的歌咏之声，使我涔涔泪下。这种音韵透进我的耳根，真理便随之而滋润我的心曲，鼓动诚挚的情绪，虽是泪盈两颊，而放心觉得畅然。"[2] 也许艺术能够成为人们的另一条归途。

人们知道自己的生长只有一次，一个人只能在一种文明当中体验到生命真正的历程。但是对于其他的文明，我们仍然渴望踏上那片土地做出一点点尝试，但得时刻警醒着不是去拾取它的果实——而是想透过那城市里的天使，透过那脱落的湿壁画，透过教堂里蜡烛点燃的光与脚步的回音，去亲近另一处所中的生命。

---

1 海德格尔. 艺术作品的本源. 孙周兴译. 上海：上海译文出版社，2008.
2 奥古斯丁. 忏悔录（卷九）. 周士良译. 北京：商务印书馆，1996.

透视城市意象及空间
——以罗马、佛罗伦萨、米兰三城为例

郭一川（建筑学专业）

一、绪论

2020年1月10日至22日，"雅心意行"支队先后前往了罗马、佛罗伦萨和米兰。三座城市给人留下了深刻又差异明显的印象。经过对自身感受的梳理、与支队成员的讨论以及相应的文本阅读，笔者决定从城市空间的角度分析三城印象差异的原因。

本文的行文基础，建立在对城市景观"可读性"的认同上。以美国学者凯文·林奇《城市意象》一书为代表的城市理论，对城市的视觉结构进行解析，为城市规划设计提供策略。本文并无为城市设计提供建议的野心，而只是运用《城市意象》等文本的理论，比较罗马、佛罗伦萨、米兰三城的空间，希望以此明晰城市意象的形成过程，并从此角度理解三座城市的文化差异，重提城市空间的一些经典问题。

凯文·林奇提出了"道路""边界""区域""节点""标志物"这五个城市意象元素。清华大学朱文一老师则在《空间·符号·城市——一种城市设计理论》中通过"路径""领域""场所"三种属性的组合，提出"游牧空间""路径空间""广场空间""领域空间""街道空间""理想空间"的六元划分。本文将从笔者实际感受与关注重点出发，讨论"路径""广场""区域""建筑"四个方面的城市元素。

二、城市意象要素分析

1. 路径

道路是最重要的城市空间要素之一。它是观察者从一个点到另一个点之间的移动过程。之所以用"路径"而非"道路"这个概念，是想强调不仅仅是步行道、自行车道、铁路线这种道路本身的性质影响我们的观察和体验，人对路径方向、交通方式和路径组织的选择也会造成很大差异。

（1）路网组织与交通方式

在经历了三座城市的游览之后，我们在城市中行进的路径差异明显。在罗马，我们主要采用步行的方式，偶尔乘坐地铁，个人感受是有些目的地相距较远，需要走过很多街道；在佛罗伦萨，我们完全采用步行方式，耗时并不长，往往在走过几条街道后能够到达；在米兰，我们主要乘坐地铁出行，几乎没有街道感受，对目的地之间的距离也缺乏实际体验。

个人化的感受或许不足以成为分析的支撑。但是一方面，我们去往的都是代表性的景点和

常见的组织路线，路径感受对游览者来说是具有代表性的；另一方面，通过对总平面图的分析，可以直观地看出路径的差异。

罗马的大部分目的地分布在台伯河东侧，距离远近不一，相互之间有主要大道相连；佛罗伦萨的目的地则相距不远，且在一定程度上围绕圣母百花大教堂展开；米兰市中心虽然有两圈明显的环线和一些大道，但除了联系斯佛尔扎城堡和米兰大教堂的但丁街，景点基本呈现散布的局面。

（2）道路断面

三座城市的道路断面尺度也有较大差异。罗马的街道一般为四车道，道路宽度大概在15至18米，道路两边建筑4至8层高不等；佛罗伦萨的街道通常还算不上双车道，宽度大概在8至10米，街边建筑基本是五六层高。按照芦原义信的"D/H值"理论估算两地街道宽度与临街建筑高度的比值，罗马街道的D/H值约等于1，是有一定封闭感的空间，佛罗伦萨的D/H值则明显小于1，有较强的封闭性。

我们都熟悉的北京胡同的D/H比大概略大于1。以上三者比较，胡同是怡人的步行空间，罗马街道属于具有同等开放性的城市空间，佛罗伦萨的街道则更加封闭，更接近于某些小城镇的窄巷。

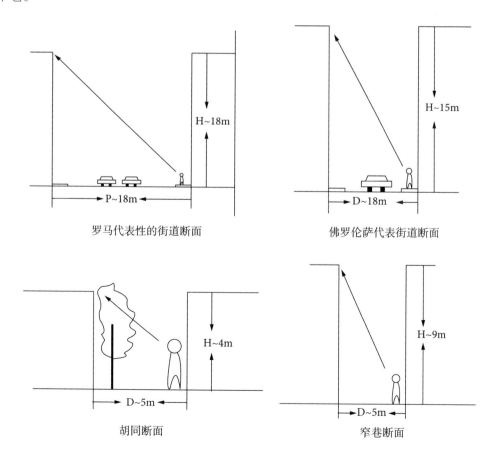

罗马代表性的街道断面　　　　　佛罗伦萨代表街道断面

胡同断面　　　　　　　　　　　窄巷断面

米兰的道路断面则并未给人留下鲜明的印象。虽然米兰也如一般欧洲城市一样，受到巴洛克改造对街道立面治理的影响，但米兰的街道尺度变化大，存在着极为丰富的断面类型，反而丢失了街道的可识别性。这一点类似于中国大多数都市。就拿北京举例，除去胡同鲜明的空间特征，你很难想到具有绝对代表性的街道。不过，在意大利这三座城市的比较中，断面的可识别性弱也恰巧成为异于其他两者的典型特征。

（3）道路节点

道路节点通常作为道路的端点出现，作为人某段活动路径的起点和终点，不管在视觉上还是心理上都占据重要地位。除了作为最常见的交通节点，城市设计中也常利用这一空间放置纪念物或设置广场，从而加强人的心理印象，塑造城市景观。

罗马的道路节点常常有方尖碑、广场、教堂等大型公共建筑，或者三者一同出现。这是罗马经典的城市规划样式，对西方城市规划都有着深远的影响。尤其是自西库斯托斯五世起就作为罗马规划体系核心的方尖碑，出现在西班牙广场、万神庙、圣彼得大教堂、纳沃那广场等各处公共空间，成为独特的城市标志。佛罗伦萨显然也受这一规划的影响，存在着多处教堂和与之相应的广场、方尖碑。但是这些广场和教堂并不作为强烈的街道对景出现，只是街道的过渡节点。特别的是圣母百花大教堂，以其标志性的大穹顶不断地出现在各个狭窄街道的尽头，以其强大的图示性和垂直高度上的统治性冲击着人的眼球，让人感觉它"无处不在"。

米兰也不存在罗马的"方尖碑-广场-教堂"和佛罗伦萨的"圣母百花大穹顶"这种典型的道路节点。显然，这些差异有着深远的历史原因：罗马共和国时期城市建设的不断积累和文艺复兴中期的大规模改造造就了当今的代表范式，佛罗伦萨对圣母百花大教堂的尊崇使它成为统治性的节点，米兰则在两次世界大战中遭到了巨大的破坏和大量现代主义的重建。

但是，需要强调的是，了解历史有助于我们理解城市空间结构的形成，不了解这些却并不影响城市的视觉结构在我们心中造就的整体意象。经过对"路径"这一系统的梳理，我们可以感知的明显差异是：罗马有强烈规划性的道路结构，佛罗伦萨则更加封闭而中心化，米兰则在路径系统上无强烈意象。注意这些结论都是从感受出发，再经过严格的比较和分析来佐证感受的，并不需要去过多了解城市建设历史。而从一个"无知者"或一个"城市陌生人"的角度剖析城市意象，反而会给我们理解城市文化提供新的视角。这正是"城市意象"理论的重要意义之一，也正是本文的一大目的。

2. 广场

在西方城市中，广场[1]往往是城市最核心的公共空间。通过建筑立面围合形成清晰的边界，广场给予公民领域性的活动空间。从早期的集会到现代的商业活动，公众生活就在广场这座城市舞台上上演。不管是从功能上还是文化意义上，广场都成为欧洲城市以及现代城市规划中的重要一环。显然，广场空间的差异将极大影响我们关于城市的印象与记忆。

---

[1] 本文对广场的分析仍聚焦于广场对城市整体意象的形成的作用上。类似于中国的"院落"，广场是西方经典的空间原型，与西方的空间特征和文化发展有着重要的关联。而意大利的广场又尤具代表性。

（1）铺装设计

在罗马和佛罗伦萨步行的时候，笔者明显注意到：街道到广场均采用青砖铺面，相互之间几乎没有铺装的过渡。在中国城市中，道路常采用水泥或沥青铺面；广场作为一种舶来品，并非像西方一样强调围合空间，常常是一片开阔的场地，所以用各种石材作硬质铺地，以此形成空间领域。总而言之，中国的道路和广场是相互分离的。而罗马和佛罗伦萨的广场通过铺装的一体化形成了空间的整体性，从街道走向广场就如同从家里的门厅走向客厅，只不过这是城市的客厅。这种一体化铺装或许不利于车流与人流的组织，但是极大优化了步行者的整体性体验。

在米兰，广场空间不再具有如此核心的地位。米兰大教堂前的广场当然美妙，但并不多见；斯佛尔扎城堡前的广场更像是单纯的过渡空间，在铺装上与城市道路分离，构成的是"但丁街－城堡前广场景观－城堡"的空间序列，不作为一种核心的公共空间出现。类似于路径，米兰的广场景观也与现代都市更加相近。

（2）明暗设计

广场与道路的明暗变化是一种非常美妙的关系。这种关系需要实地才能有所感受，而且需要气候、街道与广场尺度、广场作为街道节点出现等多种因素。作为一座洒满阳光的永恒之城，罗马的明暗变化最为明显。在阴凉的街道中走向前方明亮的方尖碑，迈入阳光的一瞬看见广场上熙熙攘攘的人群，仿佛从冰冷的苦行中获释来到天堂。这个夸张的比喻并非贬低罗马怡人的街道空间，但前方洒满阳光的广场，的确会给道路上的行人带来一种强烈的期待感。这种光影控制的手法在建筑空间中极为常见，有很多现代建筑师正是以擅长控制光影成名。当这种手法在城市空间尺度展现时，带给人的感动是巨大的。

在佛罗伦萨常有的阴雨天里，这样的明暗变化并不明显。但大穹顶以另外一种形式实现了从街道到广场的"明暗变化"。与大穹顶距离的变化造成的一种视觉感受的变化：在所有指向圣母百花大教堂的街道上，穹顶浮在建筑上方，宛如一个巨型指引符号，成为一种平面化的影像；从街道走出到教堂前广场上时，视野忽然打开，教堂从墙身到穹顶直接展现在眼前，令人忍不住抬头仰望，具有强烈的透视感。这种"平面－透视"关系类似于"暗－明"关系，都在街道上对人产生指引性，最后在从街道迈入广场时迎来高潮。

米兰的广场由于尺度、围合性、节点关系等多种原因，并未带来这种令人心醉的明暗变化。但是，由于笔者在米兰主要使用了地铁作为交通方式，如果把地铁出口的城市空间视作广义的城市广场，那么从地下到地上的这一过程，也与上文的两种过程有着惊人的相似性。地铁作为现代都市生活的一个代表，在速度之外，意外地显示了空间意义上的一种美妙性质。

（3）与路径的关系

可以看到，在路径的"道路节点"部分和广场的铺装与明暗设计中，笔者无时无刻不在讨论广场和路径的相互关系。两者在城市空间结构中的确是相互联系紧密结合的。总的来说，罗马与佛罗伦萨的广场与路径，通过铺装、明暗的设计和节点关系的对应，让广场成为街道的延伸和高潮，而罗马的广场尤其有着丰富的元素；米兰则通过更现代化的路径为我们理解广场和城市空间提供了思路，"地下-地上"的串联不仅仅在揭示科技的发展，更是人类在纵向尺度上发展城市空间的前奏。如果真如科幻电影一般有了满天飞车的城市，空间在三维意义上的可能性被进一步拓展，我们又该如何理解如今平面化的"路径-广场"关系呢？又该如何进行规划呢？又会诞生怎样的意象呢？

3. 建筑

建筑作为一种要素，在日常生活中被广泛认知。大家去往城市的目的地往往是一些建筑。

（1）建筑类型

建筑常常以相似的形态、材料或风格特征而聚类，尤其是在一座城市的系统里。陈志华先生在《外国古建筑二十讲》中描述奥古斯都"得到的是一座砖头的罗马城，留下的确是一座大理石的罗马城"。当今的罗马，仍然以砖和石作为主要的建筑立面材料。古罗马建筑的宏伟简洁与文艺复兴时期的古典特征展示了一座城市厚重的历史和风格的协调。

作为文艺复兴的发源地，佛罗伦萨的建筑带有文艺复兴早期的风格和独特的地域特征。刚刚到达这里时，笔者就根据街道两边住宅出挑的飞檐（比之罗马非常明显）推断托斯卡纳地区雨水较多。果不其然，这里有着连绵的阴雨天气。这里的住宅多为黄色墙面，配上绿色的百叶窗，形成了统一的温暖感受。

米兰给人留下深刻印象的则是现代建筑。从天际线中的摩天大楼到街角忽然出现的材料、形式各异的现代建筑，米兰的建筑以多样的语汇展现了现代建筑的丰富性。

（2）标志性建筑

说到标志性建筑，首先想到的当然是神庙和教堂。从万神庙到圣彼得教堂，从圣母百花大教堂到米兰大教堂，其间的风格差异巨大，都是各种风格的代表作，也都成为三座城市截然不同的城市名片。

（3）住宿

值得一提的是，住宿处作为人的起居空间，会给我们这种"短期游客"留下深刻印象。支队选择的三处宿处，恰恰性质不同，又与城市的建筑类型相仿，并非是纯然的巧合。

在罗马我们住在一处民宿中。民宿位于街边一座楼内，室内装修较为现代；在佛罗伦萨我们住在一处阁楼里，房间装修古朴温馨，阁楼的坡屋顶和小天窗尤其可爱，又与多雨天气相符；在米兰，我们下榻商务酒店，极简的装潢和大面玻璃窗，是典型的现代住宅。

4. 区域

区域[1]是城市空间中非常重要的一个单位。很多人对城市意象的描述就以区域而不是一条街道或一个广场开始。通常，是街道、广场、标志物等要素形成一种边界关系，让人心中有了可识别的区域。

---

1 此处的区域并非一般意义上的行政或地理区划，而是强调城市空间在人心中形成的感觉，可以称之为心理意义上的空间划分。

（1）三座城市的区域

经过上文的分析，有一些区域是没有去过这些城市的读者也可以总结出来的。比如佛罗伦萨一定以圣母百花大教堂为中心形成了领域，只要远远在街道上望见穹顶，人便会产生"我进入了这片区域"的感觉。这种区域感的形成与上文分析的路径组织、节点、广场等要素是紧密联系的。

在"大穹顶区域"之外，佛罗伦萨还有一片区域，即"阿诺河区域"。河流作为一种强力的自然边界[1]，很容易形成区域感。看到河两岸的房子，人会自然形成一种这一片都是沿河规划的城市区域的感觉。

与之相似，罗马的台伯河也会给人类似的区域感，尤其是至关重要的圣保罗大教堂就位于河畔，很难让人忽视这条蜿蜒的河流。而除此之外，之前多次提到的路径组织关系也让罗马形成了"道路节点区域"。这种通过对景和斜向道路连接重要节点的结构让人印象深刻。对比北京正南正北网格式的规划，这两种区域意象都主要来自道路组织关系，最后却带来截然不同的感受。

米兰的组织关系是模糊的，或者说是"碎片的"。从地铁口出来看到这个城市的一部分，然后再次进入地下。市中心作为一个区域，呈现出含混复杂的特征。值得一提的是，我们专程去了米兰理工大学一处较偏远的校区。校区周围都是比较低矮的平房，有一些工厂，而米兰理工的教学楼就由工厂改建而来，可以说，这又是一片不同于市中心的郊野区域。

（2）天际线

天际线是观察城市的另一种视角，或许不该纳入区域范围内。但在天际线的视角，或者常常与之相应的俯瞰视角观察城市时，道路、广场等要素常常被忽略，我们会通过建筑类型、地理位置等条件来直接形成区域感受。比如在圣母百花大教堂上俯瞰佛罗伦萨，红色屋顶的小城被山峦包围，你会直接将之视为一个区域；而在米开朗琪罗广场上俯瞰，则会让人本能地以阿诺河为界，将佛罗伦萨分为两岸。

这已经说明了佛罗伦萨的天际线特征：高点是圣母百花大教堂，统一的红色屋顶，远处的山峦——一个典型的区域性描述。

再来看看罗马的天际线。尽管也存在着现代建筑的发展，但罗马对城市历史保留了最大的尊重，城市中不存在特别突出的高点。各种建筑和教堂的穹顶，附加上一些标志性建筑如埃马努埃莱二世纪念堂[2]组成了罗马城起起伏伏的天际线。

米兰的天际线则截然不同。欧洲最早的摩天楼皮雷利大厦就矗立在米兰，"二战"后著名的维斯拉卡大厦与米兰大教堂相距不远，而City life 商务区更以三座百米高楼成为米兰的新地

---

1 边界是形成区域的重要条件之一。在《城市意象》中，区域正是边界这种线性要素之后产生的平面要素。本文并未过多分析城市空间的边界要素，所以没有详细说明边界要素的特点，但不可忽略其在区域结构中的重要性。

2 虽然此建筑因为与自然、历史环境的关系太过突兀备受批评。

标。不过就市中心区域来看，除维斯拉卡大厦外并不存在高点。但米兰的随便一座高楼，放在罗马或佛罗伦萨，都会吓得人脸色苍白吧。

三、城市意象总结

从上文中可以看到，空间要素的各种差异导致三座城市空间结构的差异，从而形成了极为不同的意象。意象并非一个词语能够概括的，但为了更明确的对比，笔者仍尝试在此做简要总结。

罗马是具有极强规划性的城市。街道对景和广场设置让城市空间很有设计感。而这种规划本身，以及位于规划节点的建筑物，都展示着厚重的历史。所以，罗马是一座以历史为资源不断生长的城市，是一座层层叠叠的城市，叠起的是千年的时间。

佛罗伦萨则以较小尺度和统一风格形成了整体性。而穹顶，无论作为视觉标志还是文化象征，都统治着这座小城。所以，这是一座穹顶之下的古老小城。

米兰有着丰富的意象碎片：断裂的街道与广场、多样的现代建筑单体、呼啸的地铁、未来主义艺术与时尚、摩天楼与古堡。米兰是拼贴的现代都市。

四、回望城市空间——解析意象元素之后

在对城市意象及其元素进行分析之后，我们很容易去思考一些关于城市建设和城市文化的问题。在此，笔者将从三个角度作简单的发散性思考。

1. 城市与时间

在我们关于三座城市的记忆中：罗马有着厚重的历史感，相较而言，佛罗伦萨显得单薄，而米兰显得杂乱。正是由于城市记忆的存在，一个城市不同于其他城市的特征才得以凸显，一个城市的文化传统、历史事件、社会生活才得以延续。城市的记忆附着在建成环境的历史片段上，在对历史环境的保留或更新中，记忆被消解、强化或是与现实融合。

一般而言，不同时期的历史环境片段共处在同一区域中，形成的是"共时性"的城市空间。城市意象就在对"共时性"的设计之中微妙地摇摆。对罗马而言，不管是帝国时期的公共建筑，文艺复兴时的教堂，巴洛克时代的规划，新古典主义时期的加建，都在一个区域中叠合在一起。城市空间不再是片段化的"共时性"状态，而是引入了时间过程，形成了"历时性"的"共时性"表现。相较而言，佛罗伦萨的光荣都集中在文艺复兴阶段，因为它更像是一个"共时性"的整体而非碎片的组合。米兰则远没有前两座城市的控制感。战后现代主义的建设践踏了历史的碎片，并未将之融合。这也是现代主义建筑的一大问题：它们强调时代精神，往往以其独立性彰显力量，对于城市空间的历时演变缺乏应有尊重。但后现代之后，对地域和文化的尊重已成为一种共识，从米兰当代艺术博物馆的改建中可见一斑。

2. 城市与生活

虽然我们关于三座城市的印象是短短几天形成的，不够完整也不够深入，但通过意象的比较，仍然可以引发对城市生活的思考。在罗马的意象系统中，你几乎可以听到"历史的呼吸"，

它是一座国际都市，但给人的感觉又与一般的都市截然不同。正如意大利城市史学者贝纳沃罗所言："罗马城之所以成为首都，并非基于一个有意识的决定，而是由于这个城邦国家不断扩张而自然生成的，与整个帝国一样，都城也是一再扩张，以至形成了如此大的规模；尽管如此，罗马仍保持了它原先的乡村特征。也可以说：罗马是一个逐步发展为世界城市的村庄。"[1]

这就是属于罗马的独特气质：一个容纳了所有现代生活的历史村庄。在罗马生活的现代人，很难不本能地对历史存在一份尊重。这是城市空间对人的教化。佛罗伦萨也是如此，不过它本身就是一座小城，所以并不存在国际都市和历史现场之间的反差。在佛罗伦萨，可能生来就是一个文艺复兴时期的人。再看米兰，它的意象含混复杂，难以清晰地描述，正是一种典型的"丰富而不定的现代经验"[2]的结果。怎样的人会选择怎样的城市，城市又会如何塑造人的性格，在这种比较中已经一目了然了。

3. 城市空间的识别性——当代城市的两种趋势

最后要讨论的是关于"可识别性"的问题。如果视野不仅限于三座城市，我们会觉得罗马与佛罗伦萨的可识别性更强，而米兰具有一般国际都市的许多特征。这正是城市设计中的一大问题。一方面，国际化使得所有城市的"可识别性"遭到破坏。卡尔维诺在《看不见的城市》中诗意地描述了这一共性问题：

"你为什么来特鲁德。我问自己。我已经想启程离去。'你随时可以启程离去，'他们说，'不过，你会到达另外一个特鲁德，绝对一模一样：世界被唯一的一个特鲁德覆盖着，她无始无终，只是飞机场的名字在更换而已。'"

而另一方面，消费主义的浪潮使得人们开始以商品化的眼光塑造意象，比如城市里的主题公园。不过这一现象在国内更加常见，在意大利三城中没有突出案例。这些意象摆脱了空间与历史，而以符号和标签作为深入人心的烙印。一如绪论中所言，笔者并无对城市设计提供建议的野心，但经过全文的各种要素分析，如何应对城市空间以实现真正的可识别性，想必已经有了一些答案。

1　L. 贝纳沃罗. 世界城市史. 北京：科学出版社，2000.
2　罗伯特·文丘里. 建筑的复杂性与矛盾性. 北京：中国建筑工业出版社，1991.

一段独属于美的时光

金泽宇（智能工程与创意设计专业）

半年之后重拾起年初的意大利之旅，唤醒的是心间对于美寓于精神的感悟。我们一行14人，依次到访了罗马、佛罗伦萨、米兰三座城市，这种地域上的安排也好似时光机的效果，依次展开了意大利文明在三个时代的接续与呼应。在这两周，我们每天唯一的任务就是充分打开全身心的感官系统，在艺术的沃土中汲取养分。俯仰之间，游走于数不尽的大师经典，也感受着这个国度在基因血脉中美的张力。

一、罗马

初到罗马的城市印象，这里做小生意的人都很友善，各式人种在这里和谐共生，享受自己的自在生活。老头儿们会来跟你逗趣儿，故意说出成倍的价钱或是佯装神奇地卖弄技艺。若要我说说什么代表罗马，可能会是罗马松和海鸥。罗马城的海鸥一点也不怕人，他们停在雕塑的脑袋顶上，穿梭在路人的双脚间，无缝隙地融入了这座古城的今天。而罗马松就像在高高的空中撑起了一朵朵绿色的云，颇有韵致的呼应。

建筑样式是正经的洋楼，却也有的辉煌有的显破败。举世闻名的竞技场紧旁边就架起了立交桥。没有什么隔离带和围墙，最重要的历史文物和最普通的市政交通一拳之隔。在断壁残垣中见到那些时光刻痕的塑像时，颇有种跨越千年面基的感觉，仿佛每一道注视的目光都有了历史的重量。我开始觉得，不要专注用力的感受，以着意的赋予外物深刻的意味，只停留在他们本来的样貌便已是最好。

二、梵蒂冈

梵蒂冈的艺术冲击力使我明晰，绝对的大尺度、绝对的精妙、绝对的静原来真的可以震撼心灵。从古罗马时期回魂，我们拨出一天完完整整属于举世闻名的教皇国，便从这最地位中心、荟萃人、财、物顶峰的中央视角重又审视了天主教与文艺复兴遗留的辉煌。与那些融集市与集会一堂的广场不同，这里是不属于世民的，远高于贵族和世家一力的典藏，唯属于大师锻造艺术上的永恒。博物馆里以房间为单位巨幅的壁画缀满天地，原来也能够在纯粹绘画造诣之外展现那么深刻的神学哲理和德性内涵。虽不能至，心向往之。数十年的绘制工作，几何构造完美的拜占庭风格建筑；开阔的幕幅尺度，构架起了天主教朝圣的领地。这是属于西方的超级工程。拜占庭风格穹隅与巴西利卡的至臻融合构成了几何空间上的完美分割。广场的开阔、对称、弧线又将这种尺度拉伸延展。——至此，我不过是用语言之苍白将梵蒂冈做了小小的描述和刻画。而要说心底的悸动，还属在教堂祷告室里内心的极静和惊惶，是看到人们面向神像时紧闭双眼，胸前十字，甚至留下泪水的静坐时光。

三、佛罗伦萨

佛罗伦萨是有沉静的色调的，不像罗马，到处是外露的已经沉寂的雕砌和辉煌。罗马和佛罗伦萨，就仿若南京和苏州。这里的房子砖红的顶，暗绿漆的窗，余下便是木漆的梁柱和白墙。棕和白的搭配，便像苏州一般拥有了情调。这里的教堂，辽远的穹顶上并不像罗马一般缀满天地缭乱眼球的壁画，只留下勾勒清晰的棕柱和成片的白墙。诚然，比古老而沉淀的气质更吸引人的，是这里典雅悠远的魅力。洁净、整肃，是整座城市的气质。佛罗伦萨的广场小而平，就这样在城市中开辟出一个个五脏俱全的小中心。在城市的每一处，抬头就能望见圣母百花的红顶。

它是城市整座城市无上的底气，仿佛永远不是在朝着它走，就是正身处在它脚下。翡冷翠的教堂让人逛得从容、沉浸。它不大的尺度，工整的面貌，是对素静虔诚的又一诠释。几笔记录属于翡冷翠的一天：

白天，是距离艺术的天堂最近的一次。乌菲兹无疑是殿堂；

傍晚，是距离浪漫最近的一次，米开朗琪罗广场的粉色晚霞配以绵延至远方的水流恍如梦境，台阶下的歌手唱的每一首歌都温柔；

夜晚，是这趟旅程中距离幸福最近的一次。眼前有艺术和知识，耳边有音乐与欢声笑语，身边有人烹饪备菜。这个集体里每个人有自己的位置，交叉建立起不同的活动，不同的谈话。围挤在不大的厨房和客厅，是共同体的感觉，是幸福的味道。

四、米兰

落地米兰，旅程中终于出现了现代艺术展。迥然转换的风格使这座城市的现代感彰显得更为淋漓尽致。在米兰理工学院，风趣诙谐的教授带领我们走遍设计院系的上下角落，也重新思考了传统文化在现代设计中仍然能够承载的分量。在这里，与朋友的交流也总能让我学到许多。艺术总是会有启发，总能引起共情，更何况身边有一群对于美理解很深、甚至为美而生的朋友们。丰沛而细腻的感知力，精研而渊博的学识，与他们的交流让我在旅途的每一站都有更进一层的收获。

离别时分，从市区到机场的火车上，从夜色驶向晨曦。路边逐渐由深邃的蓝演变成有浅蓝和淡紫色的天空，极温柔而梦幻的颜色，是米兰的乡村和田野，有瘦高而整齐的树林和墨绿色的原野，耳边是温柔的情歌，唱着婉转的情愫。

这是我迄今最为纯粹、主题鲜明的一次艺术之旅。旅程归来，反复翻阅那些画册、相片框住的悸动，并持续对相关知识进行补课，我终于敢说，对于画作、雕塑、建筑之美的理解有了不依赖于艺术评论与导览介绍的鉴赏与判断力，并且笃信于艺术与每一个观者直击心灵的沟通，胜于耳麦里传来的重复过数千遍的讲解。不同作者对于同一宗教主题的演绎，同一作者在不同时期作品中表达的人物神态特性，其间有太多需要细细挖掘、慢慢感受。久久站在一种或大或小，或古老或现代的艺术表达面前，在脑中勾起无数的联想，凝神捕捉每一处细节的温度，心间留下长久的赞叹与回味，这种体验本身便是我最难以忘怀的。

断裂：作为一种性格的现代
——德国社会实践之思

王静姝（政治学、经济学与哲学专业）

当德国的大街小巷映入眼帘时，一股浓重的现代性扑面而来。自19世纪以来，现代性被无数学人思考与诠释，其中德国哲学家尤为主力。从黑格尔青睐的时代精神，到韦伯、哈贝马斯的继续思考。在德国人眼中，现代有举足轻重的地位。虽能从思想家们的大段论述中略知一二，但直到真正踏上这片经历了启蒙与反思、摧毁与重建的土地，才真切地观察到何为现代。那不是与原始相对的先进的概念，更多的是一种时代精神与文化性格，经历一个多世纪，渗透在德国的角角落落，给来自东方世界的旅者展现着德国独特的现代性格。

一、从断裂走向重构

"对现代来说，问题就在于要求完全中断或能够完全中断与传统的联系"，哈贝马斯这样观察现代。德国街头的建筑也无处不体现着这份断裂感。冲击最大的是汉堡的劳动博物馆，当一面墙由完全不同的两种材料拼合而成——一边是厚重的新古典式红砖，另一边则是轻盈光洁的玻璃幕墙，以台阶的形式拼接，立面强烈的对比展示着巨大的断裂感，令人惊异。除此之外，随处可见的现代主义建筑，以清晰的结构展现着钢筋材料极好的支撑特性，使自由空间拼接与组合成为可能。

无论宗教改革，还是王朝战争；无论两次世界大战，还是冷战，都为德国的时空留下了断裂的痕迹。即使统一与重建的努力已经很成功，断裂仍不免从某个角落跳出。因此，能够看到作为现代的德国，似黑格尔所说："寻找自身主体性的迫切。"而对自身的界定，正来自于他者的反照。从一个国家摆放在博物馆的事物，展示于公众面前的事物，能看到德国重点构建的他者。

二、主体性——踏破铁鞋何以寻

首先，时间向前追溯甚久，作为欧洲共同传统的古希腊古罗马文明在这里得到了足够的展示。博物馆岛上，古希腊的大理石雕像矗立在希腊神庙式的建筑之中；国会大厦的穹顶，尽管采用玻璃材料，也致敬着古罗马万神庙拱顶的传统。宗教也作为一个深刻的传统，被处处展示。每十五分钟回荡的钟声与抬头即可望见的无数教堂的尖顶，提醒宗教在人们生活中不可替代的地位。而在空间范畴，犹太人博物馆与林立的犹太人纪念碑强调着与历史上种族主义不同的反战的现代德国；东德博物馆则处处体现着与失败的社会主义实践不同的如今统一的德国。空间范畴的展示中，强烈的暗示试图弥合历史留下的德国内部的伤痕与冲突，构建相对统一的意识形态。与空间范畴相对较强的意识形态构建不同的是，对于时间层面的他者，德国人并没有强烈的价值评价，而仅限于审美评价。在接受传统的同时，强调自己与传统的不同。尽管公共展示奋力地寻找德国人的自我，填问卷时依旧有相当的德国人并不认同自己的母国，且不少人仍无法原谅纳粹犯下的罪过，因而无法完全认同德国。

除了静态展示的对主体性的寻找，主体性也外延在德国人身处的公共领域中。哈贝马斯将黑格尔笔下现代性的四种内涵总结为个人主义、批判的权利、行为自由与唯心主义哲学。在与德国人交流过程中，他们对言论自由的追求生动地体现着批判的权利对其重要性。国家的统治不以神权或王权为基础，而以公共领域中公众的认同为基础——每个人都应认可的东西，应表明它自身是合理的。唯有出于每个人内心意愿的同意，才能证明决定的合理性与正当性。在党派的宣传与辩论中，每个党派都在试图说服其他人，获得选票便是获得民众的同意，也是党派追求的最高目标。与此同时，作为个人主义的延伸，政治参与也嵌入各个年龄阶层的德国社会之中。不仅有热火朝天的政党政治，大学决策层中也活跃着青年团的身影。既然"所有独特不群的个体都自命不凡"，于是每个人都渴望参与，也实践着参与。由作为团体的德国人延展到作为个体的德国人，二者都在展示与实践中寻找着自身的主体性。

三、往事不可追，今夕犹可待

历史中有他者的形象，现实中有作为他者的个人，而社会的不断发展也带来了未来的他者。新的技术与新的生产组织形式带来新的对立。当宝马工厂自动化的机械臂日夜轰鸣之时，大众玻璃工厂试图展现刻意保留的手工劳动者能够因科技而避免被异化的命运。当机器能够不断代替人，面对作为他者的机器带来的外部压力，人类终于有可能粘合成一个命运共同体，共同思考与机器的相处，思考自己是谁的斯芬克斯之谜。而罗兰贝格专业化程度令人惊叹的咨询与接待服务展示着分工的更加深入和细致。当每个人都成为工作链条中越来越小的一颗螺丝钉，部分与整体的断裂敦促人们寻找作为一个完整的个体应有的主体性。或是铜墙铁壁的智能化，或是西装革履的商业化，现代的德国人，现代的我们，被丢在历史的大潮中，直面这些吊诡的断裂与具有悲剧意味的对立，不知所措。

机器人、精细化分工……这些从未来走来、形象逐渐清晰的他者不仅是德国人需要面对的他者，也是在现代化大潮中全世界人都不能回避的事实。如果历史的他者和现实的他者更多构成现代德国的性格，那么未来的他者则是现代人类共同的挑战。

四、以人为鉴——何以中国

反观中国，除了这一普遍的他者，我们面对的似乎是更复杂的历史与现实。与德国相似，我们也经历过数次断裂。在几次断裂的文化层之间，历史的他者不再那样清晰，也常常带来争议与不和。

几千年的历史资源，较欧洲相对统一的传统更加复杂，儒释道三家都不同程度地渗透在现代中国人的文化想象中。若我们暂且认同李泽厚关于中国人关系伦理的论述，在这样的差序格局中，个人的主体性便不再能够通过人人平等自由的个人主义简单实现。我们的行动并不仅仅以意志为指导，而是牵扯着复杂的关系网。考虑关系与他人已经成为我们的思维方式，因而结果与义务不再是对立的一对概念，而成为孪生兄弟一般平行向前推进。如果包含爱有差等之意的"仁"成为我们的最终目的，秩序便不能仅按照行为自由或批判权利的主体性建立。

与此同时，我们面对的更大的他者是一个多世纪前以侵略者身份进入中国人视野的西方。当萨义德谈东方主义时，不仅西方人以一种同情的眼光看待东方文化，东方人亦然，在西方的话语下向所谓海洋文明作揖。曾经经济的差距吸引着中国人的目光，人们盯着西方，没有人愿意观照一番自我。如果说经济差距能够有一定的普世标准衡量，如今中国甚至已经超标到西方人惧怕的状态，面对其他层面更根本的指责，如何寻找中国的主体性，是我们需要共同面对的课题。

而走向未来，也许工业 4.0 是德国带给世界的新课题，中国也在历史的进程中带来着新的他者。当以互联网支付为主要手段的货币无纸化在中国发生，并一步步向海外推进，原本的信用卡体系开始动摇，如何处理新的数字化货币交易与纸币交易不再像一张卡代替那般简单。并且，体量巨大的物流体系要求的物联网与大数据将数据带入我们的视野。尽管德国也注意到数据信息在工业化中的重要性，但庞大的数据量使中国面对的问题更加复杂，且并不局限于一国之境内。信息、数据这一未来的他者，也在大数据的洗礼下逐渐拥有清晰的形象，走向数据网中迷茫的人类。

现代不是历史序列的某个点，而是纷繁世界中具有多元形态的文化性格与国家性格。德国人经历几百年的努力建立其特点鲜明的现代性，在断裂中寻找着自我，试图以一个主体丰满的形象面对世界和未来。恰如哈贝马斯所反思，现代人并没有完全找到自身的主体性，德国如此，中国亦然。以德国为鉴，中国的现代性格应当有自己丰盈的色彩。

当 CDIEers 遇见德国
——记 CDIE6 赴德国慕尼黑及斯图加特海外实践

2019 年 12 月 4 日至 12 月 13 日，新雅书院 CDIE6 教学班的 13 位同学由徐迎庆、张雷、范寅良三位老师带队前往德国慕尼黑及斯图加特进行了为期一周的海外实践，参观探访了宝马、奔驰、保时捷等著名汽车制造产业公司，结合专业所学考察德国工业设计的发展历程及趋势。实践内容丰富充实，同学们收获满满。

12 月 5 日，来到慕尼黑的第一个清晨，我们踏上了前往德意志博物馆的探索之旅。德意志博物馆是世界上最大的科技博物馆，展品涉及 50 多个科技领域，涵盖约 28,000 个主题。成立于 1903 年，坐落在伊萨尔河畔的小岛之上，德意志博物馆如同一个积淀了岁月风霜与智慧结晶的老者，静静伫立着迎接着慕名而来、探赜索隐的人们。

我们三三两两地漫步在博物馆各个展厅中，或惊叹于光影艺术带来的奇妙惊艳的视觉效果，或沉醉于咖啡主题展区醇香动人的沉浸式体验，或重温初见高中课堂上有趣的物理现象，或享受着利用 VR 技术身临其境勘探月球的自在新奇……博物馆里丰富各异、琳琅满目的展品为我们打开了许多扇通往各个领域的窗户，与 CDIE 同学们脑海中已有的创意设计思维相碰撞，迸发出无数天马行空的创新火花。

德意志博物馆中的楼梯也独具特色。澄净又纯粹，重叠错落之间，它如同一道回转流连的炫光，展示着螺旋曲线的无穷魅力，又如同一个完整圆润的海螺，悄悄记录着历史波澜中的每一个浪潮，明暗重影之间透露着愈显深沉的美感。

参观完德意志博物馆，天色渐晚，夜幕降临，寒风渐起。我们来到市中心的圣诞市场，体验别样的节日氛围。尽管寒冷的晚风令人冷到颤抖，但暖暖的热红酒一下子驱散了寒意。我们双手捧着温暖又可爱的红酒杯，嘴中哈着白白的雾气，听着广场上欢快的歌声与旋律，流光溢彩的圣诞灯火点缀着每个人脸上尽情畅快的笑颜。

12 月 6 日早晨醒来，无意间拉开酒店房间的窗帘，我们却被眼前的雪景惊艳到。窗含千雪，静谧安然；雪野随蓝空，雾凇映朝阳。此时的窗框就是那个早晨最完美的画框。

上午，我们首先参观了宝马博物馆和宝马工厂。宝马博物馆中陈列的是宝马公司历代车型。从 20 世纪伴随汽车工业兴起的炫目的赛车，到形态逐渐趋于简洁优美的民用轿车，再到周身充满科技感的未来交通工具，琳琅满目的汽车让我们惊叹人们对汽车交通工具孜孜不倦的极致探索。然而更让人惊叹的则是宝马工厂中高度自动化的汽车生产线。巨大的厂房中，数百个机械臂正有条不紊地协同工作，穿梭其间，机械声轰鸣作响，空气中传来火花的味道。俯视生产线，厂房仿佛化作了某种庞大的生命体，几个机械臂协同工作宛如组成一个细胞，机械臂之间的传送装置则如连接细胞的血管，不停地输送着形态各异的工件。高度自动化的加工车间让我们惊叹如今工业的发展水平，更赞叹于人类通过数百年积淀的工业技术进行生产、改造世界的巨大力量。

在安静的午后，CDIE 的同学们漫步在奥林匹克公园的草坪上，虽然还不到三点，但由于纬度较高，太阳已经矮矮地挂在体育场上方。这座修建于 20 世纪 70 年代的体育场已经年近半百，但独特的玻璃外罩和流畅的线条轮廓即使在今天也是设计感十足。曾经奥运盛会的比赛场地如今已经成为慕尼黑市民生活的一部分，随处可见散步慢跑的人，结伴玩耍的孩童，在湖水中嬉戏的鸭子。金色的夕阳在寒冷中，带来丝丝暖意，好像夹心巧克力柔软的糖心。同学们或站或坐，或行或止，静静聆听奥林匹克公园在夕阳下的低语。

12 月 7 日，我们一行人在蒙蒙细雨中来到了雷根斯堡（Regensburg），这座多瑙河畔的美丽古城。穿过城门踏上石桥有一种穿梭时空之感，多瑙河静静流淌，一切都慢了下来。当我们回望古城之时，天空又逐渐地放晴了，脚下的石桥在历史的风云变幻中也已度过了 800 多年的岁月。桥上有几位穿绿色民俗衣服的游人摆着夸张的姿势拍照，好像刚刚从另一个时代里打马路过。

雷根斯堡的历史城市中心被完好地保存下来了，不愧是德国最大的一座中世纪古城。穿梭在街道中，窄窄的石板路曲折蜿蜒，道路两旁各式的古建筑，独具匠心的手工艺品，古香古色的氛围令人叹为观止。城区中心圣彼得大教堂（Dom St. Peter）屹然耸立，虽然没能欣赏到"大教堂之雀童声合唱团"美妙动听的歌声，但教堂的雄伟、肃穆已然震慑人心。

下午大家乘车回到了慕尼黑，在又一座古老的哥特式建筑慕尼黑新市政厅（Neues Rathaus）的钟楼顶层将整个市区的美景收入眼帘。钟楼下热闹欢乐的圣诞集市，想必也令大家印象深刻。欢乐在这样的场景里几乎以实体的形式显现出来：金红色的，温暖冒着气泡的，闪闪发亮的，每件小工艺品都微笑着等在那里，想要为你讲一个圣诞节的故事。城门处有人群聚在一起，捧着酒杯唱一首传遍整个街区的哈利路亚。这样美丽的夜晚将持续整整一个月：他们一点也不着急将魔法结束。

慕尼黑的迷人之处也正在于此。它既是现代化的工业中心，有造型前卫的汽车博物馆与足球场，却也保留了相当一部分历史的温度。夜晚登上市政厅的钟楼时，发现在老城的范围内，至今仍没有一座建筑高过远处的圣玛丽教堂。想起之前在宝马工厂，解说员抱怨生产空间无法扩张，只好想方法在建筑的垂直方向安排更多流水线。德国是如此讲求效率和规模，却也愿意在新城和老城之间保留一座古老的城门，令其一面的生活大步迈向未来，另一面的时间缓慢流逝像多瑙河水。

12 月 8 日早晨，我们从慕尼黑出发，驱车前往斯图加特，沿途的自然风景令人称赞。到达斯图加特后，我们首先前往保时捷博物馆参观。

Porsche，一个奢华而精美的名字，其车、其设计、其展厅，都渗透着一种阴柔的奢华美。进入博物馆，纯白的装潢映入眼帘，白色亮面的地板、梁柱，正如车身上反着光带的漆面一样，透着珠宝的蕴含。保时捷展馆按照时间顺序展示品牌车型的发展历程，其中以911车型最为经典，成为保时捷一代传奇。在参观过程中，吸引到我的，不仅仅是车身的整体语言，更有设计师们追求极致美感的许多细节。

晚上，我们游览了斯图加特市中心的圣诞市场。在圣诞节前夕，圣诞市场一定是个好去处。斯图加特的圣诞市场不像慕尼黑那么人山人海，空余的地方倒是布置了许多游乐设施，吸引了小朋友们的兴趣。有旋转木马、微缩小火车、闪亮光扇，甚至还有一片滑冰场。光影交错，动静相合，圣诞市场上各种游乐设施陪伴着夜市里人们的歌声与欢笑声熠熠闪光。当然，也少不了各种各样的美食与手工艺品。手工艺品也是德国一大特色。木质的玩偶、亮晶晶的吹制玻璃、圣诞树挂件……琳琅满目，真是逛不过来呀。

斯图加特作为德国的现代化"马场"，聚集了一系列世界顶尖的汽车厂商。因此，在奔驰－戴姆勒公司的参观学习就成了我们在斯图加特的重头戏。

12月9日上午，我们来到斯图加特大学的研发中心ARENA2036，听取了创新平台公司Startup Autobahn相关负责人的讲座，并简单参观了ARENA2036中的一些创业公司。"ARENA"是"Active Research Environment for the Next Generation of Automobiles"的首字母缩写，英文本意为"竞技场"，这个名字恰如其分地概括了它的基本模式——由戴姆勒等大型公司以及政府、大学提供设备、资金与场地支持，为创业公司提供统一的创新平台，优秀的创新成果可以被这里聚集的汽车龙头企业采纳吸收，用于下一代汽车的设计与制造；"Autobahn"在德语中意为"高速公路"，这家公司承担了大型企业和小型创业公司的中介人和创业资金提供者的角色，商业模式十分新颖。这家公司已经和包括戴姆勒公司、物联网创业团队ThingOS和NaiSE在内的许多企业达成了合作，市值已达70亿美元。

下午我们参观了著名的辛德芬根工厂（Sindelfingen Plant）。辛德芬根工厂被誉为"汽车制造界的好莱坞"，始建于1915年，现在是许多奔驰高等轿车系列的主生产线。辛德芬根工厂实现了98%的自动化率——在工厂车间里，随时随地可以遇见自动循迹的小机器人在各生产线之间运送零部件，此情此景不禁让CDIE6的同学们想起了两年前《数字电子技术基础》课程的自动循迹小车大作业！当导游给我们展示利用自动化冲压、点焊、激光焊等加工而成的车身零部件时，我们又回想起了上学期《机械制造基础》课程所讲的一系列制造方法。而剩下2%的人力，则为充满机械噪音的灰色车间增添了一丝生气——车间里放着极具动感的流行音乐，高大结实的男人们在手工打造私人定制的高级轿车部件，矮小灵活的女性工人们做着机器人尚难胜任的车内零件拼接工作。包括导游在内，每个工人的一言一行都展现着德意志民族的严谨风格，以及作为汽车界老字号、世界工业领军者奔驰公司一份子的骄傲。

晚上，CDIE的同学们与老师共聚一堂，交流这些天在德国的所见所想。同学们纷纷谈到了自己在德意志博物馆中的新发现，并尝试将发现的巧妙创意应用于设计之中，三位老师则结合自己的丰富经验与阅历，与大家进行了深入的交流。

12月10日上午，参观奔驰博物馆。奔驰博物馆共有五层，每层都包含主展厅、附展厅和连廊三个部分。主展厅按时间顺序，陈列了奔驰从建厂至今各时代的车辆发展；附展厅则按照主题分类，介绍了奔驰在警用消防、山地越野、旅游巴士等专用车辆方面的成就；连廊通过影像和文字资料介绍了与奔驰车辆发展对应的历史背景。奔驰博物馆内令人惊艳的展示设计和车辆陈列、翔实的设计细节和历史资料、与时俱进的设计理念和品牌发展思路，让同学们获益匪浅。

下午，我们来到奔驰创新研究中心 Lab1886 与实验室工作人员深入交流。Dr.Benjamin 首先向我们讲述了实验室产品创新孵化的流程与要点；此后，同学们以自己的学习与科研为交流为切入点，表达了自己对创新的看法；最后，实验室负责人 Catherina 女士就同学们提出的关于创新的问题一一作了解答。同学们将对未来产品创新的期许写在便条贴上，一下午充实的 workshop 也在欢声笑语中画上了句号。

当天恰逢 CDIE6 于港同学的生日，异国他乡共庆生日格外令人难以忘怀。当鲜艳诱人的蛋糕突然端出，当生日快乐歌渐渐欢唱起，大家一起为他送上了最真挚的祝福，也让冬夜的斯图加特愈发温暖动人。

德国之行的最后一天，我们来到了斯图加特南部的麦琴根。麦琴根是一个历史悠久、风光旖旎的小镇，同时也坐落着德国最为著名的一家奥特莱斯——麦琴根名品村。在这里，既能看到传统的德国小楼与纯净的溪流，也能看到诸多大牌商店和熙熙攘攘的购物客们。我们徜徉在斜风细雨中的麦琴根，一路观察体悟小镇中随处可见的精心的设计，也不断将中意的商品购入囊中。各大品牌的专营店的建筑设计与展示设计展现了品牌的品位与风格，小镇中传统的德国建筑上也隐藏了众多令人惊叹的细节。我们不禁感叹于设计的匠心独具与精益求精，也更加感受到了细节的力量。

傍晚从小镇归来，我们再次造访了斯图加特圣诞市场，在离别前夕探寻这座城市的美妙印记。充满童话色彩的旋转木马依然在快乐地旋转，别致的城市小火车依然不知疲倦地呜呜开动着。一排排圣诞风格的小木屋里售卖着德国特色小吃、甜品、手工艺品，以及那让整座市场洋溢酒香的热葡萄酒。专心演奏的合唱团和管乐团则让圣诞市场成为音乐的海洋。尽管下着小雨，市场里仍然灯火辉煌，人头攒动，我们则将这份小雨中的别样圣诞风味细细珍藏。

12 月 12 日，我们与德国依依惜别，踏上了返京的征途。在机场等候之余，张雷老师还为我们开设了一节别开生面的摄影小课堂，共同交流本次实践中记录的美妙光影瞬间。

这一趟德国之行，让我们近距离观摩了宝马、奔驰、保时捷等著名汽车制造产业公司的发展历程与品牌特色，触摸了德国工业设计的独特内核，欣赏了德意志土地上的动人风光，感受了欢欣畅快的浓浓圣诞氛围，是一次十分难忘而宝贵的游学经历。

最后，十分感谢徐迎庆老师、张雷老师、范寅良老师等三位老师的指导与支持！感谢我们的向导焦导的一路陪伴！这次实践游学经历必将成为 CDIE6 同学大学记忆中闪闪发光的璀璨一笔！

巴基斯坦像是我的毕业典礼

彭中尧（政治学、经济学与哲学专业）

引子

来巴基斯坦 12 天，

最快乐的时光是 Naseem 带着我出校园的时候，我不懂车，但他那辆本田我看着打心眼里喜欢。

学校在郊区，况且拉合尔也没什么高楼，一出学校是一望无际的天空、田野、散乱的房子和牛群，Naseem 会在公路上放着摇滚飙车；

乌尔都语和普什图语的摇滚，一听我就开始克制不住地跟着音乐抖动。

去印巴边境的路上遇见了一条河，

河里全是游泳的人们：

男孩子们赤裸着上身像石头一样从短桥上砸下去，在水里打闹；

妇女穿着长衫泡在水里；

野鸭，垂柳，岸边是全家野餐的食盒；

沿途几十里长河，处处是孩子的笑。

在巴基斯坦的时候正好赶上古尔邦节，古尔邦节教会了我一种非常粗浅的勇敢。古尔邦节对于本地人而言是一个敬神的仪式，这一文明的仪式却向我呈现出了一种蓬勃的原始气息。8 月 12 日这天，我坐在一个屠夫的摩托车上，穿着巴基斯坦的传统长袍，跟着他走进一户户人家去祭祀。所谓祭祀并没有什么仪式（ritual），只不过是屠宰，但是当地人坚持我一定要使用 sacrifice 这个词。那一天我看着人们杀了一头又一头的羊，人们将花环套在羊的颈上，以示这是敬神的祭品，宰羊时的鲜血将白色的皮毛染红。从最开始的不适应到后来的麻木，越看越多的时候甚至跟随他们一起沉浸入了节日的欢腾和祥和，死亡在这个场景下和丰收与布施联系在了一起，构成一个隆重的节庆。我在这仪式中恢复了一些原始的勇敢，它好像解开了加诸我身上的某一重枷锁。

在来到巴基斯坦的第四周，因为学校的招待所另有他用，我被挪到校外的一个当地中产阶级社区的招待所居住，环境大概类似于中国出租屋，15 平方米左右的空间里空调只能对着人吹，来的时候嫌麻烦就把行李留在学校了。那个周末我跟朋友出去玩，打 uber 等摩的，摩的找到我的住处花了 15 分钟，到了我面前天就开始下大雨，司机自己一个人穿了雨衣，我毫无防备坐在后座上跟着他飙车，30 分钟路程，前半段被淋透后半段被风干，于是我就发烧了。

吃药之后还是烧了两天，不敢开空调和风扇，热得浑身一阵阵汗，整个床都汗透了但是没有衣服可换。第二天半夜烧稍退了，浑身难受，试着想洗澡，打开喷头想起来巴基斯坦夏天洗澡没有热水，病中不敢洗冷水澡只能回去接着躺着。由于当地的食物太难吃，健康状态下的我也只能把自己饿到不行才会吃几口，病中我什么都没吃，靠薯片和果汁度日。第三天烧终于退了，又开始拉肚子，那天夜里我一边捂着肚子，一边到处蹦跶着打蚊子，一边捏着鼻子忍受卫生间下水道返味儿和当地食物奇怪咖喱味儿的混合空气，浑身汗兮兮地摊在墙角发呆。崩溃之后我开始尝试习惯房间里的奇怪气味，强迫自己多吃一点难以忍受的本地食物，强迫自己不要理会那些烦人的苍蝇蚊子，习惯冷水洗澡。

  在办公室里，巴基斯坦人永远在不停地说话，我听不懂他们用乌尔都语说什么，但是当他们尝试用英语把我包括进来的时候，我只觉得他们在谈论一些非常琐碎的东西，也兴致缺缺，有这个时间我倒更愿意去读读卢梭和阿明。直到有一天，一个叫 Obaid 的朋友问我，为什么你们中国人都这么不喜社交？我说可能是我比较不擅长社交，他说不，他遇到的中国人大多不爱说话。我想了想说可能是因为中国人都是独生子女，很少有一群人在一起说闲话的机会，而且中国人压力太大，说实话我觉得你们的讨论非常散漫，我宁愿用这个时间做点更有目的性的事情比如阅读。他说对于巴基斯坦人来说，一群人坐在一起，如果某个人不参与谈话，那么你会显得自己很不尊重其他人；你如果要低头玩手机，那你最好躲在角落里自己出去玩。有了这个对话，我开始尝试没话找话地融入他们的"闲谈"，虽然并不是特别顺利，但这对于我而言是一个颇为重要的转折，此后的人生中我开始逐渐意识到说话、交流哪怕是无趣琐碎的话题，对于生活世界而言所具有的重要意义。当我逐渐能够理解交谈和经验远比书本上的那些符号更为重要的时候，我也顺利地结束了我在 PPE 的学习，开始走向更为真实和广阔的世界中去。

我在波屯做暑研

于天宇（智能工程与创意设计专业）

2019年夏，我在波士顿。这座城市不像美国其他大城市那样繁忙，红色的砖楼，低矮的街巷，少有的几座摩天大楼显得另类，平静的港口最热闹的是天上的海鸥。初来到这里时，刚刚结束一整个学期的堆叠，这样脱俗的环境让我有些陌生。两个月的时间，生活、暑研、再四处逛逛，才发现波屯是一个逐渐让人喜欢上的地方。

麻省理工学院（MIT）坐落在波士顿查尔斯河的对岸的剑桥小镇，敞开式的校园自然地融入城市平静的氛围中。MIT是一所理工科味很浓的学校，这离不开学校的历史因素——学校成立于19世纪中期，后成为美国国家工业发展的重要力量。然而就像它所在的城市一样，这里的理工味似乎也带着一点"脱俗"。

学校纪念品店中，书本里的数学公式、物理定理被赫然印在衣服上、日用品上。看到用化学元素拼成的"Nerd"，我本想暗暗嘲笑这里果然是书呆子气息浓厚，但看到他们在T恤上用数学开的玩笑时，还是情不自禁笑出了声。这是一个崇尚科学技术的地方，校训"Mind and Hand"乍一听像是对小学生说的话，但仔细一想，"大脑和双手"却又好像是对科学技术最简单的概括。学校的走廊的墙上每日投影着从这所园子中诞生的科研成果，或是摆放着与科学、技术相关的摄影照片、艺术展品。这里的人们对科学研究似乎有着极大的期待，对于他们来说，仿佛"科学家"与"工程师"就是改变世界的那批人。

在媒体实验室的暑研的过程中，我也感受到了这里的老师与学生对待科学研究的投入。但更令我印象深刻的这次与那里的学生Hila合作的过程。本次研究项目主要探索一种新型的交互概念，其既需要一定的设计工作对这一新的交互概念进行定义，又需要一定的工程工作验证这一交互概念。Hila的背景是工业设计，因此主导了这一部分的工作，而我则主要负责了项目中的工程部分。我们二人相互弥补，各司其职。

"设计师"与"工程师"合作的过程是充满碰撞的。在每次讨论的过程中，我能够感受到Hila的想象力是非常强大的，她总能提出许许多多新奇的想法，很多时候都令我眼前一亮，不禁感叹自身想象力的匮乏。然而想要完成这个项目，仅仅拥有奇思妙想并不够，想法需要一定的工程来落地。我需要向Hila解释什么方案是可行的，什么方案是行不通的。这个过程对于设计师来说往往很难接受，因此难免会有针锋相对，讨论总是轻易达到1-2个小时之久。

虽然如此，回首这个过程却是"痛并快乐着"。因为我总能在这样的讨论中听到些新的东西，我能够感受到设计师与工程师看待问题的巨大差异，并在交流中强迫自己去理解这些差异。每次理解过后都会有种喜悦感油然而生，并感叹这些不同思维方式背后巨大的力量，以致在提笔为Hila准备临别前的礼物时，我只写下一句话："To be a designer is so cool!"

游走于文明之间

除了在项目中遇到的不同之外,在生活中也有许多令我感到新鲜的地方。早就听说美国是个多元化的国家,到了这里之后也确实有这样的体会。街上有戴着耳机摇摆的人,商店门口有高谈阔论的流浪汉,路边坐在长椅上休息的人看着来来往往跑步的人,晴天河边野餐的人看着河面上划着帆船的人……这里的人们往往各不相同,就连社区内大家住的房子也找不到一模一样的两栋。Hila 来自以色列,她对中国的国情充满了好奇,也向我讲述了很多她的国家的事情,我们分享着各自的经历,也一同感叹世界的差异。

在波士顿的日子非常简单,我过着与往常学期、或往常假期相比都极其规律的生活。早上起床三两下吃个早餐,从家出发沿着一样的路到实验室,吃饭时到固定的中餐车前排队买饭,晚上回家睡前看两集美剧……两个月的时光非常快,我想感谢在这里遇到的、帮助我的人们,项目的组长 Hila 以及所有参与项目的人、实验室的老师与学生、一同租房的学长学姐、暑研中认识的清华的小伙伴……总的来说,这是一个难忘的夏天,我会感谢这段经历。

感受温哥华的景观气质

王心语（风景园林专业）

大二到大三的暑假，我参加了由加拿大英属哥伦比亚大学组织、为期 1 个月的 Vancouver Summer Program，选择的课程组是 Green system planning 与 Design in the public realm。

Green system planning 与 Design in the public realm 都是与风景园林专业密切相关的课程组，前者更重视宏观方面的绿色体系规划，而后者尺度更小，强调微观设计。

课程理论的讲述以大温哥华为素材而展开，其实与其说温哥华是这些课程理论的素材，不如说老师们就是在向我们讲述温哥华的风景园林。这一点令我很惊讶。在大学的景观专业课程与高中的地理课程学习中，我们从没有如此详细地讨论过区域地理与区域性景观，所以并没有想到课程会集中在温哥华这一个城市，而几乎没有提及整个加拿大的景观规划与设计。不过这样的课程安排确实让我对温哥华有了更加深入的了解。

另外，每天的课程都以上午课堂讲座，下午景观游学的方式展开。一个月来，我们实地参观了不少公园与其他设计案例，并被要求用照片与日志记录下每天的收货与感想。最终，每个课程都以一份小组合作的设计作业结尾。

大温哥华地区是一个山川海洋、河流平原兼具的地方，森林的覆盖率也较高。在处理自然与人的关系方面，他们提倡的是可亲近的原生自然（accessible wilderness），并且强调城市中景观的重要性。景观在城市中所起的作用已经远不止于美化生活与净化空气，它对于整个生态系统、人类都有着人们想不到的作用，这即是 Ecosystem Services。我想到了"景观都市主义"，即景观应该被提到一个更加重要的作用，它可以取代建筑体，作为联系整个城市的纽带，通过景观绿带或者其他方式，它可以成为整个城市最重要的肌理之一。这两个概念不谋而合，其实都是在强调景观对于都市的重要性。

我们知道了景观的种种作用，这些作用将会带来经济收益（如一片森林替代了无数台空气净化器），于是我们研究怎样的景观设计结构与规划可以最大化发挥景观的功用。这样一条 structure-functions-benefits 链推动着城市景观的发展。

其实从某种程度上来说，我们是在利用自然，包括所谓 Ecosystem Services，到最后还是在考虑如何才能更好地让自然为人类服务。我们不免会思考，这样的出发点是否过于自私？不论从前还是现今，砍伐还是保护，我们的目的不过是自己更为优越的生活。

考虑景观的整体规划与结构是一个十分复杂的事情，鉴于它对于人们生活方方面面的影响，一个越大的项目，就越需要从各个方面考虑周全，需要各行各业的人协调帮助。如果要建造一个服务于整个城市的大型公园，人们需要考虑它的历史，它的环境保护功能，它是否便捷地服务了公众，甚至于公众如何参与到公园的规划设计中。总而言之，设计时需要有 whole systems thinking 的理念。

而小尺度的设计相对而言更强调人的使用感。城市在任何时候为每一个人服务，并不是所有人都有能力拥有一片私家花园，而公共区域就相当于城市中所有人的花园，这里供人们举办大型活动、乘凉、晒太阳、锻炼或者与他人见面，等等。我们强调，城市的公共区域是否宜居，人们在此处停留是否感到舒适。

如前文所提到的，温哥华是一个山水海原兼具的城市，市中心东侧与南侧的山以及西侧的海是温哥华人最引以为傲的自然佳景。于是楼房纷纷用玻璃幕墙以呼应海水甚至倒映海水；沿海楼房排布尽量曲折以获得更多海景房。设计师们逐渐发现人们将太多关注点放在城市的外围而非城市中间，于是开始试图让城市中心重新焕发活力，吸引人们。

温哥华强调一个可持续发展、宜居的社区需要做到 compact & complete，并且让人们有安全感。在工业化时代，为了迎合分工分产的趋势，人们将住宿区与工业区分开，于是人们白天在城市中心上班，傍晚回到郊区居住，傍晚的城市则变成了一座空城。这一现象愈演愈烈后，人们又想要将工业工作与住宿进行一定的融合，希望一个区域是 compact 的，对步行者是友好的，继而环境友好；希望一个区域是 complete 的，尽管并不大，但是从超市到学校到公园，可以满足人们的需求；希望一个区域是让人们有安全感的，所谓的安全感并不来源于许许多多的摄像头，而是傍晚行走在街道上，知道旁边的房间中有人居住，而不是一座空城。

由此我们可以发现，时代的趋势影响着各行各业，工业化挑起了新的时代趋势，同时影响着千千万万的行业。

除了讲座学习，我们还走遍了温哥华各处：

Pacific Spirit Regional Park、Jericho Beach Park、Capilano River Regional Park、Terra Nova Park、Stanley Park、Iona Beach Regional Park、Robsin Square、False Creek、Wresbrook Village、Olympic Village……

其实这一个月的行程，不仅仅是对景观专业的学习，更主要的是感受了一个城市的气质，了解到景观正在作为这座城市的肌理蔓延开来。

大二的结束是整个大学生涯中的一个节点，正好是一半的时间，正是要决定许多事情的时候。有时长期待在一个地方人们就会变得麻木，不清楚自己想要什么，不知道如何置身事中思考。一个月的温哥华生活像是一个结尾，也是一个开头。用这一个月的时间在遥远的太平洋彼岸回顾自己的前两年，想清楚自己到底想要什么，然后再回国，迎接新的挑战，开始新的征程。

生生不息：印度文化之旅

杨茂艺（政治经济哲学）

与其说印度是一个国家，更准确的表达应当称印度为一个文明，而且是一个没有鲜明意识形态的文明。作为世界四大古文明之一，公元前2000年左右，印度祖先就创造了灿烂的古代文明；公元前1500年至前1200年，随着雅利安人迁入，雅利安文化成为印度教以及印度文学、哲学和艺术的源头，恒河谷地文明开始孕育；约公元前6世纪，出现了婆罗门、刹帝利、吠舍和首陀罗四大种姓，为奴隶制度的萌芽时期；此后百余年间，形形色色的哲学流派和社会理论蓬勃涌现，产生了佛教，为印度文明的璀璨时期。而后，印度的生命力似乎渐渐衰弱，作为组织体的国家一直是脆弱的，统一始终不能维持太久，在短暂的统一秩序崩溃后，总又陷入分裂的常态。15世纪以后，阿拉伯人和欧洲殖民主义的相继入侵，留下的更是残缺不齐和悲欣交集，传统与现代，自我与他人，东方与西方，一切我们能想到的对立面，都在南亚次大陆上，互相演绎，彼此共生。

我想，若不曾到过印度，我不会对她真正感兴趣。作为一个文明，印度既要回归自身，又要解救自身，印度苦难与被征服的历史只是背景，印度作为一个尚未成熟的"大我"，其生命仍在继续。如何生生不息？是我此行想要求索的问题。

2018年2月，我和其余19位来自清华不同本科院系的同学组成了"全球南方文化浸润项目"支队，前赴印度展开为期两周的交流学习。飞机驶过喜马拉雅天梯，缓缓抵达新德里机场。我们此行的主要活动内容是在印度金达尔大学学习课程，并参观北部印度的名胜古迹和国内国际机构。金达尔大学英文全称 O. P. Jindal Global University，缩写为 JGU，成立于2009年，坐落于印度哈里亚纳邦 Sonipat 县郊外，地邻首都新德里西北部。目前，作为年轻的私立大学，金达尔大学已建立了十所学院，涵盖主要人文社科领域，其中著名的有金达尔全球法学院（JGLS）、金达尔全球商学院（JGBS）、金达尔国际事务学院（JSLA），其在印度广受关注，颇具后起之秀的优势。

在10天的课程讲授中，金达尔大学的老师们用英文向我们介绍了法律、历史、宗教、电影、女权、经济、环保、科技等诸多议题，在精彩活跃的课堂互动中，揭开了印度的神秘面纱。以宗教为例，宗教性是印度文明的一大典型特征，印度历史上曾先后产生并流行多种宗教——印度教、佛教、耆那教和锡克教，此外，世界主要的宗教（如伊斯兰教、基督教、犹太教和琐罗亚斯德教等）在印度都有自己的信徒。印度教是印度最古老最主要也最正统的宗教，对印度社会和文化的影响也最为久远、广泛和深刻。印度教的历史可以追溯到公元前1500年左右问世的吠陀教。佛教诞生于印度东部，逐渐向印度西部及南部扩散，到阿育王时代成为全国性宗教。多种宗教在印度的长期共存和印度人民对宗教的虔诚信仰，形成了印度文化浓郁的宗教性。宗教生活和宗教文化成为人们精神生活的中心。

例如，通过我的日常观察，我发现印度食物多为糊状，因为在印度教文化里，万物有灵，万物泛神，东西与人存在感应，食物被煮过之后就好似经历了一场"生命礼俗"，由纯粹的自然界进入人文界，而在尚未进入人体或者尚未被彻底消化吸收之前，食物就还处在"边缘状态"，因而最容易受到恶质影响。而人和万物一样，是自然界尚未完工的作品，向一切纯洁也向一切污秽展开自我，不可能拥有神明般抵抗污染的力量，因此，越把食物切得细碎，煮得软烂，就越能保护自己。因此直到今天，印度人还是习惯把新鲜蔬菜加工成糊状，把各种食材切碎熬烂，像极了婴儿食品。正是因为他们相信万物都有情感，相信自己的肉体远非"圣洁"的终极殿堂，因而才会体验到食物被烹煮时可能迸发的七情六欲，并担心自己在摄取营养的同时也会把这些复杂的情感吸收进意识中，担心自己背负过多的焦虑与多疑。而且，在非不必要的时候，一些印度瑜伽大师和老人是坚持过午不食的，饮水比进食更为高贵和纯洁。或许我的理解有误，但印度人时刻抱有进食的虔诚是掩盖不住的，我为此深深感动。

很多天，我们上午在金达尔大学听课，下午1点用过午餐后，乘大巴车前往新德里参观机构，车程足足有2个小时而印度堵车是出名的，所以同学们一边慢悠悠地行进，一边观察周围的乡村、公路、城镇、建筑等景观，还能发明各种智力游戏、即兴讨论、音乐分享等活动，加深彼此的了解和认知。同行的有三名金达尔大学的印度籍学生，他们都来自国际关系学院，性格开朗，家境殷实，也在"堵车时光"里偶尔参与我们的交流。

在拜访的机构之中，印度产业协会（CII）接待人员介绍了印度与东盟贸易的密切性以及其背后的宗教原因；能源环境水资源协会（CEEW）帮助我们认识到印度令人头疼的环保问题背后隐藏的税收收入瓶颈。此外，我们还利用空余时间参观了印度泰姬陵、凯旋门、国会区、印度塔、中国驻印度大使馆等地。若到人流密集之处，因为我们在人群中十分扎眼，难免吸引当地人的目光。对于中国人，他们的目光中有猜忌、有困惑，但更多的是善意和礼貌。在泰姬陵时，我就结识了一名摄影师，十分阳光，表达欲望极强，为大家拍摄了很多照片。

一到晚上，同学们都会回到金达尔大学的宿舍区休息，2月初的北部印度，昼夜温差较大，夜晚空气中弥漫着浓浓的雾霾颗粒，环境质量不是太好。九点左右回到房间后，大家会打开电脑，继续第二天课程的预习工作，时间安排十分紧凑。除了学习，我们还特别体验了印度的旋转餐厅、板球运动、电影院、麦当劳素汉堡，与那三名印度学生几乎朝夕共处，从他们口中不断了解真实的印度。

不过，在14天旅程中，与我们见面的不仅有印度的精英阶层——权势或金钱的掌控者，也有低收入阶层——大巴车司机、学校清洁工、学校厨师、餐厅服务员等。他们和我们几乎没有交流——语言不是唯一的障碍，另外的障碍或许存在于印度社会意识之中：古老而又严格的社会阶级分层，卡斯特阶序。19世纪末的英国作家哈夫洛克·霭理士曾说："禁忌是人类生活也是一切生活中的基本要素。"可以想见，只有靠禁忌的存在才能使人类拥有个性的圣洁崇高，正是禁忌才让我们保持着更高的教养。印度社会，认识到了遵守禁忌的动力的永恒性，以及新的禁忌会持续不断地产生的必然趋势，因而似乎执着地保持着自己的阶序性。相比于精英们，大部分印度人显得卑微、安于现状。

然而，另一种矛盾的现象是，现代印度正不断地追求大国崛起，竞争的观念似乎会动摇阶级桎梏，印度正在经历模糊的、充满争议的"社会变迁"——从手机、电脑等产品的普及，到外来消费主义文化和民主思想的持续输入，一切的新生事物，让印度人变得越来越全球化，正呼唤出种种新的社会可能性。在科技上，印度人开始抛弃对宗教的、非创造性生命的本能回归，转向积极的、实践的自我完善。不过，今天，有一大批活跃在硅谷、纽约、伦敦的印度工程师们，他们的耀眼成就大多都是在国外作出的，一旦被吸引归国，就会陷于平庸、自我满足，成为对自己过去的价值毫无意识的人，曾经的国外辉煌不过沦为偶然事件。这是一种智识寄生吗？

层层迷雾仍未散去，但印度只能以印度的方式被体验。感激清华长期打造的全球文化浸润项目的支持和金达尔大学的协助，此次印度之行为我开辟了一种理解印度的视角，如万神殿的穹窿般允许了新鲜阳光撒入。然而，如何理解这个神奇的文明？这个不断吸收异族文化而丰富和发展的文明？这个试图超越旧式的感伤与顺从的文明？绝非是14天336个小时可以交出的答卷。

行程结束的那天，当我坐在大巴车上再一次仰望新德里的晚霞和流云、车辆和街道、人种和站牌……我竟舍不得离开。在这短暂而又漫长的14天里，许多固有思维和狭隘保守的偏见得到挑战和突破，印度人的多个面向在我脑海里呈现得既清晰又模糊。还记得出发前，许多亲友一得知我将前往印度，嘴上便挂着种种"安全警告"和"忧虑"。想来，我们大多数人对印度的看法尚且是肤浅且极端的，那高耸入云的喜马拉雅天梯究竟隔断了多少本应共通且友爱的理解？可想而知。

只愿怀一开阔的胸襟和晶莹的心，与世上其他的美好与良善相拥，世界是一本书，不旅行的人只看到其中一页。

行在肯尼亚

陈格尔（经济与金融专业）

在肯尼亚参加文化浸润项目的两周里，我们一方面通过内罗毕大学老师的讲授全面深入地了解肯尼亚真实的政治、经济、文化现状和未来的发展蓝图，另一方面通过游览和参观亲眼看到并感受肯尼亚的社会文化和发展现状。

如果把肯尼亚比作一本书，扔掉所有课堂笔记和拍摄的游览照片以后，肯尼亚在我们心中还留下什么呢？这是"文化浸润"这四个字可以回答的问题。对于我而言，所谓文化浸润应当是切身的体会和感受：课堂上获得基本公正客观的认识之后，再走到肯尼亚的大地上，走到他们的学校、公司、手机店、餐厅、博物馆、国家公园里，甚至大街上，可以通过自己的观察和感受获得对肯尼亚社会和文化的属于自己的理解。可以说，文化浸润项目让我能够比照着阅读两本书，一本是由学者书写、讲授的关于肯尼亚的历史、制度、文化的书籍，另一本是肯尼亚社会这本可知可感的书籍。

国家博物馆是集中展示国家文化逻辑的一个平台，而肯尼亚的国家博物馆与我所知的博物馆表达的观点有所不同，它的讲故事逻辑从肯尼亚国家建立与发展的历史开始，到不同地区、不同部落的肯尼亚人从生到死的一生，再到从人类的祖母"露西"开始的人类进化史，最后展示了各种动物，而外面就是互动的动物园。肯尼亚国家博物馆的逻辑是将肯尼亚这个国家的历史建立在个人的历史之上，把人的历史放入整个自然的历史中去，强调人类与自然中其他生物共同的起源与发展，并将自然放在最根源的位置上，表现出对自然的尊重。在肯尼亚的其他经历也可以印证这个逻辑，例如和城市相隔并不远的地方就是保护完好的国家公园，坐车行驶在各种动物中间时还能在另一边看到城市的高楼大厦；传统食物 Ugali 以原始的手抓方式食用；人们生活节奏慢，心态平和，生活中等待是常态。

在现代的语境下，不可避免地会有新情况的出现。我在肯尼亚的两个见闻或许可以成为两个小小的缩影，可以用来展现在新发展之下，肯尼亚人对自己身份的重新寻找和再定义。一是在街头看见的买房广告，广告上幸福家庭的形象是一夫一妻，或者四口之家，但是实际上肯尼亚的婚姻与家庭关系却远远比这一形象要复杂。宪法与传统之间有很深的隔阂，年轻人和年长的人，受过高等教育和没有受过高等教育的，不同宗教信仰之间对这个问题都有不同的认知。比如认识的大学生告诉我们他支持一夫一妻，但他的亲戚都劝他想娶多少就娶多少。

二是关于民族的差别。初见那天民族差异就被全然展现在我们面前，尽管肯尼亚朋友们也会有意识地认为肯尼亚人才是最根本的身份认同，但还是把民族特征分得很清楚，每个民族的人都有不同的喜好。而关于这种认知上的差异进而对政治的影响这个问题，我们也听到了很多不同的声音，有人会说民族对政治不构成影响，也有人会说民族之间分裂和隔阂严重，选出的领导人总是来自人数较多的大民族。

在外来者看来，肯尼亚还在寻找自己的现代含义。在文化浸润项目中除了肯尼亚的文化以外更能学到的是不武断地进行价值评判，文化浸润的这些体验能让我们更好地去寻找作为"南方国家"共同的文化基础。